魚尾獅、
榴槤、鐵船與橡膠樹

王 潤 華 著

教育部頂尖大學
元智大學人文通識與倫理計劃

文 史 哲 學 集 成
文史哲出版社印行

國家圖書館出版品預行編目資料

魚尾獅、榴槤、鐵船與橡膠樹 / 王潤華著. --
初版. --臺北市：文史哲,民 96.12
　　頁：　公分. (文史哲學集成；536)
　　部分內容爲英文
　　ISBN 978-957-549-756-9 (平裝)

　　1.中國文化　2.多元文化 3. 文學評論　4.
文集

630.7　　　　　　　　　　　96025695

文史哲學集成　536

魚尾獅、榴槤、鐵船與橡膠樹

著　　　者：王　　　潤　　　華
出 版 者：文　史　哲　出　版　社
http://www.lapen.com.tw
登記證字號：行政院新聞局版臺業字五三三七號
發 行 人：彭　　　正　　　雄
發 行 所：文　史　哲　出　版　社
印 刷 者：文　史　哲　出　版　社
臺北市羅斯福路一段七十二巷四號
郵政劃撥帳號：一六一八〇一七五
電話886-2-23511028・傳真886-2-23965656

實價新臺幣三六〇元
中華民國九十六年（2007）十二月初版

自 序

　　魚尾獅是新馬社會的原創性神話，它的形成，擺脫純中國／東方主義思考模式，屬於本土的、多元文化的、重新幻想的典範；鐵船是西方殖民主義霸權話語，把亞洲人邊緣化，喚醒本土文化的危機感；傳奇性的榴槤帶有華人的本土邊緣話語與思考，那是西方殖民主義拒絕的本土文化；橡膠樹更象徵華人在本土扎根生長，向熱帶雨林認同。我的祖父就如其他華人，被英國殖民主義統治者移植的橡膠樹。所以魚尾獅、榴槤、鐵船與橡膠樹，對我而言，不但是新馬土地上永恒的記憶，也是代表新馬殖民與後殖民社會的華人語言、文學與文化的現代性。

　　本書十四篇論文，是我最近十幾年，不斷重返熱帶雨林的研究成果。在這片熱帶邊緣的地帶，探討華族的語言、文學與文化時，魚尾獅、榴槤、鐵船、橡膠樹，總是啓發我許多原始的、野性的思考。因此，我透過重新認識與解讀自從鄭和在十五世紀初期登陸馬六甲之後，新馬華人如何在中國／西方殖民霸權話語下，如何在後殖民社會裏，在熱帶邊緣地帶，不斷的發聲，不斷的尋找與創造自己的華語、文化與文學的現代性模式，建構了今日邊緣思想、文化與文學。

　　新馬的峇峇文化，說明移民的華族文化與本土文化相融結合之必然性。新馬華人在當地發創造的許多菜肴、糕點，如魚生與娘惹糕，更融合本土多元宗教文化與中國傳統的文化，它具有多元文化，爲各種族所接受，包括信仰回教的馬來人，因爲撈魚生的食物，都沒有其它宗教忌諱的食物成份。

建構本土華文文學傳統，需要重構中文，才能成爲承載本土生活經驗的華語，重置文本（re-placing the text），才能表達本土文化與生活經驗，把西方與中國文學中沒有或不重視的邊緣性、交雜性的經驗與主題，跨越種族、文化與地域寫進作品中的目的。多元種族與文化的華文文學，需要運用一個多元種族的幻想意象，來進行跨文化書寫。所以本土幻想、邊緣性、本土化的華語、交融性（syncreticity）與駁雜性（hybridity）是建構跨越族群文化的書寫的特點。

世界華人文化與文學，必須放回其產生的國族、土地、氣候裏思考，根據各地華人獨特的文化屬性、政治認同上來分析，將作品與文化屬性與政治認同，甚至食物、獨特的華語一起解讀，這種變化中的華人文化屬性的閱讀策略，能帶來驚人的發現。

王潤華

2007 年 9 月台灣元智大學

魚尾獅、榴槤、鐵船與橡膠樹

目　　錄

鄭和登陸馬六甲以後：中華文化的傳承與創新

一、鄭和與中華文化登陸馬六甲以後

明代鄭和率領當時世界上最龐大的「無敵艦隊」，七次下西洋。這一系列的和平與文化之旅，首次在西曆 1405 年 7 月 11 日出發，至今已六百年。目前在大陸、臺灣、香港及全球各地華人，都以舉辦鄭和下西洋六百年紀念活動，重回歷史現場去思考。我們發現華人的歷史與共同記憶，可能受到西方殖民者及大中國文化的壓抑，現在需要重新挖掘出來。鄭和的視野沒有被長城所局限，爲了追求新知識，爲了探險新世界，他不怕洶湧的海洋，最早越洋過海，走向新陸地新島嶼。鄭和的文化遠航，啓發了華人及其文化向異域移民。我的祖先就是沿著同樣的海路，在清朝的時候，飄洋過海，移民到了馬來西亞。[1]

鄭和航向西方，根據比較可靠的史料，有五次在馬六甲（Melaka，Malacca）停留很久。我自小常到鄭和的海軍與使節駐紮與挖井的馬六甲河口與三寶山遊玩，記得許多神話與史實難分的故事，如鄭和協助馬來人擊敗外來侵略者，建立了馬六甲王朝，西方殖民者還未侵略之前，已成爲馬來西亞歷史上第一個強盛的

---

[1] 六百年紀念觸發的紀念研究文章實在很多，如王天有等人編《鄭和遠航與世界文明》（北京：北京大學出版社，2005）。

國家，也使馬六甲成爲東南亞商業最繁盛的城市。[2]

中華文化與西方文化交流的許多重大事件，最早發生在馬六甲，而不是在中國土地上，因爲西方人等待著中國打開大門進去之前，他們先集中在馬六甲作爲前進的前哨站。等待的時候，他們努力地學中文、翻譯聖經與四書五經，預備好西方的文化侵略武器，先認識中國的思想文化。關於這些被西方優越感的東方主義或大中國文化壓抑的歷史文化，被忘卻的共同記憶，我們需要重新挖掘出來。

我將用一些中外文化結合與回歸的文化突變的典範例子，説明在馬六甲，很多新品種的中華文化產生了，然後回歸中國本土。譬如本土化的華人峇峇（Baba），政治認同西方的華人最早在馬六甲形成；太平天國革命的政治宗教文化的火種，來自馬六甲英華書院出版的《勸世良言》，馬禮遜與（Robert Morrison 1782-1834）與理雅各（James Legge 1815-1897）先後在馬六甲與香港整合中西文化，後來成爲英國的漢學開山大師。馬禮遜完成的聖經中譯本在澳門開始，然後在馬六甲譯完與出版。理雅各翻譯四書五經也在英華書院開始，後來在香港完成。

隨著鄭和登陸馬六甲，與域外文化結合，然後創新的中華文化，都與大陸、澳門、香港有關係。因此本文將討論幾個中國文化變遷的個案，都牽涉到馬六甲、香港與大陸的文化生態。這種文化之旅的討論，也幫忙加強鄭和的和平文化之旅的論述。

---

2 本文撰寫，特別注重新馬學者有本土意識書寫的史料處理，如邱新民《東南亞文化交通史》（新加坡：新加坡亞洲研究會，1984）；魯白野《馬來散記》（新加坡：星洲世界書局，1954）；林水檺，駱靜山編《馬來西亞華人史》（吉隆坡：留台聯總，1984）。

二、中國和平崛起典範：協助擊敗外來侵略者，建立馬六甲王朝

　　1405 年以來鄭和七次下西洋，竟有五次到馬六甲，那是第一次 1405 年，其次是三下西洋（1409）、四下西洋（1414）、五下西洋（1417）、及七下西洋（1430），都曾登陸馬六甲。[3]雖然歷史書記載不多，但至少知道鄭和率領官兵駐紮在三寶山上。船隊駐紮在甲六甲海域，那時爪哇人及暹羅人經常前來攻打剛從新加坡逃亡到馬六甲的馬六甲王朝，鄭和的海軍協助馬來人擊敗外來侵略者，消滅了海盜的侵擾，鞏固了馬六甲王朝的政治與經濟，西方殖民者還未侵略之前，已成為馬來西亞歷史上第一個強盛的國家，也使馬六甲成為東南亞商業最繁盛的城市。據說鄭和還協助護送馬六甲蘇丹祖孫三代朝貢往返，並對入侵的鄰國軍隊進行調和，為馬六甲王朝奠下關鍵性的基礎。相信在鄭和的幫忙下，奠定馬六甲王朝的政治制度。馬六甲原來就在東西方的海路必經之地，一旦成為當時東西貿易活動的主要商港，馬六甲王國很快成為東南亞經濟商業繁榮的城市，來自阿拉伯、印度、中國、暹羅、爪哇等地的商船雲集。絲綢、茶葉、煙草、香料是主要的交易產品，因此馬六甲很早就成為馬來西亞歷史上第一個強盛的王朝。

　　鄭和對馬六甲王朝的貢獻至少有三：一是頒詔賜印，封山豎碑，興建王城，調解睦鄰，使馬六甲國免向鄰國交納黃金，得以全力發展經濟。二是送去犁耙，訓養水牛，教栽水稻、圍塘飼養鱷魚，傳播先進文化和生產方式，改變了當地人原始落後的農漁方式。尤其是取鱷魚皮製成鞋靴，作為外貿商品，大獲其利。三

---

3 魯白野《馬來散記》，頁 8-9。

是鄭和督率船隊工匠為馬六甲建造商貿橋，港務總管都是由鄭和推薦的占城華人充任，鄭和還帶去制幣工匠以鬥錫仿鑄中國銅錢式錫幣，用以商貿交易。[4]

　　1511 年葡萄牙人攻佔了馬六甲，消滅具有一百零六年馬六甲王朝，葡萄牙人可以自西向東，眺望太平洋了。後來在 1641 年，荷蘭殖民者又佔領馬六甲。英國人在 1824 及 1826 先後繼承殖民統治。西方殖民者便把馬六甲王朝與中國的和平之旅，和平崛起的典範歷史塗抹掉，改寫歷史，說馬來西亞的歷史從葡萄牙、荷蘭、英國殖民時期才開始。因此我們需要重新書寫本土的歷史。今年紀念鄭和下西洋六百年，全世界開始挖掘記憶與歷史，只要在網際網絡輸入「鄭和與馬六甲」，許許多多的歷史便開始從世界各地湧現。[5]

三、馬六甲峇峇文化：落地生根/本土化/ 西方化的海外華人/文化新典範

　　馬六甲是峇峇（Baba）華人文化的發源地。這些華人不但是地球上最早的中國移民，也是中國人在異域落地生根與當地民族與文化融合創新的最佳模式，同時更是中華文化與西方文化在中國土地之外的融合與創新的模範。

　　可是，過去我們只注意到十九世紀大量中國移民以後，馬來亞（馬來西亞）所形成的華僑，或海外華人文化模式[6]，而另一種

---

4 邱新民《東南亞文化交通史》（新加坡：新加坡亞洲學會與文學書屋，1984 年），頁 349-365（鄭和與馬六甲）；頁 366-384（葡人殖民馬六甲）。
5 關於馬六甲王朝與鄭和/中國的關係，參考前註 2 史料。
6 關於華人文化政治認同的多樣性，參考 Wang Gungwu, "A Single Chinese Diaspora?", *Joining the Modern World: Inside and Outside China*（Singapore: Singapore University Press and World Scientific,2000）,pp.37-70; 中文版見王賡武〈單一的華人散居者〉《海外華人研究的大視野與新方向》，劉宏、黃堅立編（新加坡：八方文化，2002），頁 5-31；Wang Gungwu, *China and the Chinese*

更深層的結合本土文化與種族的峇峇華人及其文化模式却嚴重地被忽略，甚至忘記。因爲二十世紀以後，強烈的中國意識的華人社會壓力，壓倒了峇峇華人次族群。

王賡武教授指出，世界各地的華人及其文化具有極複雜的多樣性，再也不只是華僑。我們再也找不到一個適當的名詞來稱呼世界各地的海外華人，因爲今天已沒有單一的海外華僑或中國人。這些中國境外的華人，由於所住的國家不同，身份認同的不同，用英文或中文稱呼，常用的有 Chinese overseas, Overseas Chinese, ethnic Chinese（華族），huaqiao（華僑），huayi（華裔），huaren（華人），haiwai huaren（海外華人），Chinese Diaspora 等等都可以使用，各有其理由，各有其需要。[7]其實自鄭和在一四〇五年在馬六甲登陸以後，馬來西亞的華人及其文化，便不是單一的，馬六甲的峇峇華人及其文化便是許多華人文化的最早出現的新的文化模式（mode of culture），其結果是原本純正的中國人及其文化，本土適應化、落地生根（acculturation）以後所產生的新的華人與文化現象。

鄭和登陸馬六甲，其象徵性意義大於實質的文化、移民、貿易之旅，因爲根據歷史的記載，在他到來之前的十四世紀，陸續有華人生活在東南亞的記載。[8]但是峇峇華人文化最早在馬六甲出

Overseas（Singapore: Times Academic Press,1992），中譯本 王賡武《中國與海外華人》（臺北：商務，1994）。

7 見 Wang Gungwu, "A Single Chinese Diaspora?", *Joining the Modern World: Inside and Outside China*（Singapore: Singapore University Press and World Scientific, 2000），pp.37-70；中文版見王賡武〈單一的華人散居者〉《海外華人研究的大視野與新方向》，劉宏、黃堅立編（新加坡：八方文化，2002），頁 5-31；另參考 Tu Wei-ming（ed），*The Living Tree: The Changing Meaning of Being Chinese Today*（Stanford: Stanford University Press,1994）相關文章。

8 中外學者都注意到史料，如汪大淵《島夷誌略》（十四世紀）、費信《星槎勝覽》（1436）、馬歡《瀛涯勝覽》（1451）、張燮《東西洋考》（1618）、黃衷《海語》（1536）。

現，形成一個次族群，他的登陸，在模糊的歷史煙霧裏，自然成爲中國人登陸南洋，甚至中國以外的異域世界的象徵。

1511 年葡萄牙人攻佔了馬六甲，消滅具有一百零六年馬六甲王朝，佔據了馬六甲，葡萄牙人可以自西向東，眺望太平洋了。荷蘭人在鄭和登陸兩百多年以後的 1641 年又佔領了馬六甲，所作的人口調查，雖然不見得可靠，在市中心就有八十一棟磚屋和五十一間木板亞答屋爲華人所有。從十七到十九世紀，華人人口逐漸增加，但是多是男人，婦女很少，華人多與本土的馬來婦女結婚。這種自由自在的，沒有任何社會壓力或政治勢力的影響下形成的落地生根，本土適應化，種群結合，只有在十九世紀當大量中國移民前來時，才知覺有兩種不同的華人文化模式。峇峇不只是次族群的名稱，也是指峇峇男性華人，女性婦女稱爲娘惹（Nyonya）。峇峇華人次族群的文化特點是，他們之間說馬來話，而這種峇峇馬來話，其音韻、詞彙、句法與原來的馬來方言或標準馬來話又有所不同，大量參雜了閩南方言。在飲食方面，綜合創新了馬來族與華族烹飪的特點，發明了今天還很吃香的娘惹菜肴與糕點。在穿著方面，由於當時主要是男性華人與當地女性如馬來女人結婚，一直到今天，峇峇華人女性（娘惹）都喜愛穿馬來婦女的衣服。峇峇華人主要信仰華族拜祭祖宗拜神的佛道參雜的宗教，嚴格遵守華人的風俗習慣。雖然政治上認同當時的殖民者英國人，還是擁抱中華文化。[9]峇峇華人的代表人物如林文慶、宋旺相在東西文化撞擊下，還是沒有完全放棄中華文化。[10]

9　關於峇峇的文化參考 Tan Gek Suan，*Gateway to Peranakan Food Culture*（Kuala Lumpur: Asia Pacific Library，2003）；Catherine Lim, *Gateway to Peranakan Culture*（Kuala Lumpur: Asia Pacific Library，2003）；張目欽《荷蘭街口夕陽斜：峇峇文化：一次文化統合的奇異經驗》（吉隆坡：大將，2000）。

10　李元瑾《東西文化的撞擊與新華知識份子的三種回應：邱菽園、林文慶、宋旺相的比較研究》（新加坡國立大學中文系八方文化企業公司，2001）。

　　峇峇華人及其文化，先是與馬來人及其他種族通婚[11]，與當地文化結合而形成，接著在十九世紀以後，在英國殖民統治下，又與英國的政治與文化結合，雖然政治上認同當時的殖民者英國人，自稱為「海峽英籍華人」（Straits Chinese British）不認同中國國籍，但還是擁抱中華文化，甚至如林文慶，投身中國現代化的改革運動。辜鴻銘是檳城出生的峇峇，學貫中西，在清朝時代到中國任事。李鴻章、張之洞等，發表大量翻譯作品，一生積極推動儒家思想。

　　由於峇峇華人最早接受英文教育，早就與當地人經商，在英國殖民統治下，就成了歐洲商人與土人的貿易中間人，他們不但會講馬來話，由於通婚，變成半個土族，熟悉馬來半島的文化與社會情況，峇峇商人又會講英文與參與歐洲人的社區活動，這種合作，不但取得經濟利益，成為華人最富有的資本家。1826 年成為英國殖民地之後，政治認同英國，成為英國籍公民，由於獲得英國人的信任，也成為殖民政府機構的官員，因此擁有政治權力。馬來亞獨立初期，華人政治人物多是峇峇華人，而且很多來自馬六甲，陳禎祿便是代表性的典型人物。他們家族十九世紀以來就是才雄勢大的峇峇，目前馬六甲市中心還有一條街道以他命名（Jalan Tun Tan Cheng Lock），他的政治哲學是先與本地馬來人搞好關係，支持英國統治者，獨立時主張與馬來人合作，然後才爭取華人的權利與利益。[12]

　　二次世界大戰以前，峇峇華人與一般華人的文化模式維持極大的差異。可是非峇峇華人的社會壓力已經開始把峇峇華人社會

11　早期華人移民也和其他民族通婚，包括峇厘人（Balinese）、暹羅人（Siamese）/峇達人（Batak）.

12　Alice Scott-Ross Tun Dato Sir Cheng Lock Tan, S.M.N., D.P.M.J., K.B.E., J.P. : a personal profile（Singapore : A. Scott-Ross 1990）。

拉進來，華人強烈的中華民族主義制止峇峇華人社會的繁盛與發展。但在文學方面卻突飛猛進，一直到第二次大戰才結束。峇峇華人也在文化事業上作出一番努力，特別是創辦學校及資助出版事業，通過羅馬化拼音文字的峇峇馬來文字，出版峇峇馬來文報章、雜誌、書本。這些報紙多數在新加坡出版，如《伯拉奈幹報》（Surat Khabar Peranakan，或 Straits Chinese Herald,1894）、《東方之星》（Bintang Timor1894）、《時常日報》（Khabar Selalu ，1924），還有定期刊物如《海峽華人雜誌》（Straits Chinese Magazine，1897-1907）、《伯拉奈幹之星》（Bintang Peranakan,1930-31），峇峇作家除了文學創作以峇峇馬來文寫小説、故事、詩歌，還以峇峇馬來文翻譯中國古典文學作品及通俗小説，幾乎包括所有在中國社會家喻戶曉的作品。峇峇文學的另一特色是擅長編寫"班頓"（馬來民謠），許多年紀較長的峇峇知識份子至今還會在他們的歡慶會上誦朗幾句，猶如漢語的押韻詩歌，極富節奏感。檳城峇峇曾錦文則在文壇上大放異彩，他在 19 世紀末至 20 世紀初把許多中國作品翻譯成峇峇文，譯作十八部，包括中國古典小説《三國演義》和《水滸傳》（譯作分別稱爲《三國》"Sam Kok"和《宋江》"Song Kang"）。[13]

　　這個獨特的語言文字及其文學在二戰結束後，其實 1930 年代

---

13 關於峇峇的語言文學，參考陳志明與廖建裕的著述：Tan Chee-Beng, 1993. *Chinese Peranakan Heritage in Malaysia and Singapore*. Kuala Lumpur: Fajar Bakti.，1993）；Kuala Lumpur: Fajar Bakti.，1993）1990. Tan Chee-Beng, ed., *The Preservation and Adaptation of Tradition: Studies of Chinese Religious Expression in Southeast Asia*. Issue of Contributions to Southeast Asian Ethnography, No. 9（1990）；1988. *The Baba of Melaka: Culture and Identity of a Chinese Peranakan Community in Malaysia*.（Petaling Jaya ，Malaysia: Pelanduk Publications ，1988）；Leo Suryadinata, "Chinese literature in Indonesian and Malay Translations: A Preliminary Study," *Chinese Literature in Southeast Asia,*eds. Wong Yoon Wah and Horst Pastoors（Singapore: Goethe Institute Singapore,1989），pp.263-276.

前後就開始走向式微，受到中國民族主義及國家主義興起的衝擊，另外他們在殖民教育下，接受了良好的英文教育，受教育的峇峇都以英文為主要語文，他們放棄峇峇馬來文，改用英文寫作，峇峇語文及其文學逐漸消失。另一方面，當地華人不滿政府實施種族保護主義政策而激發民族主義情緒，華人大都學習中文，許多峇峇因此回歸向華人社會看齊，把孩子送進華文學校，學習中華文化，林文慶與李光耀的回歸華文與中華文化便是最好的例子。

四、英華學院：中西文化交流的電力站

圖一：馬六甲英華學院建築群：包括中文、
英文、馬來文印刷所、華文學校

　　目前香港英華書院校史說歷史非常悠久，創校於一八一八年，那是指當年在馬六甲成立的 Anglo-Chinese College（馬六甲時期，1818-1843）。創立人是倫敦傳道會（London Missionary Society）的馬禮遜（Robert Morrison, 1782～1834）。馬禮遜是一

位非常有遠見的人。1814 年東印度公司的勢力已遍及馬來半島的馬六甲、爪哇和檳城等華僑聚居地，由於馬六甲當時爲來往東西方的必經國際港口，又較靠近大清國，而清國政府又嚴厲管制傳教活動，所以他和米憐（William Milne, 1785～1822）最後決定以馬六甲作爲傳教基地，等待中國打開大門。在等待的時候，他就計劃做好中西交流的知識武裝。1818 年馬禮遜在馬六甲就辦了英華書院。英華書院當時是蓋得相當有規模，很像今天的一個大學樣子。選擇了四大項目給他們修讀：宗教教育、英語課程科學、人文知識。爲了與傳統士子紳接觸，學生須學習儒家中國經書，不至於被傳統士子歧視。[14]

　　那時就教育華人的青年有西方與東方人，英華學院的重要目的之一就是教歐人學習中國語言及中國文字，但同時也教華人學英文。這是基督教傳教士開辦的第一所中文學校，在中文教育史上有重要意義。英華學院在中國近代教育史上的意義在於它不是一所純粹的神學院，而是一所同時面向一般青年的教育機構。它實際開創了中國近代教會開辦的中小學與大學之先河，爲以後教會中小學校及大學的發展提供了寶貴的經驗與模式。從本課題研究的角度來說，它是基督新教東來以後西方人學習漢語的第一所學校，它不僅培養出了第一個華人傳教士梁發，同時也培養出了像摩爾（John Henry Moor）、亨德（Willian Hunter）這樣的西方近代漢學家，更是發展了英國第一代的大漢學家。除了英華學院以外，傳教士還在南洋地區爲一般老百姓開設了許多英文學校，

---

14 Brian Harrison，*Waiting For China：The Anglo-Chinese College at Malacca*（Hong Kong：Hong Kong University Press, 1979）；吳國雄《馬禮遜（1782-1834）的傳教和文化事業》（新加坡國立大學中文系榮譽論文，1998）。

對亞洲教育提供典範性的模式。[15]

　　後來英華書院搬到香港，造就了很多中西文化人才。英華書院的規模雖不大，但理想卻崇高，是以溝通東西文化及實現全人教育為目標。馬禮遜、米憐都是對中國文化有相當瞭解與尊重的傳教士，所以這所學校收中國學生，也收外國學生，學習的課程有中學，也有西學。它不是一所狹義的神學院，而是以成為東亞研究中心為目標。對於這種比較自由開放的文化、教育理念，馬六甲英華書院從一八一八年創立，到一八四三年遷往香港，根植馬六甲的時期為廿五年。前後七任校長，皆為倫敦會傳教士，依序為米憐、宏富禮、高大衛、修德、湯雅各、伊雲士及理雅各。其中多半也具有漢學家的資格，例如高大衛（David Collie）翻譯四書；修德（Samuel Kidd），回英國後出任倫敦大學首位漢學教授；理雅各翻譯四書五經、出任牛津大學漢學講座，更是一位西方公認的漢學大師。[16]

五、建立印刷出版文化：西學東傳／現代文化有力的引擎

　　1815 年，馬禮遜帶領助手傳教士米憐（William Milne,1785～1822）、刻字工人梁發等人從大清國來到華人聚居的英屬殖民地馬六甲。米憐牧師則被任命為英華的首任校長。梁發主持印刷出版，後來成為英華出版社（Anglo-Chinese Press），它由三個中、英、馬來文印刷所組成，分別印刷中文、英文、和馬來文書刊。據米憐記載，1815-1819 年間該所共出版了 62 種中文書刊，117299本，單單 1819 年就印了四萬三千本中文書，一萬兩千本《察世俗

---

15 同上。
16 同上，頁 12。

每月統記傳》、兩萬張馬來文單張和三千本英文書及單張。他們出版的中文書刊包括新知識、天文、地理、歷史科學。對中國文化產生極大的影響。

馬禮遜當年創辦英華書院的辦學宗旨，出發點在於促進中西文化的交融。所以英華書院除教學設備外，最重要的就是印刷部門。馬禮遜知道，印刷是能夠突破中國對外封鎖、強攻中國文化的利器，不斷印刷、不斷分發，西方基督教義及文化就能侵入亞洲，尤其中國，西方就能夠擁有中華文化，印刷出版文化也可促進中國現代化，是西學東傳時有力的引擎。英華書院中有許多員工全力投入印刷工作，印中文的，也印英文的、馬來文的書刊。第一份中文報紙《察世俗每月統記傳》，早在書院成立前的一八一五年就按月出刊了。馬禮遜與米憐合作譯成的新舊約全書中文版《神天聖書》，就因印刷所的設立，一邊翻譯，一邊出版，效果快速。當然更是書院另一光榮的出版產品，就是《勸世良言》引發了太平天國的革命。

中國與世界華文新聞刊物最早出現在馬六甲。馬禮遜更是先驅人物，他到馬六甲不久，就創刊了全球首份中文近代刊物。到中國不久，馬禮遜就感到工作難以開展，於是將傳教基地轉到馬六甲，1815 年梁發原在廣州十三洋行學印刷期間，結識英國傳教士馬禮遜和米憐。1815 年梁發隨米憐到馬六甲，幫助他們印刷出版中文刊物《察世俗每月統記傳》，由米憐主編，於 1815 年 8 月 5 日創刊。《察世俗每月統記傳》大概是英文 The Chinese Monthly Magazine 的音與意的變通合併而成。中文名稱「察世俗」推測為 Chinese 的譯名，「每月」即為 monthly 按月發行，「統計傳」則為英文 magazine（雜誌的廣東話的音譯。主要編輯者為米憐（為主筆）、馬禮遜與麥都思（Walter Henry Medhurst, 1796～1857）印刷工梁發也曾為刊物最後數期撰稿。它的特色是圖文並茂除了聖經漢譯及介紹基督教教義的文章外,《察世俗每月統記傳》以淺顯文字系統性介紹世界歷史、民俗風情、天文等方面的知識。

《察世俗每月統記傳》這本刊物被新聞史學界公認為全球最早的中文近代報刊,從此掀開西學東漸的中國近代報業發展史帷幕。1821 年,因為米憐病重,《察世俗每月統計傳》停刊,歷時 7 年,共出 7 卷。《察世俗每月統記傳》是世界上第一個以華人為對象的中文近代報刊,也是馬來西亞第一個中文報刊。[17]

六、從馬六甲出發的中國革命典範

Brian Harrison 著的《等著中國開門：馬六甲的英華書院》(Waiting For China：The Anglo-Chinese College at Malacca)書名實在起得很好。這說明西方人善於利用中國境外安全的、交通便利的馬六甲作為顛覆中前潛伏地帶。後來中國革命分子如孫中山也利用新馬作為根據地,推翻清朝政府。「太平天國」的革命思想與歷史,也是馬六甲對中國歷史進程的貢獻,也就應該得到肯定。洪秀全革命思想的萌芽,與閱讀梁發撰寫,馬禮遜修改的宗教小冊子《勸世良言》不無關係。1810 年梁發(1789～1855)在廣州十三洋行學印刷期間,結識英國傳教士馬禮遜和米憐。1815 年刻字工人梁發隨米憐等來到華人聚居的英屬殖民地馬六甲,並設立一印刷所,幫助他印刷出版中文刊物《察世俗每月統記傳》等刊物書籍。梁發最重要的著作就是 1832 年所寫的《勸世良言》。《勸世良言》基本上是九本小冊子合訂一起。其中一部分是從聖

---

17 王慷鼎從《察世俗》到《東西洋考》：馬、印、新華文雜誌發源研究〉《新加坡華文報刊史論集》(新加坡：新加坡新社,1987。)頁 9-20；www.fed.cuhk.edu.hk/history/doc2000/

經的舊約、新約的教訓中選出來的。另外一部分講述基督教的教義。梁發是用很淺顯的，一般人易懂的話把基督教的教義和一部分的聖經精選出來成為《勸世良言》。這本書後來對洪秀全的太平天國有很大的影響。洪秀全初期對基督教的接觸來自《勸世良言》，就是日後太平天國開國者洪秀全的思想根據。沒想到這本書後來落入洪秀全手中，引發了十六年的太平天國的革命。梁發（1789～1855），在 1832 年，以英華書院的出版社出版的《勸世良言》，共有九卷，內容包括信仰教理、《聖經》註釋、護教文章等。梁發也在馬六甲出版一本被稱為中國集的《察世俗每月統記傳》月刊上發表了許多文章。來自花縣的秀才的洪秀全，就是在道光十六年（1836 年）於廣州貢院前得著該本《勸世良言》，後來就受該書的影響而設「拜上帝會」，建立了日後的太平天國。中英南京條約簽訂後，梁發回到在香港、廣州等地宣教。1843 年，因清政府追捕，梁發逃到新加坡、馬六甲，5 年後又潛回廣州。[18]

　　從西方人利用馬六甲梁發與太平天國革命的關係，也是以後華僑是中國國內革命之母模式的原型。後來像孫中山推翻清朝的革命，也以馬來西亞與新加坡為基地。

七、中西文化交流的火車頭：翻譯

　　馬六甲的英華書院創立的另一個典範是翻譯。他們認識到中西文化的交流必須通過翻譯，翻譯人才的培養與翻譯書籍的出版，而且是雙向的。馬禮遜自己在中國就開始翻譯，1819 年完成《舊約》中文翻譯，在馬六甲出版。到 1823 年，新舊約聖經合併在馬六甲出版，名為《神天聖經》，成為中譯史上重要里程碑。馬

---

18 魯白野《馬來散記》，頁 15-21。

禮遜所翻譯的中文聖經是第一本中文聖經，在他之後還有麥都思翻譯的中文聖經（1843 年），但馬禮遜的翻譯本因爲時間最早和翻譯嚴謹，所以他這部中文聖經後來被大部分人使用。

1823 年馬禮遜出版了一部重要的漢英對照字典《華英字典》，這是他在馬六甲前後所完成，不過印刷出版是在澳門。當時大部分的歐洲人都懂英文，因此懂英文的宣教士就可以根據這部字典來學習中文，或從事翻譯工作。所以《華英字典》和傳教的小冊，是馬禮遜的重要貢獻。在這項奠基性的工作中他得到梁發和其他一兩位中國助手的幫助。

理雅各（James Legge，1815-1897）在 1939 年底到達馬六甲，馬上出任英華書院校長。後來英華書院遷往香港，理雅格隨著遷居香港。理雅格從 1841 年開始著手翻譯中國經典的巨大計劃。他自己在《中國經典》（Chinese classics）的序言中說，1840 年初到馬六甲開始閱讀《論語》，不但學漢語，也開始翻譯：

> The author arrived in the East as a Missionary towards the end of 1839, and was stationed at Malacca for between three and four years…in the beginning of 1840 to commence the study of the first of the Works in the present publication.[19]

馬禮遜把西學推展到東方，尤其中國，理雅各則一生將儒家經典傳到西方。他一到英華書院的圖書館，即發現它是東西方的知識寶庫：

> In this respect he was favourably situated ,the charge of the Anglo-Chinese College having devolved upon him, so that he had free access to all the treasures in its library. He had

---

19 James Legge, *Confucian Analects,* Vol One of *The Chinese classics*（New York:Dover Publications,　1971）,Preface, iii.

translations and dictionaries in abundance, and they facilitated his progress.[20]

　　據說該舘除英國方面大量捐贈西方的書籍，該舘竟有 2850 卷中文手稿，還有馬來文、泰文的手稿，以及許多文物。雖然他在出發前，已在倫敦讀過幾個月的中文，但到了馬六甲，這個多元種族多元文化的人文環境激發了他世界性的視野，他認爲要引起中國的注意而不做深入的瞭解是一個悲劇，於是開始研究中國文學與文化。對傳教的西方人士，他認爲更要認識中國人的文化與思想。結果理雅各超越教會與殖民主義的服務，成爲國際性的一流學者。後來還與 <u>Max Müller</u>，完成翻譯與出版共五十大冊的 *Sacred Books of the East*（1879 and 1891.）。1876-1897 年理雅格擔任牛津大學第一任漢學教授。1897 年理雅格在牛津逝世。[21]

三、新馬現代漢學的起點與傳統：
跨國界的中國文化視野

　　因爲我自己出生於英國殖民地馬來亞（Malaya），我常常以本地作爲現代漢學（Sinology）的起點而感到驕傲。英國漢學大師理雅各（James Legge）在 1839 年底被倫敦的傳教會（London Missionary Society）派遣到馬六甲（Malacca）作傳教工作，當時他才二十歲。抵達後即出任馬六甲的英華書院（Anglo-Chinese College）校長，而這書院在 1825 年由馬禮遜（Robert Morrison）所創立。馬禮遜與理雅各兩人，都是到了馬六甲，其漢學研究興趣才開始，後來馬禮遜成爲英國漢學最早的開拓大師，而理雅各

---

20 同上。
21 David Hawkes"Classical, Modern and Humane", *Essays in Chinese Literature*, eds John Minford and Siu-kit Wong（Hong Kong: Chinese University Press, 1989）, pp.4-6。

成爲英國牛津大學首任漢學教授。他的《四書》注釋與英文翻譯 The Chinese Classics 的巨大工作，也是在馬六甲的英華書院開始進行的。

　　馬六甲英華書院從一八一八年創立，到一八四三年遷往香港，根植馬六甲的時期爲廿五年。前後七任校長，皆爲倫敦會宣教士，依序爲米憐、宏富禮、高大衛、修德、湯雅各、伊雲士及理雅各。其中多半也具有漢學家的資格，例如高大衛（David Collie）翻譯四書；修德（Samuel Kidd）回英國後出任倫敦大學首位漢學教授；理雅各翻譯四書五經、出任牛津大學漢學講座，更是一位西方公認的漢學大師。

　　早在十五世紀，鄭和的艦隊已在馬六甲登陸，所以馬六甲象徵中國傳統文化向西前進的重要基地，而馬六甲在十六世紀已成爲葡萄牙的殖民地，更是西方霸權文化向東挺進的重要堡壘。因此馬六甲成爲世界上其中最早出現全球性大量移民與多元文化匯流的地方。馬禮遜與理雅各在東西文化交通要道上的中西文化交流經驗，使他們立志成爲詮釋中國文化的漢學家。理雅各跨國界的文化視野，就給中國的《四書》帶來全新的詮釋與世界性的意義。所以馬六甲應該被肯定爲英國漢學研究的一個極重要的起點。這種突破傳統思考方式，去思考中國文化現象的多元性的漢學傳統，是世界性學者探討研究中國文化的重要傳統。這種學問希望達到西方瞭解中國，另一方面也希望中國瞭解西方。這種思考引發實用性的中國研究（Chinese Studies），也就是區域研究（Area Studies）的一環。區域研究的興起，是因爲專業領域如社會學、政治學、文學的解釋模式基本上是以西方文明爲典範而發展出來的，對其他文化所碰到的課題涵蓋與詮釋性不夠。對中國文化研究而言，傳統的中國解釋模式因爲只用中國文明爲典範而演繹出來的理論模式，如性別與文學問題，那是以前任何專業都不可能單獨顧及和詮釋。

九、結論：建立華人在地化與文化創新的新典範

　　過去我們看鄭和下西洋、華人移民、英華書院、馬禮遜、中西文化交流、《察世俗每月統記傳》《勸世良言》都是從中國為中心論述出發，或是西方殖民的東方主義思考。換一個角度，從本土的文化論述來看，我們驚見馬六甲，華人最早移民點，竟成為中西文化交流的一個縮影，給以後中華文化在地化、華人政治認同、中西文化的交流與創新，帶來許多模範性的典範。

　　中國 21 紀和平崛起與發展的三大趨勢已被界定為物質文明、政治文明、精神文明的發展，即謀求中國自己的發展，繼續積極參與經濟全球化以及實現中華文明在全球上的復興。[22]中國和平發展的第三大趨勢將是中華文明同世界文明的相互再交匯，而馬六甲的中華文化初遇世界文化的經驗，更值得我們參考。

22　見新加坡《聯合早報》2005 年 11 月 4 日：〈前中央黨校副校長鄭必堅：中共奉行內外「三和」政策。〉

參考書目

王天有、等人編《鄭和遠航與世界文明》。北京：北京大學出版社，
　　2005。

王賡武《海外華人研究的大視野與新方向》。劉宏、黃堅立編。新
　　加坡：八方文化，2002。

王賡武《中國與海外華人》。臺北：商務，1994。

李元瑾《東西文化的撞擊與新華知識份子的三種回應：邱菽園、
　　林文慶、宋旺相的比較研究》。新加坡國立大學中文系 八方文
　　化企業公司，2001。

林水檺，駱靜山編《馬來西亞華人史》。吉隆坡：留台聯總，1984。

吳國雄《馬禮遜（1782-1834）的傳教和文化事業》。新加坡國立
　　大學中文系榮譽論文，1998。

邱新民《東南亞文化交通史》。新加坡：新加坡亞洲研究會，1984。

張目欽《荷蘭街口夕陽斜：峇峇文化：一次文化統合的奇異經驗》。
　　吉隆坡：大將，2000。

魯白野《馬來散記》。新加坡：星洲世界書局，1954。

Brian Harrison.*Waiting For China：The Anglo-Chinese College at
　　Malacca*. Hong Kong: Hong Kong University Press, 1979。

Lim, Catherine.*Gateway to Peranakan Culture*。 Kuala Lumpur:
　　Asia Pacific Library，2003。

Scott-Ross，Alice. *Tun Dato Sir Cheng Lock Tan, S.M.N., D.P.M.J.,
　　K.B.E., J.P.: A Personal profile*.Singapore: A. Scott-Ross 1990。

Suryadinata, Leo ."Chinese literature in Indonesian and Malay
　　Translations: A Preliminary Study," *Chinese Literature in
　　Southeast Asia. eds*. Wong Yoon Wah and Horst Pastoors.

Singapore : Goethe Institute Singapore,1989,pp.263-276.

Tan Chee-Beng. Chinese Peranakan Heritage in Malaysia and Singapore. Kuala Lumpur: Fajar Bakti. 1993.

Tan Chee-Beng. ed. The Preservation and Adaptation of Tradition: Studies of Chinese Religious Expression in Southeast Asia. Issue of Contributions to Southeast Asian Ethnography, No. 9（1990）.

Tan Chee-Beng. The Baba of　Melaka : Culture and Identity of a Chinese Peranakan Community in Malaysia. Petaling Jaya ，Malaysia: Pelanduk Publications，1988.

Tan Gek Suan. *Gateway to Peranakan Food Culture*. Kuala Lumpur: Asia Pacific Library，2003.

Tu Wei-ming ed.The Living Tree: The Changing Meaning of Being Chinese Today .Stanford: Stanford University Press,1994.

Wang Gungwu, "A Single Chinese Diaspora?", *Joining the Modern World: Inside and Outside China.* Singapore: Singapore University Press and World Scientific, 2000.

Wang Gungwu,.*China and the Chinese Overseas*. Singapore: Times Academic Press,1992.

Wang Gungwu. *Joining the Modern World: Inside and Outside China.* Singapore: Singapore University Press and World Scientific,2000.

從政治文化圖騰看香港、臺灣、
新加坡的後殖民文化

一、原始民族的圖騰到後殖民圖騰

　　圖騰崇拜是人類古代文明普遍共生的文化現象。或出自於對自然現象不理解的恐懼與敬畏、或由於某些物體使他們產生重要關係的聯繫，圖騰就可能成爲該民族的崇拜對象。遠古時，每個部落的圖騰柱各有不同，仿佛以形象的文字或無聲的語言在記錄著歷史。像北美西北海岸的印第安部落在沒有書寫的語言文字的時代，圖騰柱（如圖一）上的每個圖案，如一隻野獸、一種植物都是一種記憶。這些圖騰的語言是我們今日理解世界許多文明相當重要的另類起點。[1]

　　圖騰原是北美印第安土族的用語，現在廣義的用來説明物體、（特別是野獸樹木）服飾與建築（圖騰柱），一個族群會對它特別崇拜，暗示其中具有密切的身份認同、精神、文化、感情關係。甚至到最後成爲該族群社會與生活的凝聚力。圖騰既是社會的、宗教的、也是政治的。由於圖騰在精神、心靈生活上的重大影響力，難免也會有盲目的、迷信的戀物傾向。[2]

---

[1] 我曾尋訪北美的圖騰，見〈圖騰樹上的意象〉、〈圖騰樹下的沉思〉，《把黑夜帶回家》（臺北：爾雅出版社，1995），頁 59-68，頁 69-77。

[2] James Fieser（ editor ）, *The Internet Encyclopedia of Philosophy,* www.iep.utm.edu/; Pat Kramer, *Totem Poles,*（ Vancouver: Altitude Super-Guide books, 1999 ）.

〈圖一〉

　　在我看來，殖民主義者在世界各地所建立、又經過本土人士修改增設的具有殖民風格的建築，就是現代的後殖民圖騰。本文所探討的對象就是日本在臺灣與英國在香港及新加坡所留下的政治圖騰，我發現圖騰的建構與當地後殖民文化有相似的地方。

二、解讀圖騰上後殖民政治文化的圖案

　　殖民者在臺灣、香港、新加坡都有留下一座政治文化圖騰，在政治自主前都叫做總督府，現在分別叫做總統府、Istana（總統府）、Government House（禮賓府）。同時，此三個地區都有一座學術文化圖騰，都是由殖民者所建立，目前分別成為各地區最悠久最具權威性的臺灣大學、香港大學與新加坡國立大學。只要

我們細讀圖騰上的象徵圖紋，就可促進對三地後殖民文化的特點與異同的理解，因爲今天這些圖騰，仍然隱約流露該地區族人宗教式崇拜與迷信的傳統。

三、面向東洋的臺灣總統府

臺灣總統府（如圖二、圖三）的地理位置，座落在臺北市中正區重慶南路一段一二二號，正大門面對凱達格蘭大道，正面（東向）重慶南路，背面（西向）博愛路，北向爲寶慶路，南向爲貴陽街。[3]

〈圖二〉

其在 1895～1945 台灣淪爲日本殖民地的統治時期，於 1906 至 1907 年間（明治三十九年至四十年）所興建，當時稱爲總督府廳舍。目前臺灣總統府官方的網頁有這樣的介紹：

> 隨著日本軍國主義的擴張，在台灣這塊土地生根，搖身一變成為政治權力的「圖騰」，全國軍民領導中心的「象徵」，從往昔的文字記錄；『殖民統治權威的象徵』、『國家形象』、『軍國主義的陽剛』、『日本國旗圖騰』、『華麗、精緻、簡潔、典雅、莊嚴』等……形容詞的描述，甚至『形式源流應歸於德國風格』、『文藝復興巴羅克式』的不同解讀。[4]

---

3 關於臺灣總統府至歷史與建築，見
　http://www.president.gov.tw/1；http://www.president.gov.tw/2。
4 同上。

〈圖三〉

第二次世界大戰末期，這棟建築曾遭到轟炸而嚴重毀損。台灣光復後，在民國三十五（1946）年重建完成，當時為慶祝總統蔣介石六十華誕，改稱「介壽館」。中華民國政府遷台後，便以此館為總統府，延用至今。即使在 2000 年民進黨當政，改朝換代後，也不考慮建造新的總統府。可見它在任何人眼中、不管什麼政治意識形態下，其建築始終是臺灣人的政治文化的圖騰。

首先最值得注意的地方是這棟建築方位，日本人讓總督府坐西朝東（如圖四），不同於中國人一般的南北坐向，也有著太陽帝國迎向東昇朝陽的政治隱喻。座西向東，面對廣場公園。其平面構成上為矩形，空間圍繞四周（如圖五），中央放置集會空間，將矩形分割間，在形態上類似「日」字橫向放置。

〈圖四〉　　　　　　　　　　　〈圖五〉

　　日字結構與正面向東，留給我們極大的想像空間：日本人希望臺灣永遠面向東洋的日本國、面向紅太陽、日本國旗上的太陽。這使我想起新加坡的日本人墳場，病死或戰死異鄉的日本人，都要朝東而葬，每一根墓碑都朝向死者的祖國日本的方向。這一點日本電影《望鄉》的已有呈現。戰後至今天，尤其 1949 年以後，臺灣一直在美國人的武力保護下生存，但臺灣總統府朝向東面，象徵臺灣的政治、文化主要繼續向東洋的日本認同，而不是西方的美國。李登輝在臺灣總統府的時候，更具代表意義。

　　這座建築完成於明治維新（Meiji Restoration, 1868～1912）日本菁英全面學習西方文化時期，設計者匯集了眾多建築風格與元素，被稱為文藝復興巴羅克式、歐洲折衷主義樣式的建築，兼具矯飾主義的誇張、巴羅克的動感、欺眼畫的手法、哥德復興的垂直崇高精神與古典主義的和諧，但又有日本的格調。因此，是典型的折衷主義（Eclecticism）樣式。是故，又說明臺灣表面上全受西方文化的影響，實際上其西方文化是經過日本詮釋過的西方文化，由日本間接入口，不是直接從西方引進。從日治時期到今日都有此現象，最明顯的例子就是臺灣的西餐，全是日本西餐的翻版。圖書雜誌出版業、服裝、流行歌曲、文藝漫畫。也往往緊緊跟進日本的主流。

　　總督府正面聳立的中央高塔，日治時期在建物限高的禁令下，總督府一直是最高的一棟。那時，臺北各處皆可看到總督府 60 公尺高的中央塔。這塔象徵日本軍政威權集中、居高臨下的意象。日軍佔領香港後，也把一座高塔加建在英國人建的總督府。可見日本的軍國主義以帝國強權統治殖民地，比英國殖民主義的手段更強勢。[5]

四、永遠的臺北帝國大學：臺灣大學

臺灣另一座圖騰是國立臺灣大學（如圖六）：

〈圖六〉

　　國立臺灣大學原為臺北帝國大學，日據時期日本殖民政府建於 1928 年。1945 年中國政府對日抗戰勝利，台灣光復，於十一月十五日接收後，經改組後更名為國立台灣大學。帝大原用講座制度，其初設有文政及理農兩個學部。光復後，依照中國學制，分設系、科，各「學部」改稱「學院」，並將文政學部劃分為文學院及法學院。帝大以文政理農開始，暗喻日本殖民政府注重改變中國（臺灣）人的文化與政治法規，開發臺灣的天然資源。[6]

　　台大雖然在五至七十年代培養了大批留美學人，但是他們多

---

5 關於總督府/總統府的參考，見黃俊銘，《總督府物語》（臺北：向日葵，2004）；中研院總督府檔案，http://sotokufu.sinica.edu.tw/sotokufu/；總督府典藏數位化資料。
http://www.sinica.edu.tw/~metadata/project/work-status/zungdu/processing_archive.htm。
6 參考臺灣大學的網站：http://www.ntu.edu.tw/。

數一去不回頭，對台大的學術制度與文化傳統並沒有多大影響，例如一直到目前爲止，各系所教授與美國大學的制度相反，與東京大學、京都大學雷同，還是近親繁殖，非台大畢業的人很難進入。[7] 國民政府 1949 遷台後，雖一度大力發展國立政治大學，以強化國民政府的政治意識，以傳統儒家思想文化取代日本的傳統，但日本人建立的台大還是無法取代，日本的後殖民政治、學術文化思想延續不斷，從國民黨的李登輝到民進黨的陳水扁總統都是台大畢業生，都是日本的政治文化思想的延續。這就是日本在臺灣後殖民力量的可怕與強勢之處。

五、熱帶雨林中新加坡的政治圖騰

　　新加坡的總統府英文稱爲 Istana（如圖七），由英國殖民地工程師設計，完成於 1896 年。在新加坡 1959 年自治前，當時叫做總督府（Government House），用作殖民新馬的總督的官邸。其坐落於距離最繁華的烏節路（果園路 Orchard Road）地區不遠的原始熱帶叢林。Istana 原是馬來文皇宮的意思。總統府由一組建築組成。除了 Istana 之外，主要還有淡馬錫（Sri Temasek）及別墅（Villa）。英國人驕傲的認爲 Istana 是「熱帶的文藝復興」、“英國殖民地印度以東最美麗的別墅”。這座建築最大的特點在於特別的熱帶結構（tropical layout），巨型雕刻大柱（statuesque columns），深入廣闊的陽臺走廊（veradah）。整體上，這是一座以新波拉第奧爲主，又加入英印風格的多元化構想的建築（Neo-Palladian Anglo-Indian style）、十八世紀義大利結構，又加上馬來本土熱帶氣候的因應變化，如馬來吃風樓的四周格局：

---

7 目前隨著國際化的壓力，台大已開始改革，日本大學也要求革新，見《亞洲週刊》特別報導，2003 年 8 月 16 日。

落地長窗，寬闊的涼臺與走廊，折疊門等。使得內部通風涼爽，怪不得把它稱爲「熱帶的文藝復興。」[8]

〈圖七〉　　　　　　　　　　　〈圖八〉

　　另外的淡馬錫（如圖八），建於 1869，是典型的十九世紀的花園平房（bungalow），是陽臺寬大的典型熱帶馬來風格的木板平房，其中迴廊的木板雕刻具有東西方的藝術主題。原本是殖民大臣的公署。（Colonial Secretary's Residence.）

　　另一座別墅（The Villa）（如圖九）建於 1908 年，紅瓦，屋子黑白色，先後是總督副官（Aide-De-Camp）、機要秘書（Private Secretary's bungalow）、首席撿查官（Attorney- General's House），也曾用作國賓館，目前招待貴賓用。

〈圖九〉

8 見網站 Istana Singapore 或 The Office of the President of the Republic of Singapore :http://www.istana.gov.sg/。

　　軍警守衛屋（Military Guard Room）（如圖十）是一座正面六柱式的建築（hexastyle），小巧又有威嚴，1900 年左右建。[9]

〈圖十〉

　　這座新加坡的政治圖騰值得我們細細分析。殖民主義者把它建在島上海拔 140 公尺的山坡上，面向西，似乎想念殖民者的西方，或要求本土被統治的人民向西方的英國崇拜與學習。類似日本要臺灣永遠面向東洋的日本。在殖民時代，新加坡的高樓大廈還未出現時，站在總督府，向南可望到南面海外的印尼的蘇門答臘，向北可眺望馬來西亞南邊柔佛的山脈。這又說明殖民者永遠都在思考開拓領土，把統治權力伸張到遙遠的海外。

　　從新加坡總統府的建築的結構來看會發現：其具備西方結合東方及本土馬來建築的多元風格、多元思考、多元文化的特質。說明英國殖民者統治新馬不單單靠槍砲，他們長以多元的文化思考來處理問題，力求建設本土化。因此將新加坡打造成東西交通、經濟與文化的要道，使其打下後來走向全球化的基礎。也因為在這種思維下的指引，新加坡雖然經過英國長期殖民統治與剝削，今天還是保留英國的法制與行政系統。當年殖民地的總督及首要

---

9 同上。

行政官都在總督府辦公，今天新加坡的總統，總理、副總理、李光耀等人都常在總統府做事，説明當年的總督府，今天不只是政治文化遺產，更是政治權威的象徵（symbol of authority）。如此英國留下的後殖民主義，在新加坡就依然以其極大的生長力，繼續發展。

六、多元文化思考的圖騰：新加坡國立大學

西方殖民政治與文化的遺產，需要其他機構來繼承。這當中又以新加坡的學術文化思想的核心基地的新加坡國立大學最有代表性。1823 年萊佛士（Sir Stamford Raffles）曾經提議創設一所研究與教育的機構，但一直等到 1903 年殖民政府才設立第一所醫學院（The Straits Settlements and Federated Malay States Government Medical School），1912 年改名爲 愛德華醫學院（King Edward VII Medical School）。而萊佛士（Sir Thomas Stamford Raffles）理想中的有知識、有文化教養的殖民地的願望則是在 1928 年的萊佛士書院 Raffles College 才告實現。1949 年愛德華醫學院與萊佛士合併成立馬來亞大學（University of Malaya）。1962 年馬來亞大學因馬來亞獨立，新加坡的馬來亞大學分成兩所大學，在吉隆坡的叫馬來亞大學，在新加坡的改名爲新加坡大學，1980 年又與東南亞華人創辦的南洋大學合併，把校園從武吉知馬搬遷到肯特崗。從馬來亞（英國殖民地）變成新加坡國立（國家認同），大學的變動代表新加坡努力擺脫殖民主義，建立自己的國家認同。當時主張搬遷到新校區，是高喊「去殖民化」（decolonization）的校長杜進才的決定。而與南大合併，代表容納英國的文化傳統要結合華人價值觀與精神文明。今天新加坡所以在亞洲成爲最多元化、最國際化的國家，這棵新加坡國立大學

的圖騰樹是最好的象徵。[10]

七、香港的禮賓府：象徵沒有立法權的首長

香港總督府（Governor House）（如圖十一），在 1997 年回歸後，改稱香港禮賓府（Government House），位於中環上亞厘畢道（Upper Albert Road, Central），正門朝南，面向太平山。這座大圖騰為英國殖民政府所建造，工程始於 1851 年，即香港成為英國殖民地 8 年後，1855 年完成。香港歷任 28 位總督中，有 25 位曾以這座建築物作為官邸和辦公室。百年來，香港禮賓府曾進行多次重大改建工程，1941 至 45 年，多位香港總督也曾命人進行改建修繕工程，以切合個人風格和需要。1941 至 45 年日軍佔領香港期間，亦曾大事修建香港禮賓府，包括在中央加建一座高塔樓。這說明這棵圖騰即是香港權力的象徵，大家都希望在上面留下一些威權的圖紋。在殖民時期建好的香港中國銀行 46 層，是瞭望總督府最清楚地方。可見當時中國已對侵略自己領土的殖民權力中心有緊盯的欲望。[11]

---

10 見 National University of Singapore　網站 http://www.nus.edu.sg。
11 見網站香港禮賓府或
　　Government House:Http://www.info.gov.hk/ce/govindex.htm。

〈圖十一〉

　　香港在 1997 年回歸中國後，行政長官沒有住在這裡，香港禮賓府目前是行政長官與香港特別行政區政府舉行重要官式活動的場所，如舉行官式宴會、款待到訪的國家元首或政府首長，也用以舉行勳銜頒授典禮。這說明目前香港的政治大權在中國的北京，不在香港。香港自 1841 年 1 月 26 日起至 1997 年 6 月 30 日止是英國的殖民地，其首份憲法是由維多利亞女皇以英皇制誥形式頒布，名為香港殖民地憲章，並於 1843 年 6 月 26 日在總督府公佈。香港由 1997 年 7 月 1 日起成為中華人民共和國的特別行政區。根據於同日生效的《中華人民共和國香港特別行政區基本法》，香港特別行政區享有立法權，而立法會是香港特別行政區的立法機關。關於立法權，以前很模糊，現在北京清楚的公佈了正確的詮釋。當我寫到這裡，新加坡的《聯合早報》（2004 年 4 月 2 日）李慧玲有下面的報道：

　　　　北京決定，2007 年及以後，香港行政長官和立法會產生辦法和程式如果需要修改，必須由行政長官向中國全國人大會常委會提出報告，得到批准才算有效。這意味著香港政制改革的決定權在中央政府。

　　英國殖民主義的政治遺產是法治與權威管理，現在香港人不
滿的，不是失去了當年總督府的權威統治者，而是法治與有效率的
管理。雖然過去痛恨殖民主義，但現在卻很懷戀殖民時代所帶來許
多好處。

八、格致明德的香港大學：結合　　　西方的科學與中國的儒學

　　香港的最高學府香港大學爲英國人所創設，先有香港醫學院
（Hong Kong College of Medicine），1902 年把它與新的工程學院
合併成爲大學。[12]由醫學到工程，可見英國人的重視實用目的，
它的校訓爲格致明德（如圖十二），理雅各的四書五經的英譯第一
版由港大出版，也表示殖民政府要香港結合西方的科學精神與中
國的儒家文明傳統。[13]

Vice-Chancellor's Office
The University *of* Hong Kong

〈圖十二〉

九、圖騰下的後殖民文化：去中國化、西方　　科學與中國倫理結合、多元文化

　　如果說圖騰崇拜是人類古代文明普遍共生的文化現象，從上
述的總督府來看，現代人也不例外。雖然現代人具有最準確的語
言，但圖騰的語言還是被認爲最美麗的，因爲它兼有象徵性的圖

12　見香港大學網站 Http://www.hku.hk/.
13　James Legg 的 The Chinese Classics 翻譯工作在馬六甲開始，1861 在香港
　　完成與出版。

像物體含蓄表達的效果。現代的國家、軍隊、機構、團體都設計圖騰式的徽章，譬如美國以鷹、盾、箭形成的國徽（great seal）（如圖十三）加拿大以獅子、獨角獸、楓葉、英國旗的徽章（coat of arms）（圖十四），都不是語言所能表達的。

〈圖十三〉　　　　　　　　　〈圖十四〉

　　至於隱藏在體積巨大，結構複雜的建築裏的意義，語言就更難以代替了。更何況建築可以不斷的因意義的改變的需要而可以不斷的進行改建修繕，就如臺灣與香港的總督府，一旦被日軍佔領，馬上把日本軍國主義的高塔建起來。

　　本文只大略的解讀其所能釋放的後殖民文化。如果詳細的分析，更多政治、文化、藝術面的元素可以展現出來。例如日本霸權與權威的日本總督府的高塔及其他特色，在政治上留下去中國化、強調日本中心主義、玩弄族群仇恨政治等。在大眾文化中留下飲食日本化、娛樂色情化、水果昂貴化等現象，在語言上中文與英文都日本化，文學日本化也嚴重，陳芳明就提醒學術界注意受日本殖民經驗影響的臺灣文學：「存在於臺灣殖民史上的東洋風作家卻是國際學界中的失語組群。」[14]

14　陳芳明，《後殖民臺灣》（臺北：麥田，2002），頁11。

　　新加坡把總督府塑造成熱帶文藝復興導致本土化，包括華語也南洋化（胡姬取代蘭花、沖涼取代洗澡）與文學繪畫本土化（峇迪畫），英語英國化（如羅哩、巴仙）。新馬是最早建構不同於中國文學的華文文學，同時產生許多很優秀的華人英文作家。[15]強調多種族、多語言、多元文化／思考原來在總督府的建造時，就打下基礎。因此新加坡製造了會上山會下海的魚尾獅（如圖十五）的神話。

　　英國殖民香港的多元文化、多種語文政策，是英國殖民主義給香港留下的一大遺產。因此衍生了中英文化結合的文化事業。有關對中國／漢學的英文出版事業，中國、臺灣儘管出版事業蓬勃，但只有香港成功。英國人把香港打造成國際化的大都會，其在文學上的專欄作家是一大特產，這個有租借期限的殖民地、作家的土地、社會、國家感浮游不定，寫雜感文章最適合，因此方塊雜文為全球最佳。英國人所給予的新聞自由、言論與感情表達的開放，政治意識與儒家道德的突破，使其產生的中文媒體、雜誌、電影、流行歌曲及其他大眾文化一直是中國、臺灣、東南亞及世界海外華人地區的潮流創新的領航人。這是香港殖民文化的寶貴遺產。

　　傲慢的殖民者走後，臺灣去中國化，提倡單一的本土文化，但在強調高度民主自由的路途中，政治與社會充滿亂象。英國殖民者的法制，卻給香港留

〈圖十五〉

15　王潤華《華文後殖民文學》（臺北：文史哲，2002）；王潤華《越界跨國文學解讀》（臺北：萬卷樓，2004），頁 405-494。

下嚴格的法律，管理制度化、國際化而又享有自由。大英聯邦瓦解後，新加坡高度法治，行政管理有效率，雖然政治維持高度威權統治，但多元文化卻仍極力落實。

　　臺灣、香港與新加坡的後殖民文化特徵，似乎早已雕刻在殖民時代建構的圖騰上。這些文化最大的共同點，就是大大的改變了中國語言與文化。過去我們只注意殖民主義對中華文化的壓制與破壞，其實殖民主義某些文化遺產也值得肯定，尤其多元的、雜種的文化之產生。從臺灣、香港到新加坡都處處可見，它創新了不少中華文化。臺灣以當地的閩南語，香港以粵語方言、英語，新加坡以中國南方多種方言、馬來語、英語等顛覆了中國國語（普通話）的規範。在新加坡以華語來區分其與中文的不同，因爲被殖民的經驗證明，語言就是文化/權力。[16]當你成爲另一種華人，你必須建構自己的文化，包括自己的語言，它才能承載/傳達不同的社會經驗。熱帶的蘭花，新加坡人稱爲胡姬花，在熱帶雨林生長的，因氣候土壤不同而成爲另一品種。人也是如此。即使在生活細節上，在台、港、新都有自己的獨特的後殖民文化，如新加坡的「撈魚生」、「海南雞飯」，「咖哩魚頭」表面上是中式荼肴，事實上是在本土上新創的一道荼肴，大陸、臺灣、香港都沒有。港臺也有這樣獨創的飲食文化，但本文因重心置於政治文化圖騰，故此部分留待日後再作討論。

---

16 汪惠迪《新加坡特有詞語詞典》（新加坡：聯邦出版社，1999）；汪惠迪及其他學者的計劃還在進行中：《全球華語地區詞詞典》：全球華社地區詞的大整合〉Http://www.huayuqiao.org./member/whd.htm。

文化屬性與文化認同：詮釋
世華文學的新模式

一、文化中國與世華文學

　　自從二十世紀以來，中國知識份子永不中斷的移民外國，近三十年，臺灣、香港、大陸大量專業人士、留學生、移民更大量移居世界各國，再加上東南亞的華人再移民，今天作爲華人的意義已大大改變。[1]杜維明在〈文化中國：邊緣中心論〉（Cultural China:The Periphery as the Center）、〈文化中國與儒家傳統〉、〈文化中國精神資源的開發〉諸文章中，提出「文化中國」的概念，因爲中國不只是一個政治結構、社會組織，也是一個文化理念。[2]

　　王賡武教授及其他學者指出世界各地的華人日漸多樣性，再也不只是華僑。我們再也找不到一個適當的名詞來稱呼世界各地的海外華人，因爲今天已沒有單一的海外華僑或中國人。這些中國境外的華人，由於所住的國家不同，身份認同的不同，用英文或中文稱呼，常用的有 Chinese overseas, Overseas Chinese, ethnic

---

1 Wang Gungwu, "A Single Chinese Diaspora?", *Joining the Modern World: Inside and Outside China*（Singapore: Singapore University Press,2000）, pp.37-70. Wang Gungwu, "Among the Non-Chinese", in Tu Wei-ming, ed., *The Living Tree: The Changing Meaning of Being Chinese Today*（Stanford: Stanford University Press, 1994）, pp.127-147.

2 Tu Wei-ming, "Cultural China:The Periphery as the Center" in Tu Wei-ming,ed., *The Living Tree: The Changing Meaning of Being Chinese Today*, op. cit., pp.1-34；杜維明〈文化中國與儒家傳統〉,《1995 吳德耀文化講座》（新加坡：國大藝術中心，1996 年），頁 31；杜維明〈文化中國精神資源的開發〉，鄭文龍編《杜維明學術文化隨筆》（北京：中國青年出版社，1999 年），頁 63-73。

Chinese（華族），huaqiao（華僑），huayi（華裔），huaren（華人），haiwai huaren（海外華人），Chinese Diaspora 等等都可以使用，各有其理由，各有其需要。[3]

　　華人的意義不斷在改變中，中國以外邊緣地帶華人建構了另一種「中華文化」，同樣的，中國以外的華人及非華人，我所說的具有邊緣思考的華人，也建構了另一類華文文學。這類文學,就如中華文化，它超越語言、族群、宗教，而這種邊緣文學就是構成中華文化的一部分，為杜維明所謂的「文化中國」創造新的精神資源。這種文學也成為另一個華文文學中心，甚至散佈世界各地的華人世界，自己也成為一個文學中心，比如新加坡華文文學或馬華文學，其作品即有中國文學傳統也有本土文學傳統。[4]

　　因此我們需要尋找種種理論思考與詮釋模式來瞭解與解讀這種文學。許多有關華人與文化的思考，上述杜維明的論說及其編的《常青樹：邊緣中心論》中如王賡武、李歐梵等人的論述，王賡武的《進入現代世界：中國內外》（*Joining the Modern World World*），還有其他純理論性的如愛德華希爾斯（Edward Shils）的《中心與邊緣：宏觀社會學》（*Center and Periphery: Essays in Macrosociology*）都是幫忙發現、思考問題與瞭解現象的視野。[5]

二、華人的文化屬性：文化建構與修養

　　目前世界各國都有華人，但作為華人的意義在不斷改變中。

3　特別見前二註書籍中杜維明、王賡武、李歐梵、Myron Cohen、Vera Schwarcz 等人的論文。

4　王潤華《華文後殖民文學》（上海：學林出版社，2001），Wong Yoon Wah,*Post-Colonial Chinese Literature in Singapore and Malaysia*（Singapore: Dept of Chinese Studies, National Univer*sity* of Singapore,2002.）

5　Edward Shils, *Center and Periphery: Essays in Macrosociology*（Chicago: University of Chicago Press, 1975）.

華人的構成，主要由他生長與生活的地區的文化生態與社會思想所構成，因此新加坡的華人，與泰國的華人在文化政治認同都有極大的差異，即使新加坡與美國土生華人都說英文，其文化、世界觀都不一樣。多類型的華人必然產生多類型的華文文學。

同樣是華人，具有不同的臉孔。在新馬，只要看一下他的臉，我就知道他大概是受華文教育還是英文教育，還是中國新移民。華人不可能使自己變成不是華人，他多多少少還是華人。這說明作為華人的意義及其複雜性。馬來西亞與新加坡的華人第一次去中國時，往往驚訝自己與中國人在文化意識上有許多地方不同。

由於四處落地生根生長，中華文化是多樣性的。我自己長久地在大陸、臺灣、香港各地生活，我覺得我的價值觀、世界觀、社會行為很多地方會與大陸或臺灣的人很多地方不一樣。我在1970年代中期以後住在新加坡，前後三十多年，現在發現自己與馬來西亞華人在各方面已有文化思想上的差異。目前在臺灣教書，文化上雖然認同之處甚多，但在政治認同上完全不同。

在美國出生的馬來西亞華人的後代又與我們不同。我的妻舅的女兒在美國出生與長大，不久前她到新加坡住了半年，我發現她自己處處與新加坡的大學生不一樣，雖然大家都是華人，都說英文，文化環境的差異，猶如熱帶與大陸氣候的差異，最後新加坡雖然有更好的機會，她決定不留下來。認同感的差異使到她在華人群眾仍然感到陌生。

三、華人新文化的建構：本土菜肴的創造

在馬來西亞，娘惹菜肴是中國與馬來烹飪的有趣結合。[6]這說

6　Tan Gek Suan.（2003） *Gateway to Peranakan Food Culture.* Kuala Lumpur: Asia Pacific Library.

明外來文化與本土化結合之必然性。峇峇文化把兩種文化融合成一種，峇峇傾向說閩南話化的馬來語，娘惹愛穿馬來服裝，但他們的風俗習慣與思想道德還是很中國。[7]

今天華人的雙文化主義已經發展成為多元文化。新馬華人在當地發明的許多菜肴糕點如魚生與海南雞飯，其製作的方法使人想起本土化的華文文學。兩者都面臨建立本土獨特性的挑戰。不管是菜肴還是文學作品，都要具有道地的風味，融合本土與中國傳統的兩種文化。

雖然撈魚生聽起來像廣東菜肴，中國的廣東與香港沒有這樣的食物。由於它出自新馬，它具有多元文化，為各種族所接受，包括信仰回教的馬來人，因為撈魚生的食物沒有其他宗教忌諱的食物，主要由本土與進口的瓜果如紅白蘿蔔絲、柚子的肉、油炸粉條、魚是進口的鮭魚或本地的馬膠魚。2004年1月24日馬來西亞的首相阿都拉巴達威（Prime Minister Abdullah）在柔佛巴魯的海邊慶祝華人新年，邀請了新馬各族政治領袖，就以多元文化的撈魚生作為宴會的開始食物。

四、重構中文：承載本土經驗的華語

語言具有地方、文化色彩。海外華人由於文化與土地的改變，需要重構中文的性能，才能準確的書寫域外本土的生活經驗與自然環境。因此創新轉型的中文，被稱為華文/華語。

在全球後殖民的社會裏，本地人使用的英語很特別，從辭彙到發音與英國的英語/文有很大的不同，這是文化思想，生活環

7　Teo Bak Kim,（2000） tr by Katharine Yip, *Hereen Street　in　Setting Sun: The Babas, Unique Experience in Cultural Assimilation.* Trans. Katharine Yip. Kuala Lumpur: Mentor Publishing Sdn Bhd；Lim,Catherine.（2003）*Gateway to Peranakan Culture.* Kuala Lumpur: Asia Pacific Library.

境，與使用人的語言背景所造成的。在許多英文後殖民文學的論述中，為了表示後殖民地的作家身份與文化認同的不同，今天英國的英文以大寫的 English 來表示，後殖民地的英文以小寫 english 來表示。[8]

由於華人離散族群的華文文學與英文離散族群文學有相似的發展，因此有中文與華文/語之分。[9]海外華人因當地文物與不同文化生活經驗的需要，把改造過的中文稱為華文。用華文來創作，更能完整的表達當地華人的文化思想，完美的承載新土地上的生活經驗。

華語落地生根以後，就起了變化，其複雜性使到話語在新馬泰之間音調辭彙都有所不同。當年馬華的華文形成，因為本土出生/長大的作家感到中文不足於描述新土地新氣候裏的生活。所以本土作家如吳進（杜運燮）開始大膽的改變中文的規範性，目的就是要更恰當貼切地去表現生活經驗。[10]

全世界華人地區都存在著反映當地社會所特有的事物或現象的詞語，尤其在「地區詞」或「多區詞」，具有不同文化背景下的特殊意義。地區詞照說都是單區獨用詞語，如：泛藍、泛綠（臺灣），齋啡、筍盤（香港），荷官、職程（澳門），組屋、樂齡（新加坡），零吉（Ringgit）、拿督（Dato）（馬來西亞）。雙區共用詞語如：峇峇（baba）、甘榜（kampung）（新加坡和馬來西亞），資政、首相（臺灣和新加坡），雅柏文/雅博文（apartment，加拿大和澳大利亞）。三區或多區共用詞語如：報聘、高麗菜（臺灣、新

8　Ashcroft, Bill, Gareth Griffiths and Helen Tiffin （eds），（1989）*The Empire Writes Back: Theory and Practice in Post Colonial Literatures.* London: Routledge. pp.24-27, pp.133-135.
9　陳重瑜〈華語研究論文集〉（新加坡：華語中心，新加坡國立大學，1993）。
10　我在〈從邊緣思考到邊緣閱讀〉有討論，見《越界跨國文學解讀》（臺北：萬卷樓，2004），頁 443-461。

加坡和馬來西亞），杯葛、主催（臺灣、香港、澳門、新加坡和馬來西亞）。[11]

五、多類型華人作為比較/批評模式

英文新文學提供我們瞭解馬華、泰華或美華新的視野，他們的華文文學屬於另一種文學傳統，與中國的或香港不盡相同。多元華人創造的新興華文文學，必具有其獨特內涵與語言個性，與中國文學會有所不同。因此需要從新的角度來認知。

我一向主張把世界華文文學放回它產生的家國的土地、文化屬性、政治認同上來分析。將作品與文化屬性與政治認同，甚至食物、獨特的華語一起解讀，這種變化中的華人的閱讀策略，能帶來驚人的視野。

我曾經以老舍的《小坡的生日》及其它作品作為解讀新加坡華文文學的詮釋典範模式。通過後殖民的閱讀策略，很多未被注意的重要內涵便呈現出來。我的後殖民閱讀發現老舍《小坡的生日》隱藏著多元種族社會與反殖民主義的思想。老舍用小孩的夢幻去刻畫 "小小的南洋"。他的寓言/預言很明顯：未來的馬來亞（新加坡）社會，必然是由馬來人及印度人、華人移民組成的多元民族的社會。[12]老舍嘗試顛覆康拉德小說中的殖民觀點：南洋的人物永遠以西方人為主角。這小說不是中國學者所說，只是兒童小說。後殖民閱讀策略很能分辨馬華文學中本土的及繼承中國文學的兩種文學傳統的存在情形。

11　林萬菁、陸儉明、汪惠迪及其他學者都有研究。如 汪惠迪著有《新加坡特有詞語詞典》（新加坡：聯邦出版社，1999）。汪與其他學者正編撰一本辭典，見〈《全球華語地區詞詞典》：全球華社地區詞的大整合〉，http://www.huayuqiao.org./member/whd.htm。

12　王潤華〈中國最早的後殖民文本：老舍的《小坡的生日》對今日新加坡的後殖民預言〉《華文後殖民文學》，頁 37-50。

六、多類型華文文學的比較／批評模式

　　海外華人因生長的環境與文化不同，由於身份認同的不一樣，今天我們需要不同名詞來稱呼他們：海外華人、華裔、華僑、華族、華人移民，有時又以所屬的國家來稱呼，如新加坡華人、美國華人等等。多元複雜的華人的文學，應該從他們所屬的政治、社會、文化認同來比較與評釋。所以王賡武多種華人與杜維明的改變中的華人的理論提供詮釋世界各地華人文學最好的鎖匙。有了他們的理論架構，我們就不必以暴力破門而入。研究英文後殖民文學的論述，也提供很多可以參考的方法與視野。

七、移民書寫模式：擁抱邊緣經驗的文學

　　在重要的後殖民研究論述中，D.E.S. Maxwell 的比較文學模式，把新興的英文文學分為移民者文學與侵略者文學兩種。世界華文文學中一些地區的華文文學與前者類似。比如這種文學作品喜歡書寫放逐、流浪等主題。借用這個比較模式，我們可以探討很多華文文學中有趣的、創新的邊緣書寫。[13]在東南亞，雖然早期受英國或荷蘭等西方殖民者統治，在華人移民族群／社區裏，來自中國的文化影響力，大於殖民者的文化力量，因為像新加坡、馬來西亞在政治獨立前，很多華人始終接受私立學校的華文教育，很多移民在政治與文化上，還是認同中國。因此在 1919 到 1945 年間，馬華作家在本土意識還未成長時，自然把當地的生活看成在異鄉流浪。懷鄉、流浪的主題很流行，像依夫〈憔悴的橡

13　D.E. S. Maxwell, "Landscape and Theme", in John Press（ed）*Commonwealth Literature* （London: Heinemann,1965）,pp.82-89. Maxwell's theory has been discussed in great details in Bill Ashcroft et al （eds）,*The Empire Writes Back: Theory and Practice in Post Colonial Literatures*（London: Loutledge,1989）, pp.24-27,133-135.

膠樹〉，江上風〈南洋沒有太陽〉便是代表作。[14]

八、後殖民文學的比較模式

在《逆寫帝國：後殖民文學的理論與實踐》書中，討論了四種比較的模式。第一種是關於區域性或國家性的比較模式（national or regional models）；第二種是基於族群的比較（race-based models）；第三種是建立於更複雜性的比較模式（comparative models of complexity）；第四種是根據駁雜性與本土性（hybridity and syncreticity）的批評模式。這些比較研究的方法都不是界限明確，常有重疊互涉的地方。不過把它用在如東南亞華文文學上，這些根據英文後殖民文學發展的比較模式，可以幫忙打開我們的視野，從地理區域及其所有文化屬性，拓寬研究華人離散文學的領域，加強其深度。[15]

第一種是注意區域性或國家性的比較模式（regional and national models），強調華文文學產生的國家或區域的文化特點。以馬來西亞（當時稱馬來亞，包含新加坡）為例，這是最早發展海外華文文學的社會。馬華與新華文學的某些特點成為以後世界各地的華文文學的模式。基於地方與本土文化的改變，作家開始採用變形的中文（華文）、南洋色彩的題材、敘事形式，及本土生活經驗。今天世界各地的華文文學作品都緊密地與當地的社會、政治、歷史結合，可當作國家意象與國族認同來閱讀。更寬廣的

---

14 收集在中英文版的 Edwin Thumboo, Wong Yoon Wah, Lee Tzu Pheng, et al（eds.）,*Anthology of ASEAN Literature: Poetry of Singapore Anthology of ASEAN Literature*, Vol. 1（Singapore: The ASEAN Committee on Culture and Information，1983）, pp.234-37and 244-47.

15 Bill Ascroft, et al, eds., *The Empire Writes Back: Theory and Practice in Post-Colonial Literatures*（London: Routledge, 1989）,pp.15-37. 此書中譯本有劉自荃譯《逆寫帝國：後殖民文學的理論與實踐》（臺北：駱駝出版社，1998 年），頁 15-40。

地域模式幫忙我們認識跨越語言、國民性、種族的界限的文學，產生區域文學的觀念，這樣我們可以比較東南亞華文文學與北美華人文學的異同與特點，甚至比較東南亞華人創作的華文文學與英文文學。比較東南亞受華文教育與英文教育作家的作品該是很有趣也很有意義的文學/文化課題。

　　以種族爲基礎的模式是尋找出不同地區的離散華人族群文學的共同特性。譬如在美國的華人作家，其中國民族性與傳統文化在其作品的位置。在馬來西亞與新加坡，其作品中的中國性，是不是比北美的作家少了很多？因爲前者已是第二代與第三代的華人移民。像商晚筠的小說如《癡女阿蓮》中的，〈巫屋〉、〈木板屋的印度人〉，《跳蚤》裏的〈小舅與馬來女人的事件〉，〈夏麗赫〉等許多小說，本土性比中國性更強，她的小說常常以非華族人物或是社群爲主題。[16]

　　第三種比較模式可運用來研究兩種華文文學中在語言、歷史、文化方面的獨特點。在研究大英共和聯邦文學（Commonwealth English literatures），很多批評術語已發展出來。很多批評家使用的有大英共和聯邦文學，第三世界文學（Third World literature）、英文新興文學（New Literature in English）、殖民文學（Colonial literature）、後殖民文學（Post-colonial literature）。同樣的，研究世界華文文學的學者也在尋找政治上或文學理論上適當的批評架構。常用的術語如世界華文文學、海外華文文學、華僑文學、離散華人文學都有被使用。由於華人與華文文學的多樣性，沒有任

---

16 商晚筠《癡女阿蓮》（臺北：聯經，1977）；《跳蚤》（士古萊：南方學院，2003）。本人有論文討論"After Crossing the Boundary of Community: Enlarged Vision and Multi-Cultural Expression in Malaysian Chinese Writing Today"，"Overcoming Passions, Race, Religion and the Coming Community in Malaysian Literature：Malaysian Literature And Cultural Studies Conference"Asia Research Institute, National University of Singapore,11-12 October 2004.

何一個名詞能取代其他的，因爲我們要根據各地的華人來稱呼其文學，馬華文學、泰華文學。

第四種批評比第三種更廣泛。這是研究構成後殖民英文文學重要因素如駁雜性與本土性。像新馬受過英國殖民統治，其華文學就需經過適地化的過程，吸收本土生活經驗與本土文化，改變規範性的中文。最後新馬的華文文學呈現出含有中國文學與本土的兩種文學傳統，它不再是純種的，而是雜交後的變種，思考邊緣性的，某些文學基因也改變了。

九、結論：實際批評的模式

新興的世界英文文學研究、世界華人文化認同的研究給我們帶來許多透視世界華文文學的視野。這裏所提出的比較/批評模式，只是評論時的方法與視野，不是文學思考/思潮的派別。我們從海外華人的理論與英文後殖民文學可以學到很多思考、研究、與批評的方法。當學者肯定不止一種華人離散族群，而是很多不同的華人離散族群（Chinese diasporas）我們就需要很多不同的批評模式去論述許許多多的華人社群與文學。華人的複雜性產生華文文學的多樣性。今天學者都注意到目前世界各地的華人、華裔、華僑等不同類華人的華文文學各自的獨特性，這樣我們必須設計與採用許多詮釋理論與分析方法來解讀。上面我所提到的只是其中一些可以運用的。就如《逆寫帝國：後殖民文學的理論與實踐》所指出，這是實際批評的方法不是思想的學派。當我們研究後殖民文學時，有時可用一種，通常上述幾種方法可以同時使用。[17]

---

17 The Empire Writes Back:Theory and Practice in Post-Colonial Literatures, pp.195-97；《逆寫帝國：後殖民文學的理論與實踐》（臺北：駱駝出版社，1998 年），頁 212-23.

林文慶與魯迅/馬華作家與郁達夫衝突的多元解讀：誰是中心誰是邊緣？

一、解構中國中心與南洋邊緣的衝突

在 1926 年，尋求西方科技與華族文化結合的馬華華人林文慶與追求現代性、反舊傳統的中國作家魯迅在中國發生衝突。原因是林文慶擔任廈門大學校長時，聘請魯迅擔任國學研究所的教授，魯迅有所不滿，只做了 4 個月零 12 天就辭職了。多數學者認為，那是魯迅反林文慶尊孔的事件，代表新與舊的衝突。[1]

過了 13 年後，自我放逐南洋，擁抱新馬華人邊緣文化的郁達夫，在 1939 年，與擁抱中國文學傳統的新馬中國僑居作家與本土華文作家也發生衝突，多數學者說，那是中國傳統/中心與本土化的矛盾，郁達夫不瞭解本土情緒高漲，反對本土化，另一方面又反對魯迅所代表的中國中心傳統。[2]

以前我們稱他們之間發生「衝突」，「對」與「不對」來解讀，

1　關於中國早期的論述見薛綏之（編）《魯迅生平史料彙編》第四輯（天津：天津人民出版社，1983），尤其俞荻、俞念遠、陳夢詔、川島的文章。我曾指導一篇碩士論文，把這場 "爭論" 從所有發表過的文章中，給予分析，見莫顯英《重新解讀魯迅與林文慶在廈大的衝突》（新加坡：新加坡國立大學中文系，2001）。關於事件的資料，可見該論文完整的參考書目。

2　郁達夫與當時作者討論的論文收集於方修編《馬華新文學大系》，理論批評第二集，（新加坡：星洲世界書局，1971）。楊松年〈從郁達夫〈幾個問題〉引起的論爭看南洋知識分子的心態〉《亞洲文化》23 起（1999 年 6 月），頁103-111；鄒慧珊、李秀萍、黃文青〈魯迅與郁達夫在新馬的論爭─華文後殖民文學情境的解讀〉，2002 在王潤華《中國現代文學專題》（新加坡國立大學中文系）的報告。共 13 頁。

那是單元的思考，以中國爲文化思考中心或本土中心單元的解釋
模式的話語。在今天多元文化，多元思考的後現代後結構時代，
我們應該把衝突解構，改稱爲「對話」，也需要重新思考與解讀　。
從這二宗中國與馬華文化／文學的爭論中，可釋放出許多有關中
國與馬華文化／文學有關中心與邊緣的新意義。

二、父親的意外死亡刺激林文慶與
魯迅學醫救國救人

　　林文慶與魯迅都是醫生。林文慶在英殖民地的新加坡出生與
長大，出身來自檳城的一個峇峇、英文教育的家庭，其父親因修
刮鬍子割傷而中毒死亡，這意外刺激他立志學醫救人。林文慶在
1892 年前往英格蘭愛丁堡大學讀醫科。1892 年獲得醫學學士與碩士
學位。他的志願是回返殖民地爲新馬被殖民者從事醫藥服務。[3]

　　魯迅深感中國帝國的衰落無能，人民的病弱愚昧，他在父親
糊裏糊塗被庸醫胡亂治病醫死了後，深痛醫學的落後，中國人思
想的愚昧，1904 年進入日本仙台醫學專門學校學醫，希望古老落
後的中國能像現代日本，從西方醫學走向現代化，解救中國人的
病弱的生命。[4]

三、民族危機感，促使兩位邊緣人
棄醫從文，替中國把脈

　　林文慶在 1887 至 1893 年在英國生活，原本很滿足也很驕傲

3　見李元瑾，《林文慶的思想：中西文化的匯流與矛盾》（新加坡：亞洲學會，
　　2000）；李元瑾，《東西文化的撞擊與新華知識分子的三種回應》（新加坡：
　　新加坡國立大學中文系，八方文化，2001）。
4　王潤華〈回到仙台醫專，重新解剖一個中國醫生的死亡〉《魯迅研究月刊》
　　1995 年第一期，頁 56-58.

做大英帝國的臣民。但在目睹英國大英帝國的威權霸力，對弱小民族與落後土地的侵略與剝削，而發現自己中國人在倫敦受盡白人的污辱，自己又不懂中國語文與中國文化，他的羞愧與憤怒，於是喚醒了對母族文化的情感與民族意識。他於是拼命學習中文與古典文化，使人想起魯迅在東京也向章太炎學國學，讀《說文解字》。在 1895 年，林文慶開始發表論文討論中國的儒家思想與中國革新。所以魯迅與林文慶都是在自我放逐、生活在異鄉，作為一位邊緣人時，中國及華族的危機感觸發了他們民族自尊，決定以文學／文化來啓蒙中國人，改變中國的社會與國家命運。[5]

魯迅在仙台的時代，這個城市是日軍重要基地，侵略中國和俄國的日本軍隊，多從仙台出發，此地濃厚軍國主義的氣息，因此強化了魯迅對中國危機的認識。看見日本人上下支援軍隊去侵略中國，親身經驗日本同學隨意誣衊中國學生考試作弊，懷疑中國人的能力，促使魯迅對人性反省與批判，也喚醒了他的民族主義，特別思考被壓迫的民族。他離開仙台，到了東京聽章太炎講文字學，漢文字的奧秘，加上他的國學根底，引發了他對中國文化的情感。[6]

無論出於自身願意還是強逼，林文慶與魯迅都曾自我放逐異鄉，置身邊緣。在身體上與思想上流亡異鄉的作家，他們生存在中間地帶（median state），永遠處在漂移狀態中，他們即拒絕認同新環境，又沒有完全與舊的切斷開，尷尬地困擾在半參與半遊移狀態中。他們一方面懷舊傷感，另一方面又善於應變或成為被放逐的人。遊移於局內人與局外人之間，他們焦慮不安、孤獨、四處探索，無所置身。這種流亡與邊緣的作家，就像漂泊不定的

---

5 同前註 1，李元瑾，《東西文化的撞擊與新華知識分子的三種回應》，pp.43-53。
6 同前註 3，pp. 57-58。

旅人或客人，愛感受新奇的。當邊緣作家看世界，他以過去的與目前互相參考比較，因此他不但不把問題孤立起來看，還有雙重的透視力（double perspective）。每種出現在新國家的景物，都會引起故國同樣景物的思考。因此任何思想與經驗都會用另一套來平衡思考，使到新的舊的都用另一種全新，難以意料的眼光來審視。[7]

林文慶與魯迅都經過這種邊緣人的生活與思考。林文慶在新加坡與英國，都是被殖民者，對華族被剝削、不公平的待遇，感受尤深。魯迅出國前在滿清皇朝下，是個被壓迫的邊緣人，到了日本，流亡的感覺就更深。他們這多元的、邊緣思考使得他們不約而同的最終都放棄醫學，以文學／文化來啓蒙愚昧的國民，但還是像醫生那樣療救被壓迫者的病苦，找出「舊社會的病根」，「加以療治」。[8]

四、中國人與海外華人：誰是中國文化中心誰是邊緣？

這兩位分別處於半殖民地的中國與英殖民地、馬來亞權政中心之外的邊緣地帶的知識分子，同是被權力與中心文化霸權放逐的人，同是身爲邊緣思考的人，他們又怎麼會衝突呢？

魯迅在 1909 年的夏天回返中國，他仍然處於中國威權、社會與文化的中心之外，即使滿清政權崩潰，民國成立（1911）以後，甚至 1926 年他成爲名作家學者，被林文慶聘請到廈門大學出任國學院教授時，他還是中國社會與主流文化的邊緣人。魯迅一輩子

---

7 Edward Said, "Intellectual Exile: Expatriated and Marginals", *Representation of the Intellectual*（London: Vintage,1994）,pp.35-48。

8 王潤華 《魯迅小説新論》（上海：學林出版社，1993），頁 58。

都活在邊緣的位置，造成他一輩子都在反抗社會的黑暗、國民性的黑暗。邊緣是最好的反抗霸權話語的空間，邊遠的位置給人各種大膽、極端的視野，從而去發現創造、幻想另一種新世界。[9]當魯迅在廈門見到林文慶時，自己只是國學院的一名教授，後者是雇主/校長，而且大力提倡儒家思想，在廈大講演時常用英文演說，於是在魯迅的眼中，林文慶反而容易被誤讀成與中國傳統文化中心、社會權力中心結合的圈內人，不再是邊緣人。[10]

　　另外因爲林文慶自小接受英國教育，深受維多利亞時代英國文化的氣魄與眼光所影響，有膽識、有領導改革的才華，年輕時就被英國接受，肯定爲優秀的英國海外子民，對民族主義思想日愈強大、本土化的中國人來説，林文慶的背景甚至被誤看成是殖民者的代言人。

　　對林文慶來説，他前往中國廈門出任廈大校長時，更是在邊緣之邊緣。爲了把話說清楚，他常要求說英文。在新加坡原本就是邊緣人，天天反抗英殖民統治者對底層華人的壓迫，評擊殖民政府的剝削，爲華人社會的弊病而深感憂心。對殖民地統治者，他更是邊緣人，因此他努力推行中華語言與儒家思想的復興運動。他的熱心改革新馬社群，贏得英國殖民者的稱讚，享受到殖民者的權益。那是殖民者想要消除他的邊緣位置，與殖民者認同的策略。

　　林文慶的中華民族主義，促使他曾先後響應中國維新運動，支援保皇黨，大力協助孫中山的革命，還成爲孫總統機要秘書、

9　Bell Hooks, "Marginality as Site of Resistance" in Russell Ferguson and others ,eds., *Out There: Marginalization and Contemporary Culture*（Cambridge, Mass: MIT Press, 1990）, pp.341-342。

10　王賡武，〈魯迅、林文慶和儒家思想〉《中國與海外華人》（臺北：臺灣商務印書館，1994），頁 193。

衛生部長等職位。這些都是反抗殖民者霸權與傳統落後中國的中心的行動，也是向中華民族認同的追求。具有海外華人民族主義複雜的政治、思想、愛國主義的林文慶，爲了實際改革，實現民主、科學、文化的中國，表面上他終於成爲中國權力/社會中心，成爲圈內人。[11]

其實林文慶很明白自己的位置，作爲一個海外華人，在五四新文化運動以後，中國追求現代性的知識分子堅持徹底打倒舊文化，如林毓生所說的[12]，反偶像崇拜的反傳統主義（iconoclastic anti-tradition）的霸權話語中，因此林文慶肯定是邊緣人，持有霸權話語的是反傳統的知識分子。但據有西方科技與文明的經驗的林醫生，爲了建構現代科技與文化結合的中國，他還是勇往直前。

以出任廈大校長的林文慶來說，具有海外華人民族主義複雜的政治、思想、愛國主義的林文慶，爲了實際改革，實現民主、科學、文化結合的中國，他需要進出中國權力/社會中心。Bell Hooks 在〈邊緣作爲反抗的場域〉（Marginality as Site of Resistance）敍述早年黑人的在種族隔離政策下的生活，可作爲最好的比喻。黑人住在鐵道之外，肯德基（Kentucky）城市的邊緣地帶，白天他們可以進城做勞動工作，晚上必須回去鐵道外的窮人區。[13]說明白，林文慶只是如此的一個人而已。所以王賡武教授說，當時魯迅或中國學者對林文慶的批評，顯示他們沒有脫離中國文人學士歷來的成見，對海外華人，受西方教育，要參與改造中國的人沒有好感。[14]

---

11 李元瑾，《林文慶的思想：中西文化的匯流與矛盾》；李元瑾，《東西文化的撞擊與新華知識分子的三種回應》，頁 43-52, 237-296。
12 林毓生，《中國意識的危機》（貴州：貴州人民出版社，1988），pp.235-236。
13 同前註 9，頁 341。
14 同前註 10，頁 186-187。

　　海外華人林文慶的民族主義，帶著西方教育與文明科技，國際性的視野，擁抱本土傳統文化，尤其儒家傳統文化，結果他的邊緣被看成了中心，實際上也會變成中心。魯迅土生土長，追求現代性，以五四反傳統的革命精神出發，追求現代性，他的革命容納不了傳統。遇見「尊孔的」，講英文的上層社會的校長，自己更感邊緣化，更把對方看成中心。因此被「尊孔」妨礙了對話。魯迅在廈大的講演〈少讀中國書，做好事之徒〉，其中「做好事之徒」，魯迅便以創設廈大，大學中提倡的西方文化（圖書館有英文雜誌）爲例，大大稱讚廈大的新文化一番，[15]林文慶聽說後也高興。不過在後來單元的政治文化論述中，學者總是把他們看作中心/傳統與現代/邊緣對立的衝突。[16]

五、郁達夫的南洋邊緣話語：去中國中心／本土主義

　　郁達夫於 1938 年 12 月 28 日抵達新加坡，受《星洲日報》之聘，擔任副刊編輯。1939 年 1 月 21 日，他在《星洲日報》與檳城的《星檳日報》同時發表〈幾個問題〉的文章。這是他在檳城與文藝青年對話後所想到的問題。這篇論文引起最大的爭議，是針對南洋文藝界把國內的課題全盤搬過來的現象的意見。他用魯迅爲例：

> 上海在最近，很有一些人在提出魯迅風的雜文題，在現在是不是還可以適用？對這問題，我以爲不必這樣的用全副精神來對付，因爲這不過是文體與作風的問題。假如參加討論的幾位先生個個都是魯迅，那試問這問題，會不會發

15　同前註 10，頁 181-183。

16　莫顯英對兩種不同的看法都有分析，見《重新解讀魯迅與林文慶在廈大的衝突》，頁 11-68.

生？再試問參加討論者中間，連一個魯迅都不會再生，則討論了，也終於何益處？法國有一位批評家說，問者人也……若要捨己耘人，拼命去矯揉造作，那樣何苦？[17]

後來郁達夫又寫了〈我對你們卻沒有失望〉與〈我對你們還是不失望〉二文[18]，強調說「這是對死抱了魯迅不放，只是抄襲他的作風的一般人說的話」。郁達夫與僑居新馬的中國作家如張楚琨以及本土長大的新馬作家的其中一個衝突點，是反對盲目跟著中國文壇走，抄襲中國作家的文風，人人學魯迅的戰鬥散文便是一例。郁達夫這個看法激怒了許多在新馬的中國作家與本土華文作家。[19]魯迅在 1930 年後，正如我在〈從反殖民到殖民：魯迅與新馬後殖民文學〉所指出[20]，在左派文化人的政治話語下，魯迅神話也開始移植到新馬，最後他代表了中國五四以來的現代與革命文化思想，自然受到代表中國中心思想作家的張楚琨與代表本土主義作家的耶魯等人的圍攻。

來到當時文化低落的南洋，郁達夫應該擁抱中國中心的優越感，一切思考從一元中國中心的出發，他卻意外的不認同中國的主流，反對當地的文學觀、寫作的題材與風格太受當時中國文壇的潮流支配。他另一方面也對當時本土意識過分強烈的華文作家有所保留，他說：「提到有關南洋色彩的問題只在這色彩的濃厚，如果一味的強調地方色彩，而使作品主題，退居到第二位去的寫作手法，不是上乘的作風」[21]。這說明郁達夫具有邊緣人的雙重透視力。從留學日本到回到中國，他的小說散文很明顯地表現出

---

17 方修（編）《馬華新文學大系》，理論批評第二集，頁 444-448。
18 同上註，頁 452-453；457-458。
19 這些文章有些收集於《馬華新文學大系》（同上註），頁 444-471。
20 王潤華《華文後殖民文學》（臺北：文史哲出版社，2001），頁 51-76。
21 同前註 17，頁 452。

郁達夫一直在自我流放。在中國他是圈外人（outsider）、零餘者、頹廢文人、自我放逐者。[22]到了南洋，他的心態就更加如此。他遠離社會權力結構的中心、厭惡霸權華語與集體意識。所以又一次證明，中國人不一定個個都喜歡中國的傳統/中心話語。往往海外的華人或外國人比中國的學者更捍衛傳統。所以 Edward Sils 在其《中心與邊緣》（Center and Periphery）書中說，所謂的中心，其與空間與地理位置無關。它代表價值觀、信仰、與權力。[23]

六、中心也是邊緣，邊緣也是中心

其實所謂知識份子或作家或文化/文學的邊緣，其情境往往是隱喻性的。屬於一個國家社會的人，在同一個社會的人，可以成為局外人（outsider）或局內人（insider），往往屬於地理/精神上的。其實所有一流前衛的知識份子或作家，永遠都在流亡/邊緣，不管身在國內或國外，因為知識份子原本就位居社會邊緣，遠離政治權力，置身於正統文化/文學之外，這樣知識份子/作家便可以誠實的捍衛與批評社會，擁有令人歎為觀止的觀察力，遠在他人發現之前，他已覺察出潮流與問題。古往今來，流亡者都有跨文化與跨國族的視野。[24]

中國雖是中國文化的發源地，不一定是永遠的唯一中華文化中心，就如佛教源自印度，佛教已流傳成多中心，而這些中心已發展成新的佛教傳統。今天儒家文化不只是中國的，也是世界的。任何國籍的人都會成為儒家文化的人，只要他研讀儒家的經典著作，可將它發揚光大。如儒學的傳統在韓國、日本、越南、東南

---

22 可參考曾焯文，《達夫心經》（香港：香江出版社，1999）。
23 Edward Sils, *Center and Periphery: Essays in Macrosociology*（Chicago: University of Chicago Press,1975），p.3。
24 同前註 7，頁 39。

亞。杜維明在〈文化中國：邊緣中心論〉（Cultural China:The
Periphery as the Center）、〈文化中國與儒家傳統〉、〈文化中國精神
資源的開發〉諸文章中，提出「文化中國」的概念，因爲中國不
只是一個政治結構、社會組織，也是一個文化理念。今日產生重
大影響力的有關中國文化的關心、發展、研究、論述，主要在海
外，而這些人包括在外國出生的華人，或研究中國文化的非華人，
這個文化中國的中心超越中國，而由中國、香港、臺灣與散居世
界各地的以華人爲主的人所構成。其實正如《長青樹：今日改變
中的華人》（The Living Tree: The Changing Meaning of Being
Chinese）中其他文章所觀察，華人的意義不斷在改變中，中國以
外邊緣地帶華人建構了文化中國中心。[25]

　　文化是有生命的，中國文化／中華文化不斷在創新發展，不
斷在衍生，從中國國土蔓延到世界各地生長起來。英國文學移植
到北美洲及世界各地，在各國各族移民的社區發展的英文文學，
大大超越英國本土的英文文學，建立了新的傳統。華文文學也是
如此，它多元共生，多傳統多中心。

　　1989年，在新加坡舉行的東南亞華文文學國際會議上，周策
縱教授特地受邀前來作總評。在聽取了二十七篇論文的報告和討
論後，他指出，中國本土以外的華文文學的發展，已經產生「雙
重傳統」（Double Tradition）的特性，同時目前我們必須建立起「多
元文學中心」（Multiple Literary Centers）的觀念，這樣才能認識
中國本土以外的華文文學的重要性。我認爲世界各國的華文文學

25　Tu Wei-ming, "Cultural China: The Periphery as the Center" in Tu Wei-ming,
　　ed., *The Living Tree: The Changing Meaning of Being Chinese Today*", op.
　　cit. ,pp.1-34;杜維明〈文化中國與儒家傳統〉,《1995 吳德耀文化講座》（新
　　加坡：國大藝術中心，1996），pp.31；杜維明〈文化中國精神資源的開發〉,
　　《鄭文龍（編）《杜維明學術文化隨筆》（北京：中國青年出版社，1999），
　　頁 63-73。

的作者與學者，都應該對這兩個觀念有所認識。[26]

　　任何有成就的文學都有它的歷史淵源，現代文學也必然有它的文學傳統。在中國本土上，自先秦以來，就有一個完整的大文學傳統。東南亞的華文文學，自然不能拋棄從先秦發展下來的那個「中國文學傳統」，沒有這一個文學傳統的根，東南亞，甚至世界其他地區的華文文學，都不能成長。然而單靠這個根，是結不了果實的，因爲海外華人多是生活在別的國家裏，自有他們的土地、人民、風俗、習慣、文化和歷史。這些作家，當他們把各地區的生活經驗及其他文學傳統吸收進去時，本身自然會形成一種「本土的文學傳統」（Native Literary Tradition）。新加坡和東南亞地區的華文文學，以我的觀察，都已融合了「中國文學傳統」和「本土文學傳統」而發展著。我們目前如果讀一本新加坡的小說集或詩集，雖然是以華文創作，但字裏行間的世界觀、取材、甚至文字之使用，對內行人來說，跟大陸的作品比較，是有差別的，因爲它容納了「本土文學傳統」的元素。

　　當一個地區的文學建立了本土文學傳統之後，這種文學便不能稱之爲中國文學，更不能把它看作中國文學之支流。因此，周策縱教授認爲我們應建立起多元文學中心的觀念。華文文學，本來只有一個中心，那就是中國。可是華人偏居海外，而且建立起自己的文化與文學，自然會形成另一個華文文學中心；目前我們已承認有新加坡華文文學中心、馬來西亞華文文學中心的存在。這已是一個既成的事實。因此，我們今天需要從多元文學中心的觀念來看詩集華文文學，需承認世界上有不少的華文文學中心。我們不能再把新加坡華文文學看作「邊緣文學」或中國文學的「支

26　周策縱〈總評〉《東南亞華文文學》，王潤華等編（新加坡：作家協會與歌德學院，1989），頁 359-362。

流文學」，而是一種新的華文文學傳統。我在《從新華文學到世界華文文學》與《華文後殖民文學》二書中，反復從這個角度與課題來討論多元文學中心的形成，又以新馬華文文學為例，說明本土文學傳統在語言、主題、各方面如何形成。[27]

　　所以林文慶與魯迅、郁達夫與中國僑居/新馬本土作家的例子，正可以說明誰是中心，誰是邊緣的角色是難於區分，中心與邊緣的意義可以互換，當文學在逐漸走向多元文化、全球化的時候，中心與邊緣的界限就更模糊了，　更沒有意義了，最後邊緣也是中心。

27　王潤華《從新華華文文學到世界華文文學》（新加坡：潮州八邑會館，1994）。
　　我最新的論文未收入這二本論文集的有〈後殖民離散族群的華文文學：包涵又超越種族、地域、語言和宗教的文學空間〉，15 頁。新世紀華文文學發展國際學術研討會論文，1991 年 5 月 19 日，臺灣元智大學；〈邊緣思考與邊緣文學〉12 頁，香港教育學院第二屆亞太區中文教學研討工作坊：新的文化視野下下的中國文學研究論文，2002 年 3 月 13-15 日。

越界與跨國 —— 世界華文文學的詮釋模式

一、從邊緣到中心：文化中國與世華文學

　　自從二十世紀以來，中國知識分子永不中斷地移民外國，近三十年，臺灣、香港、大陸大量專業人士、留學生、移民，更大量移居世界各國，再加上東南亞的華人再移民，今天作爲華人的意義已大大改變。[1]杜維明在〈文化中國：邊緣中心論〉（Cultural China:The Periphery as the Center）、〈文化中國與儒家傳統〉、〈文化中國精神資源的開發〉諸文章中[2]，提出「文化中國」的概念，因爲中國不只是一個政治結構、社會組織，也是一個文化理念。今日產生重大影響力的有關中國文化的關心、發展、研究、論述，主要在海外，而這些人包括在外國出生的華人或研究中國文化的非華人，這個文化中國的中心超越中國，而由中國、香港、臺灣與散居世界各地的以華人爲主的人所構成。其實正如《常青樹：

1　Wang Gungwu, "A Single Chinese Diaspora?", Joining the Modern World: Inside and Outside China（Singapore: Singapore University Press,2000）, pp.37-70. Wang Gungwu, "Among the Non-Chinese", in Tu Wei-ming, ed., The Living Tree: The Changing Meaning of Being Chinese Today（Stanford: Stanford University Press, 1994）, pp.127-147。

2　Tu Wei-ming, "Cultural China:The Periphery as the Center" in Tu Wei-ming,ed., The Living Tree: The Changing Meaning of Being Chinese Today」, op. cit., pp.1-34；杜維明〈文化中國與儒家傳統〉,《1995 吳德耀文化講座》（新加坡：國大藝術中心，1996 年），頁 31；杜維明〈文化中國精神資源的開發〉，鄭文龍編《杜維明學術文化隨筆》（北京：中國青年出版社，1999 年），頁 63-73。

今日改變中的華人》（The Living Tree:The Changing Meaning of Being Chinese）中其他文章所觀察[3]，華人的意義不斷在改變中，中國以外邊緣地帶華人建構了文化中國，同樣的，中國以外的華人及非華人，我所說的具有邊緣思考的華人，也建構了另一類華文文學。這類文學，就如文化中國，他超越語言、族群、宗教，而這種邊緣文學就是構成文化中國的一部分，為文化中國創造新的精神資源。這種文學也成為另一個華文文學中心，甚至散佈世界各地的華人世界，自己也成一個中心，比如新加坡華文文學或馬華文學，其作品即有中國文學傳統也有本土文學傳統。[4]因此我們需要尋找種種理論思考與詮釋模式來瞭解與解讀這種文學。本文探討從漢文化圈（陳慶浩）、多元文化中心/雙重文學傳統（周策縱、王潤華）、邊緣中心論（賽依德、杜維明）、後殖民文學（Bill Ascroft 等人）、文化中國（杜維明）等論說來思考世界華文文學，這些論說與詮釋模式給世界華文文學可能帶來的越界與跨國的新視野。而許多有關華人與文化的思考，上述杜維明的論說及其編的《常青樹：邊緣中心論》中如王賡武、李歐梵等人的論述，王賡武的《進入現代世界：中國內外》（Joining the Modern World World），還有其他純理論性的如愛德華希爾斯（Edward Shils）的《中心與邊緣：宏觀社會學》（Center and Periphery: Essays in Macrosociology）都是幫忙發現、思考問題與瞭解現象的視野。[5]

---

3 特別見杜維明、王賡武、李歐梵、Myron Cohen、Vera Schwarcz 等人的論文。
4 王潤華〈後殖民離散族群的華文文學：包涵又超越種族、地域、語言和宗教的文學空間〉，新世紀華文文學發展國際學術研討會論文，1991 年 5 月 19 日，臺灣元智大學。
5 Edward Shils, Center and Periphery: Essays in Macrosociology（Chicago: University of Chicago Press, 1975。

二、從域外漢文學到世界華文文學

　　除了中國以外，古代的韓國、日本、越南等國家，皆長期使用漢字。創作了大量的作品，尤其在本國文字還沒有形成以前，形成一個漢字文化圈。即使在漢字基礎上，發展出本國文字以後，很多作家還是以漢字寫作。特別是漢詩，直到目前，還是文化教養的象徵。到了十九世紀，西方入侵，中國衰落，殖民主義與民主主義高漲，漢字逐漸被殖民國文字與本國文字取代，漢文寫作的傳統便逐漸消失。自第二次世界大戰以後，隨著老一輩知識分子的凋零，漢文作品就更少出現了。

　　在韓國、日本、和越南，今天還保存了大量的漢文作品，有價值的著作不少。研究中國文學的人都忽略這些作品。在第二次世界大戰後民族主義高漲時，中日韓越等國學者，還以為這些作品皆非民族的文化產品，因此被認為不值得研究。最後域外漢文學、漢文化被棄置在傳統的漢學、韓國學、日本學、越南學研究之外。

　　由於數百年來中國人不斷移民，世界華裔也不斷再移民，被移置海外的華文華語就在十九世紀末二十世紀初，漢字文化在中國鄰近國家衰落時，傳統文化圈少有人用漢字時，華文文學在世界興起，最早在東南亞，尤其新加坡、馬來西亞。自從高行健榮獲 2000 年的諾貝爾文學獎，世界華文文學有了極大的突破，引發許多重視與肯定。世華作家把華文與華文文學的文化空間擴大了，它包涵又超越種族、地域，語言也多元化了。這些華文作家雖然主要是世界各國的華人，其他種族的華文作家也不少，如韓國的許世旭、澳洲的白傑明（Germienic Barme）、德國的馬漢茂（Hermet Martin）、美國的葛浩文（Horward Goldblatt）與韓秀。

在日本與越南的今天，用華文創作的日本人與越南人則更多了。

　　傳統的域外漢文學與現代的世界華文文學是中華文化的延續與發展，是中華文化與世界文化對話所產生的多元文化的文學。湯一介在〈新軸心時代與中華文化定位〉說，經濟全球化、科技一體化，今後文化發展將會文化多元，華文文學就是中華文化大潮流的帶頭浪。杜維明說儒家傳統不單是中國的，它也是日本的、朝鮮的、越南的，將來也可能是歐美的。世界華文文學目前已發展出它的特點，它是世界性的。因此要瞭解中華文學的傳統的整體發展與變化，中國文學、域外漢文學、世界華文文學需要作一整體研究。王國良與陳慶浩在 1998 年臺北主辦的《中華文化與世界漢文學》研討會，正是對新舊漢字文化圈作整體研究的出發點。這種整體研究可以發現漢字的生命力，華人文化的動力。[6]

三、重新認識華文文學的新地圖：
多元的文學中心的肯定

　　目前英文文學（English literature）一詞的定義已起了變化，它不單單指屬於英國公民的以英文書寫的文學，而是形成一個多元文學中心的局面。除了英國本土是英文文學的一個中心之外，今天的美國、加拿大、澳洲、紐西蘭、印度，以及許多以前英國殖民地的亞洲與非洲國家都有英文文學，各自形成英文文學的中心，不是支流，各自在語言、技巧、文學觀都與英美大國不同。英文文學的發展，比華文文學更複雜，因為他們的許多國家的作家都不但是非白人，而是其他民族，包括印度人、華人、黑人及

6　王國良、陳慶浩編《文學絲路：中華文化與世界漢文學論文集》（臺北：世華作協編輯出版，1998 年），特別陳慶浩、金達凱、丁奎福、韋旭升、李進益、王三慶、黃文樓、鄭阿財、王潤華等人的論文。

混種人。過去一百年來，已有不少非英美作家，非白人的英文作家獲得諾貝爾文學獎。

　　研究共和聯邦英文如何在英國文學的傳統下，重建本土的文學傳統，重構本土幻想與語言系統，創作多元文化的文學等課題的論說，如《從共和聯邦到後殖民文學》（From Commonwealth to Post-Colonial）、《新興英文文學》（New English Literatures）及《世界英文文學》（Literatures of the World in English），都提供可供參考的透視世華文學的理論與批評方法。[7]

　　英文文學已發展到這樣的一種新局面：每年最好的以英文創作的詩、最好的小說、最傑出的戲劇，不一定出自英國或美國的作家之手，它可能出自南美、非洲的非白人之手。同樣的，如果我們公平地評審一下，每年最佳的華文小說、詩歌、或戲劇也不見得一定出自中國大陸和臺灣，很可能是馬來西亞或住在歐美的華文作家。諾貝爾文學獎頒給許多非英美的非白人英文作家，尤其最近得獎的華文作家高行健（2000）與印度後裔英文作家奈保爾（2001）便是代表這種承認。[8]臺灣《聯合報》短篇小說獎也是最好的例子，首獎經常被海外華文作家所奪，如 1996、2000 及 2001 年的首獎為大馬女作家黎紫書所榮獲，她已是第三代的馬來西亞華裔。

　　黎紫書 1994 年（24 歲）開始嘗試小說創作，1995 年以〈把

7　Anna Rutherford, ed., From Commonwealth to Post-Colonial, （Sydney: Dangaroo Press, 1992）；Bruce King, The New English Literatures（London: Macmillan Press, 1980）；Bruce King ed., Literatures of the World in English （London: Routledge, 1972）。有關這方面的參考書目，見 Bill Ashcroft, Gareth Griffiths and Helen Tiffin, eds.　The Empire Writes Back: Theory and Practice in Post-Colonial Literatures（London: Routleddge, 1991），pp.198-216（Readers' Guide）。

8　關於非英美英文作家獲頒諾貝爾文學獎，見 Nobel Lectures: Literature 1990-1995（Singapore: World Scientific, 1993），Nobel Lectures: Literature 1991-1995（Singapore :World Scientific, 1997）。

她寫進小說裡〉獲得第三屆花蹤文學獎馬華小說首獎。1996年以
〈蛆魘〉獲得第十八屆聯合報文學短篇小說首獎。1997年，又以
〈推開閣樓之窗〉獲得花蹤小說首獎。今年（2000），再以〈山瘟〉
獲得聯合報文學小說首獎。另外，黎紫書還榮獲國內外其他文學
獎。

　　黎紫書的小說，以目前已出版成書的《天國之門》與《微型
黎紫書》、《山瘟》為代表[9]，是中華文化流落到馬來亞半島熱帶雨
林，與後殖民文化雜混衍生，再與後現代文化的相遇擁抱之後，
掙脫了中國文學的許多束縛，再以熱帶的雨水、黴濕陰沈的天氣、
惡腥氣味彌漫的橡膠廠、白蟻、木瓜樹、騎樓舊街場等陰暗的意
象，再滲透著歷史、現實、幻想、人性、宗教，巧妙地在大馬的
鄉土上建構出魔幻現實小說。魔幻主義、現代意識流、後現代懷
舊種種手法，另外散文、詩歌、小說、都輪流混雜地出現在她的
小說中。但是由於她的幻想與本土文化，語言藝術與本土文化結
合在一起，黎紫書的小說不像許多現代派小說，心理活動或語言
遊戲太多，而顯得有氣無力。相反的她的小說甚至能把通俗小說
的讀者吸引回來看藝術小說，提高藝術小說的可讀性。

　　在黎紫書的短篇與微型小說中，散文、詩歌、小說、被揉成
一體或混雜成一種特殊的語言文字作為表現、敘事媒體。在〈天
國之門〉中，我被阿爺在臉上打了一巴掌，受傷嘴角滴在白床上
的血「綻放一朵小紅花」，在〈某個平常的四月天〉老李的女兒看
見書記小姐與父親在作愛：「膠廠書記小姐的雙腿盤在他的腰上，
像一隻枷鎖般緊緊扣住了男人」。黎紫書的小說敘述語言超越性別
與年紀，像上面小孩的視角，直視、簡約，帶來新的視覺、詩的

9　黎紫書三本小說出版：吉隆坡：學而出版社，1999年；臺北：麥田出版社，
　　1999年；臺北：麥田出版社，2000年。

內涵。所以我們在她的小說中，發現智性的、感性的、生活的、神話的、幻想的，變幻無常。

　　黎紫書熱帶雨林的離散族群邊緣話語，後殖民寫作策略，給大馬小說，甚至世界華文小說的大敘述，帶來很大的挑戰。她在自己本土的傳統中，在藝術語言中再生。譬如〈推開樓閣之窗〉，黎紫書的魔幻寫實技巧，產生自怡保舊街場的榕樹、小旅店的魔幻文化傳統。我小時候常常走過這些街道，大街小巷充滿了超現實主義的神話[10]，就如李天葆在吉隆坡半山笆監獄對面蓬萊旅店後的小巷，找到本土窮人的神話。他們身上都流著共同的神話血液。[11]

　　像黎紫書以及李永平，張貴興、李天葆、商晚筠（馬來西亞）、張揮、希尼爾（新加坡）這些新馬華裔華文作家的華文作品的小說給世界華文小說帶來極大的反省與挑戰。他們的新馬後殖民經驗開拓了華文小說的新境界，創造耳目一新的小說新品種。[12]

　　世界華文文學的版圖也不斷地擴大，目前學者已承認許多國家的華文文學作品具有它的獨特性，美國與加拿大的華文文學作品有它本土的文學傳統，亞洲東南亞各國更有其獨特的語言、思想與題材。這種發展的新趨勢，會使到華文文學的版圖與觀念大大改觀。要閱讀一流中文（華文）的作品，除了大陸、臺灣、香港、澳門的作品之外，其他國家的華文文學作品也一樣重要。由於這種新的華文文學的出現，從邊緣走向另一個中心，中國、臺

10　關於黎紫書的小說，見王潤華《華文後殖民文學》（上海：學林出版社，2001年），頁 197-198；王德威〈黑暗之心的探索者〉，《山瘟‧序》，頁 3-12。
11　關於李天葆的代表作，見徐舒虹〈半山笆監獄與蓬萊旅店〉，《馬華文學的新解讀》（吉隆坡：馬來西亞留台同學會，1999 年），頁 306-312。
12　這些作家的作品代表作，可見黃錦樹等編《馬華當代小說選》（臺北：九歌出版社，1998 年）；黃孟文編《新加坡當代小說精選》（瀋陽：瀋陽出版社，1999 年）。

灣、香港出版的中國文學選集，如《20 世紀中國新詩辭典》（上海：漢語大詞典，1997 年）、《中華現代文學大系》（臺北：九歌出版社，1989 年）、《中國當代散文選》（香港：新亞洲出版社，1987 年）都收錄中國、臺灣、港澳以外世界各國的華文文學作品。這種文選，清楚的說明過去被漠視的邊緣作家已開始被承認與肯定。1986 年劉紹銘、馬漢茂在德國萊森斯堡舉辦一個「中國文學的大同世界」世界華文作家會議，後來由臺灣（王德威）、大陸（李陀）、香港（黃維梁）、馬來西亞（姚拓）、菲律賓（施穎洲）與新加坡（王潤華）編了上下二冊《世界中文小說選》（臺北：時報出版社，1987 年），是重要一次承認華文文學是超越國界，多元文化的。雖然當時由於政治保守的環境，書名還用中文二字。[13]

四、從「雙重傳統」，「多元文學中心」
看世界華文文學

1989 年在新加坡舉行的東南亞華文文學國際會議上，周策縱教授特地受邀前來作總評。在聽取了二十七篇論文的報告和討論後，他指出，中國本土以外的華文文學的發展，已經產生「雙重傳統」（Double Tradition）的特性，同時目前我們必須建立起「多元文學中心」（Multiple Literary Centers）的觀念，這樣才能認識中國本土以外的華文文學的重要性。我認為世界各國的華文文學的作者與學者，都應該對這兩個觀念有所認識。[14]

任何有成就的文學都有它的歷史淵源，現代文學也必然有它

---

13 這個研討會的論文收集於 The Commonwealth of Chinese Literature: Papers of the International Reisenburg Conference, West Germany, July 1986. Bochum: Ruhr University,1986。
14 周策縱〈總評〉,《東南亞華文文學》（新加坡：作家協會與歌德學院，1989 年），頁 359-362。

的文學傳統。在中國本土上，自先秦以來，就有一個完整的大文學傳統。東南亞的華文文學，自然不能拋棄從先秦發展下來的那個「中國文學傳統」，沒有這一個文學傳統的根，東南亞，甚至世界其他地區的華文文學，都不能成長。然而單靠這個根，是結不了果實的，因為海外華人多是生活在別的國家裏，自有他們的土地、人民、風俗、習慣、文化和歷史。這些作家，當他們把各地區的生活經驗及其他文學傳統吸收進去時，本身自然會形成一種「本土的文學傳統」（Native Literary Tradition）。新加坡和東南亞地區的華文文學，以我的觀察，都已融合了「中國文學傳統」和「本土文學傳統」而發展著。我們目前如果讀一本新加坡的小說集或詩集，雖然是以華文創作，但字裏行間的世界觀、取材、甚至文字之使用，對內行人來說，跟大陸的作品比較，是有差別的，因為它容納了「本土文學傳統」的元素。[15]

當一個地區的文學建立了本土文學傳統之後，這種文學便不能稱之為中國文學，更不能把它看作中國文學之支流。因此，周策縱教授認為我們應建立起多元文學中心的觀念。華文文學，本來只有一個中心，那就是中國。可是華人偏居海外，而且建立起自己的文化與文學，自然會形成另一個華文文學中心；目前我們已承認有新加坡華文文學中心、馬來西亞華文文學中心的存在。這已是一個既成的事實。因此，我們今天需要從多元文學中心的觀念來看世界華文文學，需承認世界上有不少的華文文學中心。我們不能再把新加坡華文文學看作「邊緣文學」或中國文學的「支流文學」。

我在《從新華文學到世界華文文學》與《華文後殖民文學》

---

15 同前註，頁 359-362。

二書中，反覆從各個角度與課題來討論多元文學中心的形成[16]，又以新馬華文文學為例，說明本土文學傳統在語言、主題各方面如何形成。由於新馬華文在世華文學中歷史最長，新馬文學研究的許多論著如《東南亞華文文學》與楊松年的《戰前新馬文學本地意識的形成與發展》對這方面的課題做了許多開墾性的思考。[17]

五、放逐、邊緣詩學：流亡者、移民、難民建構了今日邊緣思想、文化與文學

這是一個全球作家自我放逐與流亡的大時代，多少作家移民到陌生與遙遠的土地。這些作家與鄉土，自我與真正家園的嚴重割裂，作家企圖擁抱本土文化傳統與域外文化或西方中心文化的衝擊，給今日世界文學製造了巨大的創造力。現代西方文化主要是流亡者、移民、難民的著作所構成。美國今天的學術、知識與美學界的思想所以如此，因為它是出自法西斯與共產主義的難民與其他政權異議分子。整個二十世紀的西方文學，簡直就是 ET（extraterritorial）文學，這些邊緣文學作品的作家與主題都與流亡、難民、移民、放逐、邊緣人有關。這些外來人及其作品正象徵我們正處在一個難民的時代。今日的中文文學、華文文學或華人文學也多出自流亡者、自我放逐者、移民、難民之筆。[18]

---

16 王潤華《從新華文學到世界華文文學》（新加坡：潮州八邑會館，1994 年）。我至今的論文未收入這二本論文集的有〈後殖民離散族群的華文文學：包涵又超越種族、地域、語言和宗教的文學空間〉，15 頁，新世紀華文文學發展國際學術研討會論文，1991 年 5 月 19 日，臺灣元智大學；〈邊緣思考與邊緣文學〉，12 頁，香港教育學院第二屆亞太區中文教學研討工作坊：新的文化視野下的中國文學研究論文，2002 年 3 月 13-15 日。

17 楊松年《戰前新馬文學本地意識的形成與發展》（新加坡：八方文化公司，2000 年）。

18 Edward Said, "Reflection on Exile," in Russell Ferguson and others, eds., Out There: Marginalisation and Contemporary Cultures（Cambridge, MA: MIT Press, 1990），pp.357-366。

　　所謂知識分子或作家之流亡，其流亡情境往往是隱喻性的。屬於一個國家社會的人，可以成為局外人（outsider）或局內人（insider），前者屬於精神上的流亡，後者屬於地理/精神上的流亡。其實所有一流 前衛的知識分子或作家，永遠都在流亡，不管身在國內或國外，因為知識分子原本就位居社會邊緣，遠離政治權力，置身於正統文化之外，這樣知識分子/作家便可以誠實地捍衛與批評社會，擁有令人歎為觀止的觀察力，遠在他人發現之前，他已覺察出潮流與問題。古往今來，流亡者都有跨文化與跨國族的視野。[19]流亡作家可分成五類：從殖民或鄉下地流亡到文化中心去寫作；遠離自己的國土，但沒有放棄自己的語言，目前在北美與歐洲的華文作家便是這一類[20]；失去國土與語言的作家，世界各國的華人英文作家越來越多；華人散居族群，原殖民地移民及其代華文作家，東南亞最多這類作家；身體與地理上沒有離開國土，但精神上他是異鄉人。高行健離開中國前便是這種作家。[21]

　　無論出於自身願意還是強逼，思想上的流亡還是真正流亡，不管是移民、華裔（離散族群）、流亡、難民、華僑，在政治或文化上有所同，他們都是置身邊緣，拒絕被同化。在思想上流亡的作家，他們生存在中間地帶（median state），永遠處在漂移狀態中，他們即拒絕認同新環境，又沒有完全與舊的切斷開，尷尬的困擾在半參與半遊移狀態中。他們一方面懷舊傷感，另一方面又

19　Edward Said, "Intellectual Exile: Expatriates and Marginals," in Moustafa Bayoumi and Andrew Rubin, eds., The Edward Said Reader（New York: Vintage Books, 2000）, p.371。

20　林幸謙〈當代中國流亡詩人與詩的流亡：海外流放詩體的一種閱讀〉,《中外文學》30 卷 1 期（2001 年 6 月），頁 33-64。

21　這種分類見 Meenakshi Mukherjee, "The Exile of the Mind" in Bruce Bennett and others,eds., A Sense of Exile（Nedlands, Australia: The Center for Studies in Australian Literature, University of Western Australia, 1988）, pp. 7-14。

善於應變或成為被放逐的人。遊移於局內人與局外人之間，他們焦慮不安、孤獨、四處探索，無所置身。這種流亡與邊緣的作家，就像漂泊不定的旅人或客人，愛感受新奇的。當邊緣作家看世界，他以過去與目前互相參考比較，因此他不但不把問題孤立起來看，他有雙重的透視力（double perspective）。每種出現在新國家的景物，都會引起故國同樣景物的思考。因此任何思想與經驗都會用另一套來平衡思考，使到新舊的都用另一種全新，難以意料的眼光來審視。[22]流亡作家/知識分子喜歡反語諷刺、懷疑、幽默有趣。老舍因為在英國及其殖民地開始寫小說，身為異鄉人，流亡知識分子的思考，就出現在倫敦創作的〈老張的哲學〉（1925）、〈趙子曰〉（1926）、〈二馬〉（1929）、及在新加坡寫的〈小坡的生日〉（1930）等作品。老舍即使回中國以後，還是讓自己遠離權力中心，置身於邊緣地帶去思考，因此他以後的思考與語言仍然是邊緣的。那時老舍在 1949 年以前，不管在國內或國外，他是思想上的流亡者。[23]

在理論資源上，西方許多論述，如賽依德（Edward Said）的論述〈知識分子的放逐：外僑與邊緣人〉（Intellectual Exile: Expatriates and Marginals）、〈放逐思考〉（Reflection on Exile） 及《在外面：邊緣化與當代文化》（Out There: Marginalization and Cotemporary Cultures）、《放逐的感覺》等論文集中的論文，都極有用處[24]。世華作家學者也已注意世界各地華文作品中流亡、放

---

22 Edward Said, "Intellectual Exile: Expatriates and Marginals," op cit, pp.378-379。

23 我對老舍關於這方面的觀察，見王潤華《老舍小說新論》（臺北：東大圖書公司，1995 年）。

24 Edward Said, "Intellectual Exile: Expatriated and Marginals", Representation of the Intellectual（London: Vintage, 1994），pp.35-48; Edward Said, "Reflection on Exile", in Russell Ferguson and others, eds., Out There: Marginalization and Contemporary Culture（Cambridge, Mass: MIT Press, 1990）, pp.357-366;

逐、邊緣的書寫，白先勇的〈新大陸流放者之歌〉、王潤華〈從浪子到魚尾獅：新加坡文學中華人困境意象〉、簡政珍〈放逐詩學：臺灣放逐詩學初探〉、林辛謙〈當代中國流亡詩人與詩的流亡〉等論文已思考過不少問題。[25]

六、華文後殖民文學：重建本土文化、語言傳統：重新幻想與書寫本土歷史、地理與生活

《東方主義》（Orientalism）的作者愛德華・賽依德（Edward Said）在一篇論述大英共和聯邦（Commonwealth）的英文文學走向英文後殖民文學（Post-colonial Literature）時指出，幾十年來，為了從歐洲控制之中爭取解除殖民與獨立，在重建民族文化遺產，重構本土文化與語言的特性，在重新幻想與書寫本土歷史、地理與社會生活上，大英共和聯邦的英文文學扮演著關鍵性的角色。在建構過去殖民地的各地區英文文學時，賽依德特別使用重新建構（configuration）與改變構型（transfiguration）二種轉變程序來說明如何進行消除文學中的殖民主義影響。因此文學經驗的重新建構（Configuration of literary experiences），新文化的重新建構（A new cultural configuration），對歷史與地理改變構型、重新幻想，都是創造新文學的一個重要過程。[26]

當我們的作家運用重新建構（ configuration ）與改變構型

Bruce Bennett and others, eds., A Sense of Exile（Nedlands, Australia: Centre for Studies in Australian Literature, University of Western Australia,1988）。

25 白先勇〈新大陸流浪之歌〉，《明星咖啡屋》（臺北：皇冠出版社，1984 年），頁 33-37。其英文原文見 Pai Hsian-yung, "The Wandering Chinese: The Theme of Exile in Taiwan Fiction", The Iowa Review, vol7, Nos 2-3（Spring-Summer, 1976）, pp.205-212；王潤華的論文見《從新華文學到世界華文學》，頁 34-51；簡政珍的是會議論文，17 頁；林辛謙的見前註 20。

26 Edward Said, "Figures, Configurations, Transfigurations", in Anna Rutherford,ed., From Commonwealth to Post-Colonial（Sydney: Dangaroo Press, 1992）,pp. 3-17.

（transfiguration）去進行創作時，這便是新馬華文文學從傳統走向現代的開始。這個過程，在《逆寫帝國：後殖民文學的理論與實踐》一書中[27]，這個程序被稱為重置語言（Re-place language）與重置文本（Re-placing the text）。前者指本土作家要重新創造一套適合被殖民者的話語。語言本身是權力的媒體，只有在使用來自中國的語言時，加以重新塑造到完全能表達本土文化與經驗，本土文學才能產生。重置文本是指作者能把中國文學中沒有或不重視的邊緣性、交雜性的經驗與主題，跨越種族、文化、甚至地域的東西寫進作品中，不要被中國現代文學傳統所控制。

　　當我們討論後殖民文學時，注意力都落在以前被異族入侵的被侵略的殖民地（the invaded colonies），如印度，較少思考同族、同文化、同語言的移民者殖民地（settler colonies），像美國、澳大利亞、紐西蘭的白人便是另一種殖民地。美國、澳大利亞、紐西蘭的白人作家也在英國霸權文化與本土文化衝突中建構其本土性（indigeneity），創造既有獨立性又有自己特殊性的另一種文學傳統。[28]在這些殖民地中，英國的經典著作被大力推崇，結果被當成文學理念、品味、價值的最高標準。這些從英國文學得出的文學概念被殖民者當作放之四海而皆準的模式與典範，統治著殖民地的文化產品。這種文化霸權（cultural hegemony）通過它所設立的經典作家及其作品典範，從殖民時期到今天，繼續影響著本土文學。魯迅便是這樣的一種霸權文化。[29]

27　Bill Ascroft, et al, eds., The Empire Writes Back: Theory and Practice in Post-Colonial Literatures（London: Routledge, 1989）。此書中譯本有劉自荃譯《逆寫帝國：後殖民文學的理論與實踐》（臺北：駱駝出版社，1998 年）。
28　同前註，頁 1-2，頁 117-141（英文）。
29　同前註，頁 6-7。我曾以魯迅為例子，探討過這個問題，見〈從反殖民到殖民者：魯迅與新馬後殖民文學〉，《華文後殖民文學》（臺北：文史哲出版社，2001 年），頁 77-96，或上海學林出版社（2001 年），後者有刪改。

　　新馬的華文文學，作爲一種後殖民文學，它具有入侵殖民地與移民殖民地的兩者後殖民文學的特性。在新馬，雖然政治、社會結構都是英國殖民文化的強迫性留下的遺產或孽種，但是在文學上，同樣是華人，卻由於受到英國文化霸權與中國文化極深嚴之不同模式與典範的統治與控制，卻產生二種截然不同的後殖民文學與文化。一種像侵略殖民地如印度的以英文書寫的後殖民文學，另一種像澳大利亞、紐西蘭的移民殖民地的以華文書寫的後殖民文學。[30]

　　當五四新文學爲中心的文學觀成爲殖民文化的主導思潮，只有被來自中國中心的文學觀所認同的生活經驗或文學技巧形式，才能被人接受，因此不少新馬寫作人，從戰前到戰後，一直到今天，受困於模仿與學習某些五四新文學的經典作品。來自中心的真確性（authenticity）拒絕本土作家去尋找新題材、新形式，因此不少被迫去寫遠離新馬殖民地的生活經驗。譬如在第二次大戰前後，郁達夫在 1939 年南度新加坡後，批評新馬作家人人都學魯迅的雜文，因爲不學魯迅就不被認爲是好作家。抗戰時田間、艾青的詩被推崇模仿，這種主導性寫作潮流，就是來自中心的霸權話語的文化殖民。[31]

　　我在〈從戰後新馬華文報紙副刊看華文文學之發展〉一文中[32]，曾指出從最早至戰前，來自中國文壇的影響力，完全左右了

---

30 同前註，頁 133-139。我曾討論過新加坡曾受兩種霸權文化的影響而產生的後殖民文學，見〈魚尾獅與橡膠樹：新加坡後殖民文學解讀〉，《華文後殖民文學》，頁 77-100。

31 見郁達夫〈幾個問題〉與〈我對你們卻沒有失望〉，《馬華新文學大系》（新加坡：星洲世界書局，1972 年），第 2 集，頁 444-448，頁 452-453。參考楊松年〈從郁達夫〈幾個問題〉引起的論爭看當時南洋知識分子的心態〉，《亞洲文化》23 期（1999 年 6 月），頁 103-111。關於詩歌所受中國之影響，見原甸《馬華新詩史初稿（1920-1965）》（香港：三聯書店，1987 年）。

32 瘂弦、陳義芝編《世界中文報紙副刊學縱論》（臺北：文建會，1997 年），

馬華文學之發展，副刊成了他們統治當地文壇的殖民地。林萬菁的《中國作家在新加坡及其影響，1927～1948》，就研究了洪靈菲、老舍、愛蕪、吳天、許傑、高雲覽、金山、王紀元、郁達夫、楊騷、巴人（王任叔）、沈滋九、陳殘雲、江金丁、杜運燮等人。他們在中國時已有名氣，移居新馬，不是擔任副刊編輯便是在學校教書，所以影響力極大。現在重讀這些副刊，便明白本地意識、本土作品沒法迅速成長的原因。但是本土意識的文學種子一直在壓抑下成長。譬如在戰前，二〇年代，一群編者開始注意到，新馬長大或出生的作者，要求關心本地生活與社會，改用本地題材來創作，於是副刊開始提倡把南洋色彩放進作品裏。到了 1930年代，由於新馬華人歸宿感日益增加，作家把南洋的觀念縮小成新馬兩地，通稱為馬來亞，因此「南洋文藝」便開始發展成馬華文學。[33]

　　後殖民文學理論的論述，尤其在《逆寫帝國：後殖民文學的理論與實踐》（The Empire Writes Back: Theory and Practice in Post-Colonial Literatures）、《後殖民研究讀本》（Post-Colonial Studies Reader）、《從共和聯邦到後殖民》等書有極適合的批評理論供我們研究後殖民華文文學。[34]採用後殖民批評理論來審視華文文學，我的《華文後殖民文學》、許文榮的《極目南方：馬華文化與馬華文學話語》、張京媛編的《後殖民理論與文化認同》文章中，有很大的發揮，能透視很多問題。[35]

頁 494-505。

33　王潤華〈論新加坡華文文學發展階段與方向〉，《從新華文學到世界華文文學》，頁 1-23；林萬菁《中國作家在新加坡及其影響，1927-1948》（新加坡：萬里書局，1994 年），頁 12-153。

34　Bill Ashcroft, et al, eds., The Post-Colonial Studies Reader（London:Routledge, 1995）。其他專論，The Empire Writes Back 附有書目，頁 198-216。

35　許文榮的書由士古萊：南方學院，2001 年出版；張京媛的由臺北：麥田出版社，1995 年出版。

六、結論：越境跨國尋找本土與全球視野的批評理論

我撰寫了《從新華文學到世界華文文學》（1994）與《華文後殖民文學》（2001）二書中的論文後，我開始明白世華文學的複雜性。世華文學是中華文化放逐到世界各地，與各地方本土文化互相影響、碰擊、排斥之下產生。它吸收他種文化，也自我更生。湯一介認為，經濟全球化，資訊科技一體化，加上地球村的形成，世界文化必走向多元共存。[36]世界華文文學正是構成多元文化的一種前衛文化。詮釋這種複雜、越界跨國、多元文化的文學，挑戰性很高，深感我們批評理論資源的薄弱，除了像戈慈（Clifford Geetze） 在《本土知識》所使用的本土知識，波狄奧（ Pierre Bourdieu） 所說的文化生產現場（field of cultural production）[37]，也需要在全球視野發展出來的批評理論，不能只從地緣（即華人社會）來瞭解。正如《常青樹：今日改變中的華人》與王賡武的〈只有一種華人離散族群？〉（A Single Diaspora?）所指出，單單中國境外的華人，由於身分認同之不同，用英文時，Chinese overseas，overseas Chinese，ethnic Chinese，huaqiao，huayi 等等名詞都可以使用，各有其理由，各有需要。[38]因此我要經常越境跨國去尋找各種理論來詮釋世華文學，而我上述所論述的，也只是許多可採用的其中一些例子而已。

36　湯一介〈新軸心時代與中華文化定位〉，《跨文化對話》第 6 期（2000 年 4 月），頁 18-30。
37　Clifford Geetz, The Local Knowledge: Further Essays in Interpretative Anthropology（New York: Basic Books 1983）; Pierre Bourdieu, The Field of Cultural Production: Essays on Art and Literature （ Cambridge: Polity Press,1993）。
38　Wang Gungwu,"A Single Diaspora", Joining the Modern World: Inside and Outside China（Singapore: Singapore University Press,2000）, pp37-70。

魚尾獅、榴槤、鐵船與橡膠樹：新馬後殖民文學的現代性

一、只有一種西方文學的現代性嗎？

　　過去討論新馬後殖民文學的現代性，都被限制在西方文學的現代主義理論的結構裏，並以此鑑定什麼是我們的現代性。艾文浩（Irving Howe）編了一本《文學現代主義》的論文集，挑選了二十五位名家，分別從文學現代性的理論、文學現代主義文學運動、現代派文學大師的文學經驗與思想等方面的論述，來分析什麼是現代性。他歸納出現代主義的形式或文學特質（formal or literary attributes of modernism）有九大要點：（一）現代派作家群形成自我邊緣化的前衛作家（Avant-Garde），一種特殊的作家群。他們放棄一般的讀者，極端自我中心、自我孤立、但又拼命保護自我，另一方面叛逆性強、不斷向中產價值突擊；（二）拒絕一切信仰；（三）建構文學作品的自足性；（四）極端的排斥美學秩序；（五）自然不再是文學的中心主題與背景；（六）邪惡、反常、乖僻成爲主流的主題；（七）原始主義成爲現代主義作品的重要終點站；（八）在小說裏出現全新感覺的人物；（九）虛無主義成爲現代主義文學的心靈。[1]

1　Irving Howe, *Literary Modernism*（Greenwich, Conn: Fawcett Publications,1967），pp.11-40。

這種現代文學（modern literature）是一種很特別的文學，稱它為現代，是因為與當代（contemporary）不同。當代指的是時間，現代指的是感性（sensibility）與風格（style），當代沒有其他的評價與思想含義，而現代具有批評的定位與價值的判斷。現代的特性由西方的政治、文化與文學的複雜因素所構成，它影響了世界各國的文學，因此世界當代的文學很多都稱為現代文學。在新加坡與馬來西亞的現代文學也沒有例外，前衛的作家都受過現代主義的啟發。有創意的作品的特質都以西方的現代主義文學為典範。但是長久以來認定為現代主義的文學所呈現的現代性，只是其中的一種，新馬文學應該還有另一種本土的現代性。[2] 本文的目的，就是要在這些作品中，重新尋找與思考本土的現代性。

二、西方現代主義的誕生與原始／殖民文化之「發現」

現代主義為何把資產階級的思想意識形態產生的藝術形式放棄，加以踐踏、大膽試驗另一種美學經驗與結構？現代主義怎麼發現一種新的美學與文化模式？現代主義最後還強迫歐洲人認識與瞭解他們的文化只是多元文化的一種，我們可以從多元文化的角度去體認、想像與表現心靈與現實，並在藝術與生活中將它重新呈現與建構。現代主義最後顛覆權威統治文學藝術的歐洲。[3]

歐洲與其殖民地非洲的相遇，是促使這種現代主義的新思維概念開始出現的最重要原因。在 1880 與 1890 年代，被歐洲稱為「爭奪非洲」（scramble for Africa）的年代。當時的歐洲主導文化

---

2 在新馬的文學史上，總是以西方現代主義文學的這一種現代性觀念來審視，參考黃孟文、徐迺翔主編《新加坡華文文學史初稿》（新加坡：八方文化，2002），頁 223-229。

3 Bill Ashcroft, Gareth Griffiths and Helen Tiffin, *The Empire Writes Back: Theory and Practice in Post-Colonial Literatures*（London: Routledge1989），155-161。

雖然參與蠻強橫暴的摧殘在非洲東西部所遇到的「野蠻」（savage）
文化，但同時又大事掠奪非洲的假面具、雕刻及珠寶，當作戰利
品運回歐洲，收藏在新建的民俗與考古博物館的地下室。其實他
們運回歐洲的這些面具雕刻，不只是手工藝品，是一種全新的、
歐洲沒有的，觀察原始世界與呈現心靈的另類方法。[4] 進入二十世
紀初期的幾十年間，當這些面具雕刻被拿出來展覽時，激發出現
代主義藝術家的新靈感，受啟發作家藝術家大膽的嘗試創造另一
種意象，超越現實的藝術品。由於對這些收藏在大英博物館
（British Museum）的假面具、雕刻的極大興趣，啟發勞倫斯
（D.H.Lawrence）把非洲藝術品的意象放進了他的小説中如《彩
虹》（The Rainbow, 1915）[5] 與《戀愛中的女人》（Women in
Love,1926）。在《戀愛中的女人》中勞倫斯甚至受非洲的原始面
具雕刻而發展出「原始敘事」（narrative primitivism）的結構。[6] 巴
黎人類博物館（Musee de l'Homme）的非洲雕刻，現代主義畫派
畢卡索（Pablo Picasso，1882-1973）的一九零七年的繪畫《亞維
農的女人，1907》（Les Demoiselles d'Avignon）,其靈感便是來自
巴黎人類博物館的非洲雕刻的原始意象。[7] 他在非洲原始藝術古
怪的意象那裏發展出一種所謂 "同時性視象" 的繪畫語言，將物
體多個角度的不同視象，結合在畫中同一形象之上。例如在畢卡
索的《亞維農的少女》（圖一）（Les Demoiselles d'Avignon,1907）

4　Op cit。

5　Deborah Louise Shapple，"Taking Objects for Origins: Cultural Fetishism and
　Visions of Africa in the Late Imperial Novel"，
　http://repository.upenn.edu/dissertations/AAI3073051/。

6　Brett Neilson ，"D.H. Lawrence's "Dark Page": Narrative Primitivism in
　'Women in Love' and 'The Plumed Serpent.' " ，*Twentieth Century
　Literature*，Fall, 1997，see
　http://www.findarticles.com/p/articles/mi_m0403/is_n3_v43/ai_20575589。

7　K.K. Ruthven, "Yeats, Lawrence and the Savage God", *Critical
　Quarterly* ,10,No.1 & 2,（Spring and Summer）。

一畫上，正面的臉上卻畫著側面的鼻子，而側面的臉上倒畫著正面的眼睛。一般說來，《亞維農的少女》是第一件立體主義的作品。在同一個平面上表現立體的多面向，將人物、形體分解成幾何塊面，互相重疊組合，巧妙地將一種物體的多種不同角度同時呈現在一個畫面上：[8]

（圖一）

　　二十世紀初期，當西方現代主義文本形成之時，原始的非洲文化之「發現」，跟歐洲文化形式之與他者的接觸，極為重要，因為非洲被歐洲定義為「在歷史以外」（outside history）的文化，是文明以外的另一種野蠻藝術。這種邊緣的、後殖民的思考，不但解構西方文化霸權，也是催化與創造歐洲二十世紀首二十年代的

<hr />

8　參考第二章，李宏，〈分解與重構──立體主義繪畫〉《西方現代繪畫欣賞》，
　　見 http://ccd.zjonline.com.cn/xfhh/。關於非洲藝術對畢卡索的影響的論述及其
　　畫作，見 African Influenced works of Picasso's and
　　Braquehttp://sachiyoasakawa.tripod.com/PicassoandBraque.html。

新意象的泉源。

三、從「原創神話」尋找新馬後殖民文學的現代性

　　地球上所有的文化都有一種「原創神話」（myth of founding），有時是根據某種文化創造的故事而形成，這種原創神話是解釋一個民族的居住地域、語言、社群生活的共同感覺與記憶的資料源頭，也可用來說明其政治權宜的正當性，及與其他國族位置的異同。這些文本中的神話，可以視爲長久以來被忽略的現代性。新加坡與馬來西亞個別作家在其作品中如何使用魚尾獅（merlion）、榴槤、鐵船、橡膠樹等神話的建構，都是作者在作品中以不同的民族文化的身份與欲望認同建構其神話時，賦予不相似的文化符號[9]。因此，書寫神話，無論是歷史的、還是想像的，都帶有民族身份的認同的投影、國民性或社會形態的意象。而不同族群、不同語言的作家書寫的新加坡的魚尾獅，都說明某些東西如何形成和存在，都是從不同的角度創造國族的身份認同。所以本文探討從被殖民的本土，由於不同文化的撞擊，而形成的新馬文學的現代性，從而顛覆文學現代性從西方現代主義進口的唯一論述。

四、多種語言版本的歷史與多種神話的書寫

　　在後殖民的社會裏，一切都是多元的、駁雜的存在，歷史如此，文學更加多元。但是在西方，尤其英國殖民主義者撰寫的歷史裏，其敍事角度卻是一元的。新加坡的整個開拓發展，沒有一滴血淚，完全是符合英雄史詩的敍事模式、令人響往的神話。

　　根據英國殖民霸權學者的歷史書寫，萊佛士（Stamford Raffles,

9　見王潤華《華文後殖民文學》（上海：學林出版社，2001；臺北：文史哲，2000）。

1781-1826）在 1819 年 1 月 28 日在新加坡河口登陸時，當時只有一百五十個馬來漁民，華人只有三十人。新加坡在這之前，一直是海盜的窩巢，他們經常利用這小島作為平分贓物的地方。這種歷史敍述，顯然是要建立萊佛士或英國發現新加坡的霸權話語[10]。

　　置身邊緣的馬來族、華人學者從雙重透視眼光來看，知道新加坡十三至十五世紀時，巴領旁王子建立過獅子城王國（Singapura），曾是繁盛的海港，後來因為外來侵略戰爭而淪為廢墟。十四世紀，中國商人汪大淵寫的《島嶼志略》已記錄淡馬錫（Temasek）。元代中國與新加坡已有貿易來往。十六世紀，柔佛王朝統治新加坡及廖哪群島，那時廖內兵淡島（Bentan）就有一萬名中國勞工。十五世紀時，明代鄭和的船隊也到過新加坡。十六世紀完成的《馬來紀年》說新加坡是一大國，人口稠密，商賈眾多。萊佛士登陸時，雖然繁華已消失，但絕不是一個海盜藏身的天堂，或完全荒蕪人煙的小島。新加坡島上的森林中，早有來自中國的移民及馬來人、印度人以耕種為生，萊佛士登陸後發現的香料種植如甘密園，便是證據。島上也設有行政機構，萊佛士登陸後，即與當時統治者柔佛蘇丹派駐新加坡的行政首長天猛公簽約，才能在島上居住，後來又用錢租用新加坡。[11]英國史家為了建構其殖民史，製造新加坡為英人所發現與開闢神話，便把新加坡更早之歷史塗掉。但是今天邊緣思考的書寫，終於把被壓抑的歷史與回憶挖掘出來。新加坡的作家如魯白野的散文《獅城

10 Victor Purcell, *The Chinese in Malaya*(Oxford: Oxford University Press, 1967), p.69; C. M. Turnbull, *A History of Singapore* (Oxford: Oxford University Press, 1988)。
11 丘新民《東南亞文化交通史》（新加坡：亞洲學會，1984 年），頁 300-313。潘翎編：《海外華人百科全書》（香港：三聯書店，1998 年），頁 200-217; Ernest Chew and Edwin Lee(eds), *A History of Singapore*(Oxford: Oxford University Press, 1991)，chapter 3。

散記》等非小說著作便是重構本土地理與歷史、文化與生活的書
寫。[12]

　　翻開新馬華人撰寫的新馬開拓與華人移民史，[13]許多原生態
的大歷史，西方帝國殖民主義海盜式的搶劫、奴隸販賣的罪行便
大量的被敘述著。萊佛士所象徵的英國殖民官員，便不再是希臘
的神話英雄尤利西斯。

　　世界歷史與現代殖民主義同時興起，當殖民主義把非歐洲的
大陸合併，他們發現歷史是統治殖民地的人民一種有用的工具，
因為世界的現實可以簡化地重建起來，歷史的真假，全由殖民統
治者控制和製造。所以後殖民文學作品中的歐洲中心論的敘述，
是最有趣的一種。

五、尤利西斯旁的魚尾獅：沒有 移民悲劇的新加坡史詩

　　製造了神話般的殖民海外的歷史，殖民軍官萊佛士自然就成
了傳奇中的英雄。新加坡英文詩人唐愛文（Edwin Thumboo）在
1979 年發表了一首〈魚尾獅旁的尤利西斯〉（Ulysses by the
Merlion）的詩[14]，被新加坡英文文壇喻為新加坡的 史詩。[15]通過
希臘神話中的英雄尤利西斯（即奧德賽 Odysseus 的拉丁名）之
飄洋過海的傳說，來象徵英國人遠赴海外探險與爭奪殖民地的競
爭精神。這位希臘 神話英雄，原是愛迪迦（Ithaca）的國王，在

12　如曾鐵枕《新加坡史話》（新加坡：嘉華出版社，1962 年、1967 年），第 1
　　及 2 集；魯白野《新加坡散記》（新加坡：星洲世界書局，1972 年）；鄭文輝
　　《新加坡從開埠到建國》（新加坡：教育出版社，1977 年）。
13　譬如許雲樵《馬來亞史》上冊（新加坡：青年書局，1961）；南大歷史系編
　　《星馬的開發與華族移民》（新加坡：南大歷史系，1971）。
14　Edwin Thumboo, *Ulysses by the Merlion* （Singapore: Heinemann Educational
　　Books, 1979）, pp. 31-32.
15　Rajeev Patke, "Singapore and the Two Ulysses", *Arts* , No. 6, pp.24-30.

特洛埃的戰爭（Trojan War）中成為希臘人的領袖。他以機智聰明，善於戰略著名。他曾在海外遨遊十年。在這首詩中，很顯然的，作者是以尤利西斯來象徵當年大英帝國的軍官萊佛士，他也是長年征戰，在海外四處為開拓殖民地而奔波海上：

> 我漂洋過海，
>
> 穿過火島，
>
> 跟女妖精西姬搏鬥，
>
> 拒絕讓她把我變成一群豬；
>
> 航過充滿迷人歌聲的色試娜與茶利蒂海峽
>
> 我與嘉莉蘇在島上住了七年，
>
> 掀起與眾神的戰鬥。
>
> 而我心底
>
> 依然想著故鄉伊迪嘉。
>
> 航行，航行
>
> 受盡苦難，毫無樂趣
>
> 所遇到的異鄉人都在歌唱
>
> 新的神話；而我也在製造自己的神話
>
> 可是這只海獅
>
> 鬃毛凝結著鹽，多鱗麟，帶著奇怪的魚尾
>
> 雄赳赳的，堅持的
>
> 站立在海邊
>
> 象一個謎。

最後在島上建立了一個新的殖民地，通過貿易與工業，這個島成為繁華的城邦：

> 在我的時代，沒有任何

預兆顯示

這頭半獸、半魚

是海陸雄獅

各族人民在這裏定居

從海洋

帶來豐盛的海產

建築了許多象伊農式的無頂樓塔

他們制造，他們工作

他們買，他們賣

　　這位促使新加坡邁向現代化的開拓者萊佛士，在 1819 年率領一小隊英軍在新加坡河口登陸，不久即與柔佛（Johore）的蘇丹（sudan）及新加坡土著統治者天猛公（Temenggong）簽約，准他所代表的東印度公司在新加坡設立商站。萊佛士在 1823 年宣布新加坡爲自由港，並親手策劃發展新加坡的方向，他要使 新加坡成爲東方的航運、學習中心。作爲一個眼光遠大的政治家，野心勃勃的殖民主義者，他開拓新加坡的努力，也曾受到英國殖民大臣百般的阻撓。萊佛士當 時知道新加坡開埠的成功，開拓馬來半島，很需要刻苦耐勞的華人，所以他才大量讓中國人移民到新馬來。他甚至把華人移民的人口的增加，看成新馬發展的訊號。上引唐愛文的英文詩中，尤利西斯與魚尾獅的相遇，便使人聯想起萊佛士與華人的相遇，勤勞刻苦的、歷史悠久的中華民族，（包括印度族人）對萊佛士來說，簡直是個謎。這個西方神話人物萊佛士（尤利西斯的化身）與本土神話人物 魚尾獅，目前還屹立在新加坡河口，天天在眾多遊客的眼光與議論中向前展望，思考著問題。[16]

　　這一段歷史書寫，完全是以歐洲為中心，把世界歷史擁為已有，控制了歷史的真假，然後控制住殖民地的老百姓。唐愛文的這一段新加坡史詩，是被殖民地 歷史文化洗腦的結果，還是反諷？學者可以作各種不同的詮釋。[17]

六、萊佛士尋找的新加坡人：魚尾獅

　　萊佛士與魚尾獅的相遇，是新馬種植、與商業貿易建設的開始，同時也是創造一個多元種族的社會努力的開端：

> 雖然方式不同
>
> 他們一起改變自己
>
> 探索和諧的邊緣
>
> 尋找一個共同的中心
>
> 把他們的神也改變了
>
> 種族的傳統回憶保存在
>
> 祈禱裏、笑聲中和
>
> 女人的服飾與迎客的姿態上
>
> 他們把燦爛又美麗的
>
> 祖父美好的夢
>
> 放進新的遠景中
>
> 讓它繼續發揚光大
>
> 充滿眼前的世界
>
>
> 在擁有過多的物質之後，

---

16 魯白野《獅城散記》（新加坡：星洲世界書局，1972），pp. 40-51。
17 Rajeev Patke, "Singapore and the Two Ulysses", *Arts* No. 6, pp.24-30。

心靈開始渴望其他的意象，

在龍鳳、人體鷹、人頭蛇

日神的駿馬外，

這頭海獅

這首詩的聲音是尤利西斯的獨白，它是代表西方殖民者在說話。[18]作者唐愛文雖是土生的，出自印度與華人的混血，他自小受英文教育，因此他的民族意識被弱化或瓦解了，更何況他本身也是英文教育的精英分子。新加坡自 1965 年獨立以來的文化政策，基本上與這首詩所說的相吻合，因爲新加坡政府內閣成員以受英文教育精英分子爲主流。爲了探索和諧的社會和尋找一個共同的中心，人民要求改變他原來信仰的神、改變自己。最後傳統的記憶只保存在祈禱裏、服裝上。這個共同尋找的意象，便是魚尾獅身。這是從英國殖民者到新加坡獨立後政府努力培養的國民。

這個被尤利西斯尋找到的魚尾獅意象，到了今天，新加坡旅遊促進局仍然認爲它是最理想與完整的象徵新加坡的意象，所以把這個塑象放置在新加坡河口。[19]因爲這動物非魚非獅，正說明新加坡人具有東西方的文化、道德、精神，而這個社會，也由西方的法治精神與東方的價值觀所建設的一個獨特的國家社會。

無論如何，這首詩所呈現的後殖民文化的混雜多種性（hybridised nature）是移民文化、本土文化與殖民文化撞擊後產生的一種現代性。簡單的說，現代主義起源於非洲神秘原始假面具等藝術品的啓發。後殖民經驗中他者的啓示，啓發了另一種美學的幻想與文學藝術試驗，這種帶有神秘性神話的手工藝術，成

---

18 Rajeev Patke 說有二種不同的聲音，前半爲尤利西斯的獨白，後半爲新加坡人的宣言。

19 唐愛文的詩也刻印在魚尾獅公園的一角。不久前，魚尾獅又移置到新加坡文化附近的海面。

爲文化生產轉化的媒介，同時也是自身再發現轉化的動力。魚尾獅也是文化轉化的媒介。

七、不能上山又不能下海的華文版　　魚尾獅：新加坡的文化危機

　　跟英文作家比較，新加坡的華文作家由於受華文教育的結果，華人文化，形成防火牆，不易受到西方文化霸權的侵蝕，更容易重置西方話語（Re-placing the language）和重置取西方的文本（Replacing the text）。新加坡華文作家所建構的魚尾獅神話，與英文作家有極大的差異。

　　這種差異說明新加坡的非英文作家（如馬來文、淡米爾文、華文）的種族或國家主義意識（nationalism）遠比英文作家強烈。種族或國家主義意識更敢頑強的對抗帝國統治，因爲這種想象的社群（imagined community）能使到後殖民社會產生自我形象，從而更敢把自己從帝國壓迫中解救出來。新加坡詩人梁鉞在 1984 年曾寫了一首〈魚尾獅〉，全詩如下：[20]

> 說你是獅吧
>
> 你卻無腿，無腿你就不能
>
> 縱橫千山萬嶺之上
>
> 說你是魚吧
>
> 你卻無鰓，無鰓你就不能
>
> 遨遊四海三洋之下
>
> 甚至，你也不是一只蛙
>
> 不能兩棲水陸之間

---

20 梁鉞《茶如是說》（新加坡：五月詩社，1984），pp. 37-38。

前面是海，後面是陸

你呆立在柵欄裏

什麼也不是

什麼都不象

不論天真的人們如何

贊賞你，如何美化你

終究，你是荒謬的組合

魚獅交配的怪胎

　

我忍不住去探望你

忍不住要對你垂淚

因為呵，因為歷史的門檻外

我也是魚尾獅

也有一肚子的苦水要吐

兩眶決堤的淚要流

今天在新加坡河口海面上，有一座獅頭魚尾的塑像，口中一直在吐水，形　象怪異，它被稱爲魚尾獅。根據古書《馬來紀年》的記載，在十二世紀有一位王子在新加坡河口上岸時，看見一只動物，形狀奇異，問隨從，沒人知曉，後來有人說它象傳說中的獅子，因此便認定爲獅子，遂稱新加坡爲獅城。新加坡河口魚　尾獅塑像之處，今日成爲外國觀光客必到之地，魚尾獅也供奉爲新加坡之象徵。

這只魚尾獅，是「魚獅交配」的怪胎，作爲魚獅亂交而產生的後代的魚尾獅，它永恒地在吐苦水。他永遠在尋找自己的身份：自己既然是獅，卻不能高視闊步地走在森林裏，做萬獸之王；有魚之尾，卻不能在水中遊泳。今天的新加坡人，幾乎人人都發現自己象一只魚尾獅，是一只怪異的不知名的動物。新加坡的文化思想的發展，新加坡個人的成長，都正面臨這種困境，因為新加坡正處於東西方之間的「三文治」社會，自己是黃皮膚的華人，卻沒有中華思想文化的內涵，甚至不懂華文。新加坡華人受英文教育，卻沒有西方優秀文化的涵養，只學到個人主義自私的缺點。

　　華族文化面臨的危機，從 70 年代以來，可以說是最受關注的課題，因為人人害怕將會變成魚尾獅。因此魚尾獅的意象，與英文作家相反，成為華文作家探討新加坡人困境的作品中常出現的一個基型意象，它的確很恰當地代表目前新加坡人所面臨的文化困境。

　　華文作家在第二次世界大戰之前，這個情意結特強，影響力很重大，戰後則化為反殖民地，爭取獨立的愛國（本土）熱潮。新加坡獨立後，這種情意節變為「感時憂國的精神」，繼續在華文文學發生極大的影響力。由於這種社會意識之力量，華文文學比任何其他語文的文學，更關注新加坡的問題，特別是華族 文化的危機問題。[21]

八、從感情的留戀到植根本土的榴槤

　　鄭和下西洋船隊訪問過新馬，很多人迷信榴槤是鄭和下南洋時，在叢林中留下的糞便所變成。說得難聽一點，榴槤的果肉，就像一團一團的糞便。東南亞的人都迷信，榴槤樹很高大，果實表面長滿尖刺，如果從樹上掉下打中人，必定頭破血流，但卻從沒聽過有這種悲劇發生。神話中都說因為鄭和的神靈在保護。鄭

21　Wong Yoon Wah, "Obsession with China: Chinese Literature in Singapore and Malaya Before World War II", *Crossing Boarders: Transmigration in Asia Pacific*, （New York: Prentice Hall, 1995）, pp. 359-377.

和在東南亞後來已被當作神靈來膜拜。

榴槤所發出的香味極富傳奇性。本土人，尤其是原居民，一聞到它，都說芬芳無比，垂涎三尺。可是多數中國人與西方人，榴槤的香味變成臭味，一嗅到氣味，便掩鼻走開。初來東南亞的明代的馬歡，形容榴槤「若牛肉之臭」，現代作家鍾梅音說它「雞屎臭」。西方人則形容氣味為腐爛洋蔥或乳酪。我曾說榴槤神話代表典型的後殖民文本，因為那是華人企圖與西方人爭奪發言權，堅持把這種水果在本土化的同時華文化。榴槤原名馬來語 Durian，華文中的榴槤，始終堅持槤字從木不從草（蓮花的蓮），因為這是一棵高大的熱帶樹木。像榴槤這個詞便是把中文顛覆成華文的開始。其實新馬熱帶的水果花草樹木，很多的名稱都被西方殖民至今，永不翻身。

九、跨文化的文學書寫

重新建構本土文學傳統，除了重置語言，創造一套適合本土生活華語，也要重置文本（re-placing the text），才能表達本土文化與生活經驗，把西方與中國文學中沒有或不重視的邊緣性、交雜性的經驗與主題，跨越種族、文化、甚至地域的東西寫進作品中，不要被西方或中國現代文學傳統所控制或限制。葛巴星（Kirpal Singh）曾分析新加坡的詩歌，他認為建國以後，多元民族的社會產生了跨文化的詩歌。多元種族的文學，需要運用一個多元種族的幻想意象，來進行跨文化書寫。[22]

其實新馬的華文文學在第二次大戰前，已開始走向本土化，尋找跨越種族文化文學寓言或意象。譬如在 1937 年，雷三車寫了

22　Kirpal Singh, "Inter-Ethnic Responses to Nationhood: Identify in Singapore Poetry", In *From Commonwealth to Post-Colonial*, pp. 117-127。

一首反殖民主義的詩〈鐵船的腳跛了〉，作者的幻想力非常的後殖
民化，顛覆了中國新詩的語言，他創造的「鐵船」意象，是英國
在馬來亞發明的一種開採錫礦的機器，很適當地象徵英殖民者霸
佔吞食土地，把殖民地剝削得一乾二淨，因為鐵船開採錫礦後，
留下草木不生的沙漠似的廣闊的沙丘湖泊，破壞了大地：

> 站在水面，
> 你是個引擎中的巨魔；
> 帶著不平的咆哮，
> 慢慢的從地面爬過。
> 你龐大的足跡，
> 印成了湖澤，小河，……
> 地球的皮肉，
> 是你惟一的食糧。
> 湖中濁水
> 是你左腦的清湯。
> 你張開一串貪饞的嘴，
> 把地球咬得滿臉疤痕。[23]

　　鐵船是被殖民的各民族生活中熟悉的怪物，用它來表現英國
殖民者的侵略與剝奪，既魔幻又現實，它是跨文化的一個象徵符
號。

　　本土作家利用其東南亞的想像改造語言與意象，讓它能承擔
新的本土經驗，譬如一棵樹，它居然也具有顛覆性的文化意義，
一棵樹它就能構成本土文化的基礎。吳岸的婆羅洲想像在《達邦

23　雷三車在 30 年代寫作，大概 1945 年前去了（回返）中國，他的出生背景
　　不詳。詩見《馬華新文學大系》（新加坡：星洲世界書局，1971 年），第 6
　　冊，頁 198-200。

樹上》選了達邦樹（Tapang），它是婆羅洲生長的一種樹木，木質堅硬，樹身高大，在砂勞越的伊班族民間傳說中，它是一棵英雄樹。它最後都被殖民者砍伐掉。[24]被英國人移植到新馬的橡膠，也象徵性的說明它是開墾南洋勤勞華僑之化身。我在〈在橡膠王國的西岸〉曾說：

> 橡膠樹是早年開拓南洋勤勞的華僑之化身。綠色的橡膠樹從巴西移植過來後，再依靠華人移民的刻苦耐勞，才把南洋時代的蠻荒，毒蛇猛獸，原始森林，通通驅逐到馬來半島最險峻的主幹山脈上。所以橡膠樹象徵新加坡和馬來西亞早年的拓荒者，同時也是經濟的生命線。[25]
>
> 新馬作家許多描寫橡膠園生活的詩歌、散文、小說作品，不但把華人移民及其他民族在馬來半島的生活經驗呈現得淋漓盡致，而且還同時把複雜的西方帝國殖民主義海盜式搶劫，奴隸販賣的罪行敘述出來。因此橡膠園這一意象在馬華文學中，歷久不衰的成爲抒發個人感傷，結構移民遭遇、反殖民主義的載體。[26]

作爲一個「民族寓言」[27]，橡膠樹不但把華人移民及其他民

---

24 吳岸《達邦樹禮贊》（吉隆坡：鐵山泥出版社，1982 年），頁 123-126。我另有文章討論，見〈到處聽見伐木的聲音〉，《華文後殖民文學》，頁 168-176（臺版）；頁 149-157（上海版）。

25 王潤華〈在橡膠王國的西岸〉，《秋葉行》（臺北：當代叢書，1988 年）頁 155-156。

26 王潤華《橡膠園內被歷史遺棄的人民記憶：反殖民主義的民族寓言解讀》，《華文後殖民文學》（上海：學林出版社，2001），頁 101-117。

27 詹明信又指出，第三世界的文化產品似乎有一共同點，這與第一世界的大爲不同。第三世界的文本都必然含有寓言的結構，而且應該被當作民族寓言（national allegories）來解讀。這些第三世界文本，即使是小說，看起來是個人的經驗，而帶有相當多的立必多潛力（Libidinal dynamic），還是以民族寓言的形式來呈現政治思想問題，參考 "Third World Literature in the Era of Multinational Capitalism," *Social Text*, Vol 15.（1986, Fall），pp.69-74;" World Literature in an Age of Multinational Capitalism," *The Current in Criticism*, pp. 141-149。

族在馬來半島的生活經驗呈現得淋漓盡致,而且還同時把複雜的西方資本主義者與英大帝國通過海外移民,海盜式搶劫、奴隸販賣的罪行叙述出來,也呈現了殖民地官員與商人在馬來半島進行壓迫、勞動和資本輸出所做的殘忍勾當。因此橡膠園這一意象在馬華文學中,歷久不衰地成為作家結構華人移民遭遇與反殖民主義的載體。其中小說所呈現的更有深度與完整性,可當作戰前華人移民記憶的實錄,可當作戰前華人民族心理與認知形態的直接反應。這些戰前的作品叙述,包含了大量各種各類被大歷史壓抑或遺棄的記憶載體,當時為了躲避官方政治的干涉而製造膠樹寓言,現在正可拿來作為一種政治態度:反殖民主義的本土歷史意識。

　　浪花的《生活的鎖鏈》(1930 年)的橡膠園在黑夜中,而且下著雨水,膠林正落葉、刺骨的寒風吹在膠園的亞答屋裏。在一個微寒的清晨,膠林裏彌漫了朝 霧,黑暗還沒有消逝時,一個化學工程師兼督工的紅毛人趁一位膠工的女兒來借錢為母親治病時,將她奸污。下面是通過膠工亞水的眼睛叙述的故事:[28]

　　被誘奸的少女是暹羅妹,更說明殖民地主義者最愛强奸土著的歷史,作者刻意將故事從緬暹交界處一直延伸到馬來亞與新加坡,人物包括華人、印度人、泰國人、馬來人及混血的人,這是東南亞被英國殖民主義及資本家奴役與剝削的東南亞各民族之民族寓言。作者通過第一代華人移民亞龍與亞李的回憶來追述英國人經營的橡膠園內的窮苦生活,而不是由第二代土生的福來,因為後者已逐漸脫離這個人間地獄,代表逐漸走向獨立的馬來亞,

---

28　方修(編)《馬華新文學大系》(新加坡:世界書局,1970-72)第三冊,頁281－299。根據馬侖的《新馬壇人物掃描》(吉隆坡:書輝出版社,1991),頁 246,他於 1920 年代常在新馬副刊寫作,約 1930 年代初赴中國升學,從此不知去向。

所以作者故意安排他因「夜學下課後，給雨阻著不能回去，所以也在膠園裏工人住的亞答屋過夜」，才聽到上述母親與白人督工發生關系，結果生出他這個混血兒。福來帶著白人血統，也有特別的含義，他是白人留下的餘孽。後來從緬暹交界流浪到新加坡，吸收了新知識。參加工運，從事顛覆殖民地的白人資本家的壓迫，這是一種報應。亞龍在橡膠樹園因參加罷工而失業，轉而成爲街頭的報販，因此他含有傳播革命種子的使命。

十、本土現代性的特點：邊緣思考與邊緣文學

放逐的、邊緣性的、離散族群的世界各地華文作家，因爲往往不接受霸權話語，又拒絕走向通俗，討好讀者。沒有國家、黨、出版商及娛樂機構的推銷，同時又不是住在中國的土地上，一向被邊緣化。而他們的作品往往擴大了華文文學的視野、技巧、語言與思想感情，因爲他們擁有多元種族多元文化的土地上的經驗。歐洲重要的文化霸權中心的諾貝爾文學獎頒給第三世界作家如馬奎斯（Gabriel Marquez, 1982）、索因卡（Wole Soyinka, 1986）、高行健（2000）及奈保爾（V. Naipaul, 2001）等，表示邊緣性作家在殖民全球化與本土性的衝擊中，他們邊緣性的、多元文化的思考文學作品，逐漸被世界認識到是一種文學新品種，其邊緣性，實際上是創意動力的泉源。[29]諾貝爾文學獎委員在贊辭中說奈保爾的作品，深入挖掘後殖民社會，尤其那些流亡、錯移、疏離、動亂的主題，「將有見識的敘事與坦誠的洞察力連在一起，迫使我們看到被壓迫的歷史」（having united perspective narrative and incorruptible scrutiny in works that compel us to see the presence of

---

29 Bill Ashcroft and others, The Empire Writes Back: The Theory and Practice in Post-colonial Literatures（London: Routledge, 1989），pp. 12-13；104-105。

suppressed histories）。奈保爾也將小說、遊記、自傳混爲一體，試驗跨越文類的書寫。[30]從自我放逐歐洲的馬奎斯的《百年孤寂》、奈保爾的《大河灣》到黎紫書的《微型黎紫書》、《天國之門》與《山瘟》，都是書寫殖民地被遺忘的、被壓抑的歷史與記憶。因此邊緣的、華人離散族群的多元文化思考及其文學作品的特點，值得我們再思考。[31]它是中國文學傳統被放逐後，吸收多元思考後，所產生的新品種的多元文化的華文文學。這些在思想上流亡的作家，他們生存在中間地帶（median state），永遠處在漂移狀態中，他們既拒絕認同新環境，又沒有完全與舊的切斷開，尷尬把困擾在半參與半游移狀態中。他們一方面懷舊傷感，另一方面又善於應變或成爲被放逐的人。游移於局內人與局外人之間，他們焦慮不安、孤獨，四處探索，無所置身。這種流亡與邊緣的作家，就像漂泊不定的旅人或客人，愛感受新奇的。當邊緣作家看世界，他以過去與目前互相參考比較，因此他不但不把問題孤立起來看，他有雙重的透視力（double perspective）。每種出現在新國家的景物，都會引起故國同樣景物的思考。因此任何思想與經驗都會用另一套來平衡思考，使新舊的都用另一種全新、難以意料的眼光來審視。[32]

所以從政治、媒體到文學，我們亞洲國家需要尋找與創造自己的現代性的模式。從上面的後殖民的文學經驗，我可以籠統的歸納出下面本土的、後殖民的現代性的特點，以區分從西方直接

---

30 *The Straits Times*, 13 October 2001, p. L 7。

31 G Marquez, *One Hundred Years of Solitude*（London: Penguin Books，1973），中譯有楊耐冬《百年孤寂》（臺北：志文出版社，1984 年）；V.S. Naipaul, *A Band in the River*（New York: Vintage Books, 1979），中譯有李永平的《大河灣》（臺北：天下遠見出版社，1999 年）。黎紫書三本書出版先後是：吉隆坡：學而出版社，1999 年；臺北：麥田出版社，1999 年；臺北：麥田出版社，2001 年。

32 王潤華〈從邊緣思考到邊緣文學閱讀〉（臺北：萬卷樓，2005），頁 443-462。

進口的現代主義的現代性：

（一）本土幻想：幻想被詮釋為創造高等、嚴肅、充滿情欲的詩歌的心智能力。想像往往把東西溶解、消散、擴散，然後重構、創造。想像愛把東西理想化，統一化。理想有強大的生命力，它像植物活動與生長。所以 Coleridge 說幻想在溶解外在物體後，產生與製造自己的形式。幻想在知識的形成扮演重要的角色，幻想也與思想、感情、個性結合。作家的幻想往往大膽解構異域的新事物，然後根據個人的文化心智把它重構。從這個角度來重讀中西作家在東南亞的書寫，這種種想像力，擁有同化、吸收，將許多不同的東西綜合成一個有機體。魚尾獅、榴槤、鐵船、橡膠樹便是本土幻想的具體多元文化結晶。

（二）邊緣性：邊緣性是指思想的位置、反抗的場所、大膽想像的空間。即使華人流亡者、離散族群或移民作家住在中心，或在中心工作、從事生產，不再生活在社會邊緣，他們還是想盡辦法維持邊緣思考，因為這種邊緣性不是我們要爭取被認同、進入中心工作、生活而需要拋棄的、放棄的邊緣位置與身份。[33]作家在殖民全球化與本土性的衝擊中，他們邊緣性的、多元文化的思考文學作品，逐漸被世界認識到是一種文學新品種，其邊緣性，實際上是創意動力的泉源。

（三）重置語言，本土化的華語：語言本身是權力媒體，語言就是文化意識。當年西方或中國移民作家把自己的語言文字帶到環境與生活經驗都很異域的南洋，這種進口的英文或中文企圖用暴力征服充滿異域情調的、季節錯誤、又受異族統治的熱帶。

---

33 Bell Hooks, "Marginality as Site of resistance", in Russell Ferguson, et at（eds）, *Out There: Marginalisation and Contemporary Cultures*（Cambridge, Mass: MIT Press, 1990）, pp. 342-241。

因此邊緣、後殖民作家爲了完整地詮釋自己，把來自中華文化中心的中文搶奪過來，置於南洋的土地上與英殖民主義統治中，加以改造，這種重構過程，後殖民文學理論稱爲重置語言（re-placing language），是後殖民寫作的重要策略。這種策略以棄用與挪用（abrogation and appropriation）爲手段。棄用是用來拒絕以中國中心位爲準的某些文化類別、美學、規範性語言。[34]挪用的程式是改變中文的性能，使它能承載與表達新加坡新的異域與殖民生活經驗。尤其在東南亞，這是一個多元種族、多種語言、多元文化的社會，即使是華文文學，它要進行本土、跨種族、多元文化的書寫。因此邊緣文學是在一種衝突中形成的：拒絕反抗中國中心的中文，另一方面將它放置在本土上，讓它受方言、馬來、英文的影響而起變化。當我們閱讀吳進（杜運燮）的散文集《熱帶風光》、李永平的《拉子婦》、黎紫書的《微型黎紫書》、《天國之門》等小說，便能強烈地感覺到何謂重置語言後的本土化的華語。[35]

（四）跨越族群文化的書寫：在新加坡與馬來西亞很多以英文寫作的華人、馬來人、印度人作家，他們認爲用英文寫作擁有最大的優點，即英文能突破種族的藩籬（cut across ethnic boundaries），因爲不同種族的人都使用英文，這是各族共同的語言，加上他們作品的視野也是跨越族群與社區，所以譬如新加坡的英文文學也是多元族群、多元文化的文學。這點的確是英文文學的優勢。[36]

---

34 Bill Ashcoft, Gareth Griffths and Helen Tiffin（eds）*The Empire Writes Back: Theory and Practice in Post-Colonial Literatures*（London: Routledge, 1989），pp.38-77。

35 吳進《熱帶風光》（香港：學文書店，1953 年）；李永平《拉子婦》（臺北：華新出版社，1977）。

36 Edwin Thumboo, "Writers' Role in a Multi-Racial Society", *Singapore*

　　（五）交融性（syncreticity）與駁雜性（hybridity）：我最近研究馬來西亞作家商晚筠的小說，發現商晚筠的小說是後殖民社會各族文化傳統與本土文化的交融（syncreticity）與駁雜（hybridity）性的產品。邊緣文化的駁雜與交融的視野（hybridized and syncretic view）下的華玲多元族群的邊緣世界，就是以華文創作的馬來西亞文學，它超越了原來主流的馬華文學。[37]這就是後殖民的寫作策略之一的重置文本（re-placing the text），重新書寫本土歷史、地理與生活。因此在這個馬來西亞地理上或商晚筠小說虛構的華玲及其居民，都是多元的被邊緣化的人。大家主要認同生活方式與空間，不太認同種族與歷史傳統。夏赫麗認同雅麗，不認同曾與她同住的馬來女警察，因爲每個星期五，她們可以在現代式的高腳馬來屋聊天、喝酒、抽煙。阿村向橡膠園與馬來女工認同，因爲與他們在一起，自己才存在。通過書寫這種跨越族群生活與文化的邊緣經驗的小說，商晚筠建構了以華語書寫的馬來西亞文學。我們稱它爲馬來西亞文學，而不是馬華文學，因爲商晚筠的文學視野，跨越華人的文化社區，涵蓋了整個華玲族群被邊緣化的生活。在她的很多作品，如〈木板屋的印度人〉、〈巫屋〉〈九十九個彎道〉[38]，重要的小說人物事件，都是印度人與馬來人，更重要的是，出現各種族文化的聲音，不像一般華文文學作品，主要是單獨的華人的聲音。

　　以上的特點，相互之間有重復的地方，但也有許多特性未能

　　Spectrum, vol. 1, No. 2（July/August 1978）, p4 ; Kirpal Singh, "Inter-Ethnic Responses to Nationhood: Identity in Singapore Poetry", *From Commonwealth to Post-Colonial,* p. 118。

37 王潤華〈當商晚筠重返熱帶雨林：跨越族群的文學書寫〉台灣文學與跨文流動：第五屆東南亞學者現代中文文學國際學術研討會，2006 年 10 月 26 日~10 月 28 日，國立清華大學國際會議廳。

38 收集於《癡女阿蓮》小說集裏。

包含在內，但至少能說明其中一些本土現代性。由於生長於殖民地，所以前面艾文浩所列舉的九種特點也混雜其中。

十一、結　論：
「一種文明的結束，另一種文明的開始」？

　　史特勞斯（Claude Levi-Strauss，1908-）去了亞馬遜河流域的熱帶叢林，發現「一種文明的結束，另一種文明的開始」[39]的文化侵略現象，當然這裏「另一種文明的開始」指的是西方殖民的現代文明，而結束的文明，是巴西本土的、多元文化的文明。文明不再是各種野生植物，可以在土地上隨意蔓延生長，新的文明只選擇一種由經濟價值的植物如甜菜，大量的種植。我擔心商晚筠的那種熱帶雨林小說的結束，另一種由西方殖民文化思想所主導或干預的熱帶雨林書寫，不是本土自然生長起來的。[40]

　　史特勞斯看見「一種文明的結束，另一種文明的開始」的現象，就是現象學大師胡塞爾（Edmund Hussert 1859-1938）所洞見的歐洲人文的危機的根源：現代歐洲科學單面向的性格。歐洲在古希臘時代的哲學，往往將整體的世界一起思考，並不是爲了實用上的需求，而是因爲「認識的激情」佔據了人的心靈。[41]後來歐洲的科學將世界簡化爲技術與數學探索的單純客體，將生活的具體世界，排除在他們的視野裏。科學的進步，將人推進各個專

39　Claude Levi-Strauss ,*Tristes Tropiques* ,English tr.John and Doreen Weightman, （New York: Modern Library, 1997）李維－史特勞斯著，王志明譯：《憂鬱的熱帶》（臺北：聯經出版事業公司 2000；北京：三聯書店 2000），頁 11。

40　這是一項值得研究的課題，有待作深入的討論。我認爲前者有李永平（前期作品如《拉子婦》與《吉陵春秋》、商晚筠、黎紫書、張貴興等人的作品，後者有李永平後期後期作品如《雨雪霏霏》及商晚筠後期作品如〈跳蚤〉、〈人間煙火〉等。

41　見米蘭·昆德拉，尉遲秀譯：〈被貶低的賽凡提斯傳承〉《小說的藝術》（臺北：皇冠文化出版社，2004），頁 8-9。

門學科深沉的隧道裏。人在知識上越是專門，越是看不見世界的整體和自己，陷入胡塞爾的弟子，存在主義創始人海德格（Martin Heidegger,1889-1976）在其《存在與時間》所說的「存在的遺忘」之中。[42]

　　所以在從西方進口的現代性之外，還有本土的現代性，前後者也有互相的影響，有時也難於分辨，而且一位作家也會因爲文化生產的社會因素而蛻變，如前期的像商晚筠的《痴女阿蓮》，李永平的《拉子婦》是本土現代性的典範。商晚筠到了後期如《跳蚤》[43]中的一些作品如〈跳蚤〉、〈人間煙火〉，爲了得到臺灣的文學獎，便放棄本土的現代性而採用臺灣間接從西方進口的美學寫作。同樣的李永平在臺灣定居久了《拉子婦》婆羅洲的本土現代性終於被臺灣的現代主義顛覆了，他的《雨雪霏霏》便是例子。[44]

---

42 同上。
43 《跳蚤》（士古萊：南方學院，2003）。
44 李永平，《雨雪霏霏》（臺北：天下文化，2003）。

從邊緣思考到邊緣文學閱讀

一、「迫使我們看見被壓迫的歷史」的邊緣作家

離散族群的作家，特別是華文作家，一向被邊緣化，目前已開始引起中心的注意了。歐洲重要的文化霸權中心的諾貝爾文學獎頒給第三世界作家如馬奎斯（Gabriel Marquez, 1982）、索因卡（Wole Soyinka, 1986）、高行健（2000）及奈保爾（V. Naipaul, 2001）等，表示邊緣性作家在殖民全球化與本土性的衝擊中，他們邊緣性的、多元文化的思考文學作品，逐漸被世界認識到是一種文學新品種，其邊緣性，實際上是創意動力的泉源。[1]所以諾貝爾文學獎委員會指出高行健的小說與戲劇「開闢了創新的道路」。同時也指出，高行健的小說有多種聲音（polyphony），也使用不同文類的表現手法（blend of genres）。[2]諾貝爾文學獎委員在贊辭中說奈保爾的作品，深入挖掘後殖民社會，尤其那些流亡、錯移、疏離、動亂的主題，「將有見識的敘事與坦誠的洞察力連在一起，迫使我們看到被壓迫的歷史」（having united perspective narrative and incorruptible scrutiny in works that compel us to see the presence of suppressed histories）。奈保爾也將小說、遊記、自傳混為一體，試驗跨越文類的書寫。[3]

1　Bill Ashcroft and others, The Empire Writes Back: The Theory and Practice in Post-colonial Literatures（London: Routledge, 1989），pp. 12-13-104-105。
2　The Straits Times, 15 October 1999, p.47。
3　The Straits Times, 13 October 2001, p.L7。

　　放逐的、邊緣性的、離散族群的世界各地華文作家，他們不是主流，因爲往往不接受霸權話語，又拒絕走向通俗，討好讀者。沒有國家、黨、出版商及娛樂機構的推銷，同時又不是住在中國的土地上，這些世界各國華文作家連最基本的讀者都沒有。所以高行健說他只寫給自己看。但是這些作家還是繼續創作，而他們的作品往往擴大了華文文學的視野、技巧、語言與思想感情，因爲他們往往住在多元文化的土地上。高行健的被承認，代表這些邊緣性的離散族群作家，會越來越受到中國文化中心及國際間的重視。[4]最近王德威在一篇評介馬來西亞新銳小說家黎紫書的新作《山瘟》小說集時指出，馬華文學不但發展出自己的「一脈文學傳統」，值得離散族群（diaspora）文化研究者的注意，其中馬華文學的精品，如黎紫書的作品，「每每凌駕自命正統的大陸及臺灣文學」。[5]從自我放逐歐洲的馬奎斯的《百年孤寂》、奈保爾的《大河灣》到黎紫書的《微型黎紫書》、《天國之門》與《山瘟》，都是書寫殖民地被遺忘的、被壓抑的歷史與記憶。因此邊緣的、華人離散族群的多元文化思考及其文學作品的特點，值得我們再思考。[6]它是中國文學傳統被放逐後，吸收多元思考後，所產生的新品種的多元文化的華文文學。

---

4 本人曾討論，見我的論文〈後殖民離散族群的華文文學：包含又超越種族、地域、語言和宗教的文化空間〉，臺灣元智大學「新世紀華文文學發展國際學術研討會」，1991 年 5 月 19 日。

5 見王德威〈黑暗之心的探索者〉，黎紫書《山瘟》（臺北：麥田出版社，2001年），頁 8；王潤華〈馬華傳統文化患上老人癡呆症：黎紫書的微型華族文化危機意識〉，世界華文微型小說國際研討會論文，2002 年 8 月 2-4。菲律賓、馬尼拉，頁 7。

6 G. Marquez, One Hundred Years of Solitude（London: Penguin Books，1973），中譯有楊耐冬《百年孤寂》（臺北：志文出版社，1984 年）；V.S. Naipaul, A Band in the River（New York: Vintage Books, 1979），中譯有李永平的《大河灣》（臺北：天下遠見出版社，1999 年）。黎紫書三本書出版先後是：吉隆坡：學而出版社，1999 年；臺北：麥田出版社，1999 年；臺北：麥田出版社，2001 年。

二、流亡者、移民、難民建構了今日 邊緣思想、文化與文學

　　1958 年蘇聯把巴特納（Boris Pasternak）驅逐出境，他向政府抗議說：「走出我的國界，對我來說等於死亡。」[7]其實巴特納所形容的是他的創作環境，不是表現我們這個時代的精神。這是一個全球作家自我放逐與流亡的大時代，多少作家移民到陌生與遙遠的土地。這些作家與鄉土，自我與真正家園的嚴重割裂，作家企圖擁抱本土文化傳統與域外文化或西方中心文化的衝擊，給今日世界文學製造了巨大的創造力。現代西方文化主要是流亡者、移民、難民的著作所構成。美國今天的學術、知識與美學界的思想所以如此，因爲它是出自法西斯與共產主義的難民與其他政權的異議分子。整個二十世紀的西方文學，簡直就是 ET（extraterritorial）文學，這些邊緣文學作品的作家與主題都與流亡、難民、移民、放逐、邊緣人有關。這些外來人及其作品正象徵我們正處在一個難民的時代。今日的中文文學、華文文學或華人文學也多出自流亡者、自我放逐者、移民、難民之筆。[8]

　　所謂知識分子或作家之流亡，其流亡情境往往是隱喻性的。屬於一個國家社會的人，可以成爲局外人（outsider）或局內人（insider），前者屬於精神上的流亡，後者屬於地理／精神上的流亡。其實所有一流的前衛的知識分子或作家，永遠都在流亡，不管身在國內或國外，因爲知識分子原本就位居社會邊緣，遠離政

7　Pasternak 給蘇聯共產黨的信，引自 Meenakshi Mukherjee, "The Exile of the Mind", in Bruce Bennett（ed）, A Sense of Exile（Nedlands，Australia: Center for Studies in Australian Literature, University of Western Australia, 1988）, p.7。
8　Edward Said, "Reflection on Exile," in Russell Ferguson and others （Eds）, Out There: Marginalisation and Contemporary Cultures （Cambridge, MA: MIT Press, 1990）, p.357-366。

治權力，置身於正統文化之外，這樣知識分子/作家便可以誠實
的捍衛與批評社會，擁有令人歎爲觀止的觀察力，遠在他人發現
之前，他已覺察出潮流與問題。古往今來，流亡者都有跨文化與
跨國族的視野。[9]流亡作家可分成五類：從殖民或鄉下地方流亡到
文化中心去寫作；遠離自己的國土，但沒有放棄自己的語言，目
前在北美與歐洲的華文作家便是這一類[10]；失去國土與語言的作
家，世界各國的華人英文作家越來越多；華人散居族群，原殖民
地移民及其代華文作家，東南亞最多這類作家；身體與地理上沒
有離開國土，但精神上他是異鄉人。高行健離開中國前便是這種
作家。[11]

三、流亡者位居邊緣、拒絕同化的思考
　　位置：看世界的雙重透視力

　　無論出於自身願意還是強逼，思想上的流亡還是真正流亡，
不管是移民、華裔（離散族群）、流亡、難民、華僑，在政治或文
化上有所同，他們都是置身邊緣，拒絕被同化。在思想上流亡的
作家，他們生存在中間地帶（median state），永遠處在漂移狀態
中，他們既拒絕認同新環境，又沒有完全與舊的切斷開，尷尬地
困擾在半參與半游移狀態中。他們一方面懷舊傷感，另一方面又
善於應變或成爲被放逐的人。游移於局內人與局外人之間，他們
焦慮不安、孤獨，四處探索，無所置身。這種流亡與邊緣的作家，

9　Edward Said, "Intellectual Exile: Expatriates and Marginals, " The Edward
　　Said Reader. eds. Moustafa Bayoumi and Andrew Rubin（New York: Vintage
　　Books, 2000），p.371。
10　林幸謙〈當代中國流亡詩人與詩的流亡：海外流放詩體的一種閱讀〉，《中
　　外文學》30 卷 1 期 2001 年 6 月），頁 33-64。白先勇〈流浪的中國人：臺
　　灣小說的放逐主題〉，見《第六隻手指》臺北：爾雅出版社，1995 年），頁
　　107-122。
11　這種分類見 Meenakshi Mukherjee, "The Exile of the Mind" ，同前註 7。

就像漂泊不定的旅人或客人，愛感受新奇的。當邊緣作家看世界，他以過去的與目前互相參考比較，因此他不但不把問題孤立起來看，他有雙重的透視力（double perspective）。每種出現在新國家的景物，都會引起故國同樣景物的思考。因此任何思想與經驗都會用另一套來平衡思考，使新舊的都用另一種全新、難以意料的眼光來審視。流亡作家/知識分子喜歡反語諷刺、懷疑、幽默有趣。[12]老舍因為在英國及其殖民地開始寫小說，身為異鄉人，流亡知識分子的思考，就出現在倫敦創作的《老張的哲學》（1925）、《趙子曰》（1926）、《二馬》（1929），及在新加坡寫的《小坡的生日》（1930）等作品。老舍即使回中國以後，還是讓自己遠離權力中心，置身於邊緣地帶去思考，因此他以後的思考與語言仍然是邊緣的。那時老舍在1949年以前，不管在國內或國外，他是思想上的流亡者。[13]

四、邊緣思維建構了東南亞本土地理、歷史與文化

東南亞的華僑、華人、華族新加坡人就以這種流亡者的邊緣思維建構了自己的本土地理、歷史、文化與文學。根據英國殖民霸權學者的歷史書寫，萊佛士在1819年1月28日在新加坡河口登陸時，當時只有一百五十個馬來漁民，華人只有三十人。新加坡在這之前，一直是海盜的窩巢，他們經常利用這小島作為平分贓物的地方。這種歷史敘述，顯然是要建立萊佛士或英國發現新加坡的霸權話語。[14]置身邊緣的馬來族、華人學者從雙重透視眼

12　Edward Said, "Intellectual Exile: Expatriates and Marginals," op cit, pp.378-379。

13　我對老舍關於這方面的觀察，見《老舍小說新論》（臺北：東大圖書公司，1995年）。

14　Victor Purcell, The Chinese in Malaya(Oxford: Oxford University Press, 1967), p.69; C. M. Turnbull, A History of Singapore (Oxford: Oxford University Press,

光來看，知道新加坡十三至十五世紀 時，巨港王子建立過獅子城王國（Singapura），曾是繁盛的海港，後來因為外來侵略戰爭而淪為廢墟。十四世紀，中國商人汪大淵寫的《島嶼志略》已記錄淡馬錫（Temasek）。元代中國與新加坡已有貿易來往。十六世紀，柔佛王朝統治新加坡及廖內群島，那時廖內兵淡島（Bentan）就有一萬名中國勞工。十五世紀時，明代鄭和的船隊也到過新加坡。十六世紀完成的《馬來紀年》說新加坡是一大國，人口稠密，商賈眾多。萊佛士登陸時，雖然繁華已消失，但絕不是一個海盜藏身的天堂，或完全荒蕪人煙的小島。新加坡島上的森林中，早有來自中國的移民及馬來人、印度人以耕種為生，萊佛士登陸後發現的香料種植如甘密園，便是證據。島上也設有行政機構，萊佛士登陸後，即與當時統治者柔佛蘇丹派駐新加坡的行政首長天猛公簽約，才能在島上居住，後來又用錢租用新加坡。[15]英國史家為了建構其殖民史，製造新加坡為英人所發現與開闢的神話，便把新加坡更早之歷史塗掉。但是今天邊緣思考的書寫，終於把被壓抑的歷史與回憶挖掘出來。新加坡的作家如魯白野的散文《獅城散記》等非小說著作便是重構本土地理與歷史、文化與生活的書寫。[16]

重新建構（configeration）與改變構型（transfiguration）這兩種程式，可以幫助消除文化思想中的殖民主義影響。[17]新加坡人

1988）。

15　邱新民《東南亞文化交通史》（新加坡：亞洲學會，1984 年），頁 300-313。潘翎編：《海外華人百科全書》（香港：三聯書店，1998 年），頁 200-217; Ernest Chew and Edwin Lee(eds), A History of Singapore(Oxford: Oxford University Press, 1991) , chapter 3。

16　如曾鐵枕《新加坡史話》（新加坡：嘉華出版社，1962 年、1967 年），第 1 及 2 集；魯白野《獅城散記》（新加坡：星洲世界書局，1972 年）；鄭文輝《新加坡從開埠到建國》（新加坡：教育出版社，1977 年）。

17　Edward Said, "Figures, Configurations, Transfigurations", in *From Commonwealth*

由於普遍使用英文，常常中了殖民者暗藏在語言中的毒素而不知覺。語言本身就是權力的媒體，譬如長久以來，我們都接受萊佛士是新加坡的 founder（開闢者、建立人、創立者、開埠者）這樣的話語：the founder of Singapore。但是上述流亡者邊緣思維，多元思考，雙重透視力引發了今天的新加坡人去質疑：founder 指的是什麼意思？對一個機構或是組織來說，他是創辦人，對一個國家來說，就複雜了。如果開闢者或創立者指的是古代新加坡，《馬來紀年》的記載，他是山尼拉烏打馬（Sang Nina Utama），對馬來族群，這人是衣斯幹達（Sri Tari Buana aka Iskander），對葡萄牙人，他是 Parameswara。如果指的是現代新加坡，多數人都會說他是李光耀。如果你問的很準確，英國殖民時代的新加坡的founder，那當然是萊佛士。[18]把本土歷史人物的記憶抹掉，歷史的發展與源頭就消失了。現在新加坡很多人都以萊佛士登陸的1819 年作爲新加坡歷史之開始。1919 年，曾隆重慶祝新加坡開埠（founding of Singapore）100 周年，把萊佛士的塑像從草場移到維多利亞音樂廳。1969 年，又大肆慶祝 150 周年開埠紀念，把萊佛士的塑像豎立在當年他登陸的新加坡河邊。[19]這些殖民主義、歐洲自我中心主義（Euro-centrism）的語言與文化都在消除我們的本土記憶。因此在新加坡，今天即使英文學者作家也在重建書寫本土地理歷史與文化的工作。譬如周振清的英文《新加坡史》就努力消除殖民意識，恢復本土記憶，上面有關萊佛士建立新加坡的討論所隱藏的殖民話語就是一好例子。[20]

　　to Post Colonial, ed Anna Rutherford（Sydney: Dangaroo Press, 1992），pp.3-17。
18　Ernest Chew, "Who's the Real Founder?" *The Sunday Times*（Singapore），p.8。
19　魯白野《馬來散記續集》（新加坡：星洲世界書局，1954 年），頁 170-172。
20　Ernest Chew, "Who's the Real Founder？"，見前註 18；Ernest Chew and Edwin Lee（eds）*The History of Singapore*，見前註 15。

六、重構語言與重新幻想

　　在殖民時代與目前的後殖民時代，歐洲自我中心主義與中國的中原心態（Sino-Centric attitude），使一元中心主義（mono-centrism）的各種思想意識，被本土盲目接受，因為語言本身是權力媒體，語言就是文化意識。當年中國移民作家把自己的語言中文帶到環境與生活經驗都很異域的新加坡，但這種進口的中文經過艱苦的搏鬥，發現很難征服充滿異域情調的、季節錯誤、又受異族統治的熱帶。因此邊緣、後殖民作家為了完整地詮釋自己，把來自中華文化中心的中文搶奪過來，置於南洋的土地上與英殖民主義統治中，加以改造，這種重構過程，後殖民文學理論稱為重置語言（re-placing language），是後殖民寫作的重要策略。這種策略以棄用與挪用（abrogation and appropriation）為手段。[21]棄用是用來拒絕以中國中心位為準的某些文化類別、美學、規範性語言。挪用的程式是改變中文的性能，使它能承載與表達新加坡新的異域與殖民生活經驗。尤其在東南亞，這是一個多元種族、多種語言、多元文化的社會，即使是華文文學，它要進行本土、跨種族、多元文化的書寫。因此邊緣文學是在一種衝突中形成的：拒絕反抗中國中心的中文，另一方面將它放置在本土上，讓它受方言、馬來、英文的影響而起變化。

　　從 1945 年前後新馬兩國的華文文學作品可以看出新馬作家不斷努力修正從中國移植過來的中文與文本，因為它已承載住中國的文化經驗，必須經過調整與修正，破除其規範性與正確性，

---

21 Bill Ashcoft, Gareth Griffths and Helen Tiffin（eds）*The Empire Writes Back: Theory and Practice in Post-Colonial Literatures*（London: Routledge, 1989），pp.38-77。

才能表達與承載新馬殖民地新的先後經驗與思鄉感情。余光中讀了我的〈殖民地的童年回憶〉裏詩中的〈集中營的檢查站〉，他很敏銳的便覺察到新馬後殖民文本中的用語之英殖民化及馬華情結，全詩如下：

> 檢查站的英國與馬來士兵
> 翻閱我的課本與作業
> 尋找不到米糧與藥物
> 便拷問我：
> 「華文書本為什麼特別重？」
> 「毛筆字為什麼這麼黑？」
> 下午回家時
> 他們還要搜查我腦中的記憶
> 恐嚇我的影子
> 阻止他跟隨我回家
>
> 黃昏以後
> 當羅厘車
> 經過山林曲折的公路回來
> 士兵忙亂的細心搜查
> 滿滿一車的黑暗
> 用軍刀刺死每一個影子
> 因為他們沒有身份證[22]

所以余光中指出其顛覆性的語言與主題：本詩原來的總題是

---

22 白靈等編《87年代詩選》（臺北：創世紀詩社，1999年），頁1-2。原詩見王潤華《熱帶雨林與殖民地》（新加坡：新加坡作家協會，1999年），頁117-119。

〈殖民地的童年回憶〉，足見當爲後殖民作品中的馬華情結。在殖民時代，統治者與傭兵壓制華人文化，更不容繼承歷史的傳統，乃有搜查記憶、刺殺影子的意象，讀來令人心酸。「羅厘車」是指大卡車 lorry，乃音譯，卻是英國用語，非台灣讀者習慣的美語，應該加注。[23]

　　1999 年我在整理詩集《熱帶雨林與殖民地》時，請了一位中國研究生替我打字，她很坦誠的指出，詩集中的許多句子如「馬共與英軍駁火」、「胡姬花」、「羅厘車」，她認爲應該修改。其中「馬共與英軍駁火」，「駁火」被改成「槍戰」，這樣英國殖民地統治下沒有受過教育，來自中國南方方言族群移民眼中的軍力強大的英軍與森林中的馬共小小游擊衝突的描述便不夠本土化了。駁火是 cross fire，或 exchange of fire，是殖民地英國官員愛用的字眼，殖民地的華文翻譯官爲了讓政治思想更密切追隨主人，用廣東方言式的華語將它譯成駁火。胡姬與蘭花雖然同科，因爲熱帶叢林土壤與寒帶的蘭花不同，因此它的花與葉，及其生態都不一樣。再加上當時中國移民以中心看南洋，那是蠻荒之地，這種葉少花多猶如坦胸裸露的本土少女，因此取名胡姬，實在惟妙惟肖。[24]

七、重置語言的證據

　　因爲氣候土壤的不同，春夏秋冬季節名稱都不適合用在熱帶，雖然早期很多文人都胡亂使用。[25]熱帶多數樹木是在三月左右落葉，因此秋天在熱帶不是九月以後，尤其橡膠樹，三月時紅

23　同前註，頁 2。
24　王潤華《熱帶雨林與殖民地》，頁 8、69、118。
25　前英國殖民地的英文作家（各種族）曾討論外來的英文如何被本土作家改變，爲了更貼切表現異域的環境與生活，見 John Press （ed），*Commonwealth literature: Unity and Diversity in a Common Culture*（London: Heinemann, 1965）。

葉漫山遍野的，在東北季風中一下子葉子落得精光。[26]樹猶如此，更何況人類複雜的生活，其本質更不相同。吳進（杜運燮）是其中最早的新馬本土色彩的提倡者，他的散文集《熱帶風光》是把中文敘事本土化的早期傑作。吳進把中文馬華化，將季節、文化、種族、環境等因素所產生的變化，寫成有深度有趣味的散文，比如因為天氣熱產生的沖涼（不是洗澡），熱帶三友（椰樹、香蕉、木棉）取代了歲寒三友，更能表現南洋各民族的個性與美德。[27]因此上述提到的後殖民文學的寫作策略之一的「重置語言」，目前很多語言學者對華語與中國普通話在語音、辭彙、語法上的差異研究給我們提供許多專業性的證據，說明新馬後殖民文學在建構本土性時，華語也逐漸本土化。陸儉明根據新加坡的書面語料，包括新加坡作家、學者寫的書，共一百多本，其中有小說、散文、戲劇、遊記學術論文等等，也有電視臺及報紙，用它跟中國普通話比較，得出這樣的結論：

> 無論在語音上、辭彙上或語法上，二者又有區別。在語音上，新加坡華語口語中幾乎通通聽不見兒化音；在辭彙方面，區別就更明顯了，像「組屋、使到、太過、擺放」等都是新加坡華語裡的常用詞，可是在中國普通話裡沒有這樣的詞；而像中國普通話裡的「服務員、乘客、宇航員、救護車、摩托車、洗澡、劫持」，在新加坡華語裡則分別是「侍應生、搭客、太空人、救傷車、電單車、沖涼、騎劫」；在語法方面也有區別。……例如在新加坡華語裡量詞「粒」和「間」的使用範圍特別廣……。[28]

26　王潤華《王潤華文集》（廈門：鷺江出版社，1995 年），頁 99-105。
27　吳進《熱帶風光》（香港：學文書店，1953 年）。
28　陸儉明〈新加坡華語和中國普通話在句法上的差異〉，「新馬華人：傳統與現代的對話國際學術研討會」論文，2001 年 6 月 30 日 7 月 1 日。

　　陸儉明另外指出，句式、句法格式和詞的重疊式都有不同。中國普通話與新加坡華語的差異，原因很多，其中包括三大社會因素。首先，新加坡在社會制度和經濟、文化上與中國不同，1949年以來隔絕了大約四十年，勢必會造成差異。新加坡華人絕大多數來自福建廣東，所以母語絕大多數是閩／粵與客家方言，因此華語在辭彙、句法上都受了方言影響。第三，新加坡是一個多元社會，華人多能使用兩種語言以上，因此新加坡華語，除了方言，也深受英語、馬來語的影響。[29]

　　林萬菁在論析〈新加坡華文辭彙的規範趨勢：與過去相比〉時，他注意到很多通行已久的新加坡本土辭彙，不少是借詞，譯自馬來文或英文，求音不求義，詞形怪異。然而這些辭彙帶有特殊的熱帶風味或南洋色彩，如：峇峇（baba）、娘惹（nyonya）、奎籠（kelong）、仄（cheque）、牙蘭（geran）、禮申（licence）、甘榜（kampung）、亞答（atap）、律（road）、惹蘭（jalan）、咕哩（coolie）。隨著中國的崛起，許多辭彙開始以中文為準而進行規範化，但一些通行已久的新加坡本土辭彙，在規範辭彙的衝擊下，還是被人大量使用。例如：羅厘（lorry）、必甲（pick-up）、的士（taxi）、巴剎（pasar），這是超越族群的辭彙，它反映新加坡是一個馬來、華人、印度族群的多元社會，也是一個擁有英國殖民地生活經驗的地方。[30]

　　這些華文的特點，正是用來說明本土化的「重置語言」的策略，改變中國普通話的結構，以表達與承載新加坡的非中國本土的生活經驗。

29　同前註。
30　林萬菁〈新加坡華文辭彙的規範趨勢：與過去比較〉，《語文建設通訊》第69期（2001年10月），頁1-47。

八、重新幻想：書寫本土歷史、地理與生活

　　重新建構本土文學傳統，除了重置語言，創造一套適合本土生活話語，也要重置文本（re-placing the text），才能表達本土文化經驗，把中國文學中沒有或不重視的邊緣性、交雜性的經驗與主題，跨越種族、文化、甚至地域的東西寫進作品中，不要被中國現代文學傳統所控制或限制。[31]葛巴星（Kirpal Singh）曾分析新加坡的詩歌，他認爲建國以後，多元民族的社會產生了跨文化的詩歌，他舉出的例子包括我的〈皮影戲〉，皮影戲在東南亞是各民族都喜歡的民間娛樂，中國也有。這首詩便運用一個多元種族意象，來進行跨文化書寫。新加坡各民族在建國過程中，都共同經驗了被人控制與玩弄的難忘記憶。唐愛文的〈尤利西斯旁的魚尾獅〉，他用希臘神話來書寫新加坡多元種族的建國過程。[32]

　　其實新馬的華文文學在第二次大戰前，已開始走向本土化。譬如在 1937 年，雷三車寫了一首反殖民主義的詩〈鐵船的腳跛了〉，作者的幻想力非常的後殖民化，顛覆了中國新詩的語言，他創造的「鐵船」意象，是英國在馬來亞發明的一種開採錫礦的機器，很適當地象徵英殖民者霸佔吞食土地，把殖民地剝削得一乾二淨，因爲鐵船開採錫礦後，留下草木不生的沙漠似的廣闊沙丘湖泊，破壞了大地：

　　　　站在水面，

　　　　你是個引擎中的巨魔；

　　　　帶著不平的咆哮，

31　*The Empire Writes Back*, pp. 78-154。

32　Kirpal Singh, "Inter-Ethnic Responses to Nationhood: Identify in Singapore Poetry", *In From Commonwealth to Post-Colonial*, pp. 117-127。

慢慢的從地面爬過。

你龐大的足跡，

印成了湖澤，小河，

⋯⋯

地球的皮肉，

是你惟一的食糧。

湖中濁水

是你左腦的清湯。

你張開一串貪饞的嘴，

把地球咬得滿臉疤痕。[33]

　　這是重新幻想、重新建構了新馬本土歷史、地理與社區時本土語言的使用。在東南亞，第一代華人作家用自己的中國語言書寫完全陌生的異域環境與生活，到了第二代本土出生作家，他們要用幾乎是外國語言的華文來書寫屬於自己的本土社會與生活，因此兩者在幻想上都需要作極大的調整。我在別處已引用許多例子，討論過新馬華文作家如何從事本土性建構，從單一族群走到多元文化的書寫。

九、邊緣：思考的位置、反抗的場所、想像的空間

　　本文所論的邊緣性是指思想的位置、反抗的場所、大膽想像的空間。即使華人流亡者、離散族群或移民作家住在中心，或在中心工作、從事生產，不再生活在社會邊緣，他們還是想盡辦法維持邊緣思考，因為這種邊緣性不是我們要爭取被認同、進入中

---

33 雷三車在 30 年代寫作，大概 1945 年前後回中國。詩見《馬華新文學大系》（新加坡：星洲世界書局，1971 年），第 6 冊，頁 198-200。

心工作、生活而需要拋棄的、放棄的邊緣位置與身份。[34]邊緣不是失望、剝奪的符號，新加坡很多以英文寫作的華人、印度人作家認爲，用英文寫作擁有最大的優點，即英文能突破種族的藩籬（cut across ethnic boundaries），因爲不同種族的人都使用英文，這是各族共同的語言。這點確是英文的優勢。[35]但華文作家雖以華族爲主，但它的幻想、語言、邊緣思考卻跨越種族、語言、宗教與文化。而世界華文文學作家，他們屬於不同國家的公民，其政治認同各有不同，但其邊緣性始終很強，因爲他們心目中的邊緣不是一種喪失、被剝奪的場所（site of deprivation），而是反抗的場所（site of resistance），這種邊緣性提供一個空間創造與霸權對抗的話語，產生前衛性的視野，這樣才能看見、創造、幻想另一類不同的新世界。[36]

　　自從二十世紀以來，中國知識分子永不中斷的移民外國，近三十年，臺灣、香港大量專業留學移民，再加上東南亞的華人再移民，今天作爲華人的意義（the meaning of being Chinese）已大大改變，杜維明在〈文化中國：邊緣中心論〉（Cultural China: Periphery as the Centre）中，提出「文化中國」的概念，因爲中國不只是一個政治結構、社會組織，也是一個文化理念。今日產生重大影響力的有關中國文化的關心、發展、研究、論述，主要在海外，而這些人包括在外國出生的華人或研究中國文化的非華人，這個文化中國的中心不在中國，而由散居世界各地的以華人爲主的人所構成。[37]其實正如《常青樹：今日改變中的華人》（Living

---

34　"Marginality as Site of resistance", in Russell Ferguson, et at（eds）, *Out There: Marginalisation and Contemporary Cultures*, pp. 342-241。

35　Kirpal Singh, "Inter-Ethnic Responses to Nationhood: Identity in Singapore Poetry", *From Commonwealth to Post-Colonial*, p. 118。

36　同前註 34，頁 341-342。

37　Tu Wei-ming, "Cultural China: The Periphery as the Center," in Tu Wei-ming

Tree: The Changing Meaning of Being Chinese Today）其他文章所觀察[38]，華人的意義不斷在改變中，中國以外邊緣地帶華人建構了文化中國，同樣的，中國以外的華人及非華人，我所說的具有邊緣思考的華人，也建構了另一類華文文學。這類文學，就如文化中國，它超越語言、族群、宗教，而這種邊緣文學就是構成文化中國的一部分，爲文化中國創造新的精神資源。這種文學也成爲另一個華文文學中心，甚至散佈世界各地的華人世界，自己也成一個中心，比如新加坡華文文學或馬華文學，其作品既有中國文學傳統也有本土文學傳統。因此我們需要建立另一種理論來解讀。

（ed）*The Living Tree: The Changing Meaning of Being Chinese Today*（Stanford: Stanford University Press, 1994）, pp.1-34；杜維明〈文化中國精神資源〉，《杜維明學術文化隨筆》（北京：中國青年出版社，1999 年），頁63-73。

38 同前註。

重新幻想：從幻想南洋到南洋幻想
── 從單元的中國幻想到東南亞本土多元幻想

一、空間詩學下的南洋

根據 Gaston Bachelard 的《空間詩學》（*The Poetics of Space*）的理論，空間通過一種詩學過程而獲得情感與意義。一個客觀的空間，如一所房子，需要幻想或想象（imagination）的、心靈直接的親密感、舒適感、安全感。風水師往往就是根據一個人心靈對這所房子的感受，加上一些外在的地理情況，來決定風水好不好.其實走廊、客廳、房間本身，遠遠沒有想象的、感覺的所造成的空間詩學意義重要。這種想象的，虛構的價值，把本來是中性的或空白的空間產生了新的意義與價值。[1]

二、破壞後創造自己的形式的西方幻想/中國的神思

在現代西方文學理論中，幻想或想象（imagination）被詮釋爲創造高等、嚴肅、充滿情欲的詩歌的心智慧力。想像往往把東西溶解、消散、擴散，然後重構、創造。想象愛把東西理想化，統一化。理想有強大的生命力，它像植物活動與生長。所以 Coleridge 說幻想在溶解外在物體後，產生與製造自己的形式。幻想在知識的形成扮演重要的角色，幻想也與思想、感情、個性結

---

1 Gaston Bachelard, *The Poetics of Space*（Boston: Beacon Press,1958）。

合。[2]怪不得劉勰在《文心雕龍》說：「形在江海之上，心存魏闕
之下」，這句話固然是指「其神遠矣」，「思接千里」，或者回到莊
子原文所說，他還想著做官，但在文學書寫的互文性中，我卻認
爲這個人不管他走到天涯海角，他還是帶著朝廷的心態與語言來
觀察與書寫。劉勰他以神與思兩個元素來建構想象，不是單純認
定是思的功能，可見他是非常明白文學的創作與作者本人心智狀
態之關係。[3]

　　作家的幻想往往大膽解構異域的新事物，然後根據個人的文
化心智把它重構。從這個角度來重讀中西作家在東南亞的書寫，
我們就明白他們的南洋幻想的形成。

三、文化優越意識，霸權話語下的幻想南洋

　　西方自我中心主義與中國的中原心態（Sino-Centric attitude），
使得一元中心主義（mono-centrism）的各種思想意識，在東南亞
本土上橫行霸道，一直到今天。另外語言本身是權力媒體，語言
就是文化意識。當年西方或中國移民作家把自己的語言文字帶到
環境與生活經驗都很異域的南洋，這種進口的英文或中文企圖用
暴力征服充滿異域情調的、季節錯誤、又受異族統治的熱帶。早
期的殖民書寫都是從單元的、大漢主義的、霸權的幻想開始便可
瞭解。[4]

　　不管是空間詩學、幻想或神思、優越的文化心態，還是霸權
話語，都是一種詩歌化過程，這種種想象力，擁有同化、吸收、

2　I.A. Richards, *Coleridge 0n Imagination*（London: K. Paul Trench, Trubner & Co,
　　1934）；M.H. Abrams, *The Mirror and the Lamp*（Oxford：Oxford University
　　Press, 1953），chapter 7。

3　劉勰，《文心雕龍》（香港：商務，1960）下冊，頁 493-504。

4　王潤華，〈邊緣思考與邊緣文學：重構東南亞本土幻想/語言/史地/文化的策
　　略〉《中國文學與東亞文化》（漢城:中國語文研究會，2002），頁 187-196。

將許多不同的東西綜合成一個有機體。幻想南洋與南洋幻想便是這樣產生的。解讀幻想的產生，是閱讀與解讀文本的第一步。

四、南洋、星洲、岷江的中國性創造

當我用微軟 XP 的中文拼音輸入法（Microsoft Pinyin IME），每次打 nan yang 二字，首先出現的一定是「南陽」二字，不是「南洋」，開始我百般不解。我在南洋出生長大，又研究南洋文學文化，而又在此生活工作到老，我想今天南洋地名，應該比諸葛亮住過的在今河南省的南陽來得常用。那是我南洋人的想法，我的空間詩學。後來發現，這套系統是由微軟與哈爾濱科技學院合作的產品。中國北方人對南洋陌生又遙遠，他的幻想對 nan yang 二音產生的心智地理，肯定是以中國歷史文化的地名為先。同樣的，由於在中國的共產黨統治之下長大的人在編碼，我每次打 tong zhi 二字，先出現的聯想漢字，必定是「同志」，而不是「通知」，或「統治」，或「童稚」。電腦系統中已灌輸了中國人的記憶與幻想，所以電腦不管被賣到哪里，就像當年中國人移民到那裏，他的思考多數是中國的，他的空間詩學也是中國文化思想的。

其實南洋這地名的中國性也很強。尤其在清朝的時候，通稱江蘇、浙江、福建、廣東沿海一帶為南洋，而沿海以北各省為北洋。魯迅到日本留學時，進入仙台醫學專門學校，滿清政府稱他為「南洋官費生周樹人」。[5]後來東南亞一帶也通稱南洋。新加坡，以前常常通稱為星洲，它出自唐詩盧照鄰的詩〈晚度渭橋寄示京邑好友〉，其中有這一句：〈長虹掩釣浦，落雁下星洲〉，據說星洲作為新加坡的地名，最早被邱菽園用來命名他的星洲寓廬。邱菽

---

5 見滿清使館給仙台醫專的魯迅入學推薦書複印本，本人收藏。

園是當時海峽殖民地傑出的華人菁英，由於教育都在中國接受，他從政治歸屬感到文化取向，都是以中國認同爲本。在中西文化的撞擊下，他永遠以華僑的身份來回應。因此他思考新加坡時，主要從中國出發。[6]

今天很多人在唱《岷江夜曲》，想到的岷江便是四川的那條大江，其實這首歌曲寫的是菲律賓的馬尼拉海灣，當年 Manila 的移民多是閩南人，他們念 Manila 市的第一個音節，常發出岷字的音，我想閩南方言與懷鄉都有關係。而當年作曲作詞的作者（高劍生，司徒容，都是一人，原名李厚襄）。作爲一個中國人，到了馬尼拉，他的中國鄉土意識很容易地便使他用岷來代表馬尼拉，這是中國人的幻想，中國化的南洋。[7]

薩依德（Edward Said）說，亞洲通過歐洲的想象而得到表述，歐洲文化正是通過東方學這一學科的政治的、社會的、軍事的、意識形態的、科學的、以及想象的方式來處理，甚至創造東方。中國學者與文人也是如此創造了南洋。[8]

五、想象南洋的水果花草：中國化與　　西方殖民化的榴槤與植物

在東南亞，尤其鄭和下西洋船隊訪問過新馬，很多人迷信榴槤是鄭和下南洋時，在叢林中留下的糞便所變成。說得難聽一點，榴槤的果肉，就像一團一團的糞便。東南亞的人都迷信，榴槤樹很高大，果實表面長滿尖刺，如果從樹上掉下打中人，必定頭破

6　李元瑾《東西文化的撞擊與新華知識份子的三種回應》（新加坡：新加坡國立大學中文系），八方文化，2001。
7　高劍聲（曲），司徒容（詞），〈岷江夜曲〉《上海老歌名典》（臺北：遠景，2002），頁 115。其實高與司徒都是李厚襄的筆名。他是浙江寧波人，到過馬尼拉。
8　愛德華・薩依德著，王宇根譯，《東方學》（北京：三聯，1999），頁 4-5。

血流。但卻從沒聽過有這種悲劇發生。神話中都說因為鄭和的神靈在保護。鄭和在東南亞後來已被當作神靈來膜拜。

　　榴槤所發出的香味極富傳奇性。本土人，尤其是原居民，一聞到它，都說芬芳無比，垂涎三尺。可是多數中國人與西方人，榴槤的香味變成臭味，一嗅到氣味，便掩鼻走開。初來東南亞的明代的馬歡，形容榴槤「若牛肉之臭」，現代作家鍾梅音說它「雞屎臭」。西方人則形容氣味為腐爛洋蔥或乳酪。我曾說榴槤神話代表典型的後殖民文本。[9]

　　由此可見，在東南亞，即使水果花草的想象，也難逃被中國人或新移民南洋化與東方主義化的命運。東南亞本土的水果蔬及植物，就像其公路街道，都披上被南洋化或西方殖民的名字。叢林中的豬籠草，世界上最大的花朵（bunga patma），因為萊佛士（Stamford Raffles）自己首次在馬來西亞與印尼叢林看見，便武斷地說這是第一次被發現，結果現在用英文的記載，都用 Raffesia 來命名，前者命名 Nepenthes Raffesiana 後者叫 Raffesia flower。[10]東南亞的蘭花因為長在當年尚未開墾蠻荒的東南亞，從歷史文化悠久的中國人看來，那是胡人之地，所以命名為胡姬花，胡姬，即野蠻美女之花，蠻荒之地美女之花，雖然胡姬原是英文 orchid 的音譯。

六、通過小說的想象：西方東方化了東方，中國南洋化了南洋

　　在康拉德（Joseph Conrad）的熱帶叢林小說中，白人到了東

9　王潤華〈吃榴槤的神話：東南亞華人創作的後殖民文本〉，《華文後殖民文學》（臺北：文史哲，2001），頁 177-190；（上海：學林，2001），頁 158-170。
10　David Attenborough, *The Private Life of Plants*（London: BBC Books,1995）。

南亞與非洲的神秘叢林，很容易在情欲與道德上墮落。這些白人本來都是有理想，充滿生活氣息的殖民者，最後毀於性欲。康拉德的熱帶叢林小說怪罪這片原始的叢林，把白人鎖在其中，不得不墮落。[11]毛姆（Somerset Maugham）的英國人也常常在馬來西亞的橡膠園鬧情殺案。[12]

　　在中國三十年代作家的筆下，中國是禮儀之邦，太多時社會倫理，會扭曲人類自然的情欲需求。而南洋是義理與律法所不及的異域，這神秘的南洋即是化外之邦，自然之地，因此被想像成是原始情欲的保護區。林春美用徐志摩與張資平小說中的南洋，也就是他們想象中的南洋，論證三十年代中國作家想象建構的南洋性都是如此。張資平的小說〈苔莉〉，表弟與表兄的姜，〈性的屈服者〉弟弟與嫂嫂，〈最後的幸福〉美瑛與妹夫，都因爲逃到南洋而能消解倫理，自由發泄情欲。所以林春美說：

> 西方通過想像東方化了東方，同樣的，中國也通過想象南
> 洋化了南洋。所以，如若上述把「西方 —— 東方」置換成
> 「中國 —— 南洋」的說法可以成立的話，那麼，有論者提
> 出的「中國是西方的『他者』……」的論點，也就可以被
> 置成「南洋是西方的『他者』……」[13]

　　在現實中的郁達夫，他也有幻想南洋的情懷。在鬧家變之後，郁達夫在 1938 年帶著王映霞遠赴新加坡其中一個原因，也是非常浪漫的，充滿幻想南洋的向往。他以爲與她感情破裂，遠赴遙遠、

11　王潤華〈老舍小說新論〉（臺北:東大,1998），頁 47-78；《華文後殖民文學》，頁 19-36；（臺北版）；頁 19-36（上海版）。

12　*Somerset Maugham's Malaysia Stories*, ed. Anthondy Burgess（Singapore: Heinemann, 1969）; *Maugham's Borneo Stories* ed. G.V. De Freitas（Singapore: Heinemann, 1976）。

13　林春美，〈欲望朱古律：解讀徐志摩與張資平的南洋〉，中國現代文學亞洲學者國際學術會議論文，2002 年 4 月 20-22 日，新加坡。

陌生的南洋，神秘的、原始的、充滿性欲的南洋可以把感情醫治，神秘的南洋可以消除義理，一切可以回歸原始。[14]

七、魚尾獅：東南亞本土幻想典範

今天在新加坡河口，有一座獅頭魚尾的塑像，口中一直地在吐水，形象怪異，它被稱爲魚尾獅。根據古書《馬來紀年》的記載，在十二世紀有一位巨港（在今天的印尼）王子尼羅烏多摩（San Nila Utama）在淡馬錫（即今天新加坡）河口上岸時，看見一隻動物，形狀奇異，形狀比公羊大，黑頭紅身，胸生白毛，行動敏捷，問隨從，沒人知曉，後來有人說它象傳說中的獅子，因此便認定爲獅子，遂改稱淡馬錫（Temasek）爲獅城（Singapura）。並在此建立王朝，把小島發展成東南亞商業中心。那是 1106 年的事。魚尾獅塑像置放在新加坡河口，今日成爲外國觀光客必到之地，魚尾獅也供奉爲新加坡之象徵。[15]

後來的新加坡人把這頭獅子描繪成獅身魚尾。新加坡英文詩人唐愛文（Edwin Thumboo）在一首題名 Ulysses by the Merlion 的詩中這樣描寫：

可是這只海獅

鬃毛凝結著鹽，多鱗麟，帶著奇怪的魚尾

雄赳赳的，堅持的

站立在海邊

象一個謎。

---

14 王潤華〈郁達夫在新加坡與馬來亞〉，《中西文學關係研究》（臺北：東大，1987），頁 189-206。
15 魯白野，《獅城散記》（新加坡：星洲世界書局，1972），頁 86-97。

　　在我的時代，沒有任何

　　預兆顯示

　　這頭半獸、半魚

　　是海陸雄獅

　　在擁有過多的物質之後，

　　心靈開始渴望其他的意象，

　　在龍鳳、人體鷹、人頭蛇

　　日神的駿馬外，

　　這頭海獅，

　　就是他們要尋找的意象。[16]

　　由於在東南亞群島熱帶叢林的原居民，想象總是與森林的動物有關，住在海島上的人往往靠魚爲生，因此把這頭神話中的怪獸用森林之王與河海中之魚來描繪，是理所當然的，符合心理與想象的需要。所以我認爲這是東南亞最早的本土想象的典範。王子烏多摩家族原是印度後來成爲印尼，同時其家族又從佛教改信回教，這說明東南亞自古擁有多民族的多元文化傳統背景。

　　對現代新加坡人來說，魚與獅代表了海洋與陸地，正說明新加坡人具有東西方的文化、道德、精神，而這個社會，也由西方的法治精神與東方的價值觀所建設的一個獨特的國家社會。在一個多元民族的社會，強調混雜多種性（hybridised nature）是一種優點不是弱點。新加坡就是因爲吸收了東西方與亞洲各種文化的優點，才能産生新加坡經驗與新加坡模式。

　　近年來經過多次的公開討論，新加坡人還是接受這只怪獸作爲新

---

16 Edwin Thumapore,*Ulysses by the Merlion*（Singapore: Heinemann, 1979）,pp.31-32.我對這首詩作過一些分析，見《華文後殖民文學》，頁 97-120（臺北版）；頁 77-100（上海版）。

加坡的象徵，它經得起時間的考驗，主要是它出自東南亞的本土的想象。

八、重新幻想與書寫本土歷史、地理與生活

重新建構本土文學傳統，除了重置語言，創造一套適合本土的生活話語，也要重置文本（re-placing the text），才能表達本土文化經驗，把西方與中國文學中沒有或不重視的邊緣性、交雜性的經驗與主題，跨越種族、文化、甚至地域的東西寫進作品中，不被西方或中國現代文學傳統所控制或限制。葛巴星（Kirpal Singh）曾分析新加坡的詩歌，他認爲建國以後，多元民族的社會產生了跨文化的詩歌。多元種族的文學，需要運用一個多元種族的幻想意象，來進行跨文化書寫。[17]

其實新馬的華文文學在第二次大戰前，已開始走向本土化。譬如在 1937 年，雷三車寫了一首反殖民主義的詩，〈鐵船的腳跛了〉，作者的幻想力非常地後殖民化，顛覆了中國新詩的語言，他創造的“鐵船”意象，是英國在馬來亞發明的一種開採錫礦的機器，很適當地象徵英殖民者霸佔吞食土地，把殖民地剝削得一乾二淨，因爲鐵船開採錫礦後，留下草木不生的沙漠似的廣闊的沙丘湖泊，破壞了大地：

> 站在水面，
>
> 你是個引擎中的巨魔；
>
> 帶著不平的咆哮，
>
> 慢慢的從地面爬過。

---

17 Kirpal Singh ,"Inter-Ethnic Responses to Nationhood : Identity in Singapore Poetry", in *From Commonwealth to Post-Colonial*, ed. Anna Rutherford（Sydney : Kangaroo Press, 1992）,pp.3-17。

　　　　你龐大的足迹，

　　　　印成了湖澤，小河，

　　　　⋯⋯⋯⋯⋯⋯⋯⋯⋯

　　　　地球的皮肉，

　　　　是你惟一的食糧。

　　　　湖中濁水

　　　　是你左腦的清湯。

　　　　你張開一串貪饞的嘴，

　　　　把地球咬得滿臉疤痕。[18]

　　這是重新幻想，重新建構了新馬本土歷史、地理、與社區時，本土幻想在本土化華文文學中的試驗性作品。

　　在東南亞，第一代華人作家用自己的中國語言書寫完全陌生的異域環境與生活，到了第二代在本土出生的作家，他們要用幾乎是外國語言的華文來書寫屬於自己本土的社會與生活，因此兩者在幻想上都需要作極大的調整。我在別處已引用許多例子，討論過新馬華文作家如何從事本土性建構，從單一族群走到多元文化的書寫。[19]

　　本土作家利用其東南亞的想象改造語言與意象，讓它能承擔新的本土經驗，譬如一棵樹，它居然也具有顛覆性的文化意義，一棵樹它就能構成本土文化的基礎。吳岸的婆羅洲想象在《達邦樹上》選了達邦樹（Tapang），它是婆羅洲生長的一種樹木，木質堅硬，樹身高大，在砂勞越的伊班族民間傳說中，它是一棵英雄

18　雷三車在 30 年代寫作，大概 1945 年前去了（回返）中國，他的出生背景
　　不詳。詩見《馬華新文學大系》第 6 冊，（新加坡：星洲世界書局，1971），
　　頁 198-200。
19　王潤華〈從放逐到本土，從單一族群到多元文化書寫：走出殖民地的新馬
　　華文後殖民文學〉，《新馬華人傳統與現代的對話》（新加坡：南洋理工大學，
　　中華語言文化中心，2002），頁 333-354。

樹。它最後都被殖民者砍伐掉。[20]

　　被英國人移植到新馬的橡膠，很象徵性地說明它是開墾南洋勤勞華僑之化身。我在《在橡膠王國的西岸》曾說：

> 橡膠樹是早年開拓南洋勤勞的華僑之化身。綠色的橡膠樹從巴西移植過來後，再依 靠華人移民的刻苦耐勞，才把南洋時代的蠻荒，毒蛇猛獸，原始森林，通通驅逐到馬來半島最險峻的主幹山脈上。所以橡膠樹象徵新加坡和馬來西亞早年的拓荒者，同時也是經濟的生命線。[21]

　　新馬的華文作家本土化的幻想，以橡膠樹來記載殖民時代個人或千百萬個華人移民勞工的遭遇，以表現殖民地資本家剝削的真相，正適合各個現象。橡膠樹與華人都是處於經濟利益被英國強迫、誘惑來到馬來半島。最早期種植與經營橡膠都是殖民主義的英國或西方資本家，天天用刀割傷樹皮，榨取膠汁，正是象徵著資本家剝削、與窮人忍受兇殘欺凌、苦刑的形象。橡膠樹液汁乾枯，滿身創傷，然後被砍掉當柴燒，這又是殖民主義者海盜式搶劫後，把當地的勞工當奴隸置於死地。[22]

　　《微型黎紫書》中的第一篇微型小說〈阿爺的木瓜樹〉，用很怡保的想象創造了一家三代的馬來西亞華人，熱帶雨林常見的木屋、橡膠樹、木瓜樹，熱帶暴風雨，及英國殖民地開始建造的老人院、華文報紙等意象，最後建構了馬華文化傳統的危機感。[23]最

---

20 吳岸《達邦樹禮贊》（吉隆坡：鐵山泥出版社，1982），頁 123-126。我另有文章討論，見〈到出聽見伐木的聲音〉，《華文後殖民文學》，頁 168-9-176（台北版）；頁 149-157（上海版）。

21 王潤華〈在橡膠王國的西岸〉《秋葉行》（臺北：當代叢書，1988）頁 155-156。

22 〈橡膠園內被歷史遺去的人名記憶：反殖民主義的民族寓言解讀〉，《華文後殖民文學》，頁 121-136（台版）;頁 101-116（上海版）。

23 王潤華〈馬華傳統文化患上老人癡呆症：黎紫書的微型華族文化危機意識〉，世界華文微型小說研討會論文，2002 年 8 月 2-5 日馬尼拉。我另有簡評，見〈最後的後殖民文學：黎紫書的小說小論〉，《華文後殖民文學》（臺

後她又在《天國之門》與《山瘟》中，再度用陰暗的、大馬華人的幻想，重組很馬來西亞熱帶雨林的雨水，陰沈潮濕的天氣、噁心腥臭的橡膠廠、白蟻、木瓜樹，在創造她的邊緣話語小說。她的幻想又與八十年代以前的作家的幻想不一樣了。[24]

九、幻想是中性/空白的地域產生了意義

空間通過一種詩學的過程，創造了感情與意義。經過這個程式，本來是中性的，空白的空間，就產生了意義。在詩學的過程中，作者的思想、感情、文化、知識、社會意識都被其幻想力吸收與綜合起來。我這篇文章，只是關於中國作家幻想南洋與南洋幻想，東南亞華文作家的本土幻想的一個小注解。這是閱讀/研究東南亞華文文學的第一步。

幻想是創造新文學的開始。中國現代小說史，是以魯迅的〈狂人日記〉中一位五四反傳統的狂人的幻想開始。這種五四新文化運動精神的新幻想，開創了一種新的文化傳統。[25]日本人寫臺灣的漢詩，有時他的想象是中國的，不是日本的，因爲一些日本學者受太多中國舊話語與文化的影響，如明治時期日本漢詩詩人森槐南，他的〈丙申六月巡台篇〉，對臺灣的描述遠離事實，他的想象臺灣是參考、引用中國的典籍而形成。[26]東南亞華文文學是從中國作家的幻想南洋與南洋幻想開始，再由本土的鐵船、橡膠想

北：文史哲，2001，上海：學林出版社，2001），頁 225-226；頁 197-198。

24 黎紫書《微型黎紫書》（吉隆坡：學而出版社，1999）；《天國之門》（臺北：麥田，1999）；《山瘟》（臺北：麥田，2000），有王德威與潘雨桐的序。最近黃美儀發表〈黎紫書與李永平文字花園中的後殖民景觀〉見《人文雜誌》，2002 年三月號，頁 79-89。

25 王潤華〈西洋文學對中國第一篇短篇小說的影響〉，《魯迅小說新論》上海：學林，1993），頁 61-76。

26 黃憲作，〈想像臺灣：日本帝國心態下的漢詩〉，《風華出現》（花蓮：東華大學中文系，2002），頁 207-228。

象重新出發，目前這種本土多元文化的幻想，已創造出具有邊緣思考，多元文化、多族群的一種新傳統的華文文學。[27]由於想象的重要，劉勰才把〈神思〉列為《文心雕龍》的五十篇之一，並指出：「夫神思方運……登山則情滿於山，觀海則意溢於海」。[28]

___

27 王潤華〈邊緣思考與邊緣文學：重構東南亞本土幻想/語言/史地/文化的策略〉，同前註 4；《華文後殖民文學》，同前註 9。
28 同前註 3，頁 493-494。

當商晚筠重返熱帶雨林：
跨越族群的文學書寫

一、隱藏在熱帶叢林深處跨越族群與文化的小說模式

　　我最近重讀列維‧史特勞斯（Claude Levi-Strauss，1908-）的《憂鬱的熱帶》（Tristes Tropiques，1955）啓發很多。他深入熱帶雨林探險考古，尤其亞馬遜河流域與巴西高地森林。在熱帶叢林深處的探索中，發現一種跨越文化，超越歷史與種族的文化結構的形式，找到還原於最基本形態的人類社會[1]。這種靈感引發我重讀商晚筠（原名黃莉莉，後改綠綠，1952-1995）小説，重返她的小說中的熱帶雨林邊緣的小鎮，尤其《癡女阿蓮》與《跳蚤》中的作品。[2]經過文化考古般的分析，我發現跨越族群與文化的馬來西亞文學的基本模式，就隱藏在書寫北馬熱帶叢林深處華玲小鎮的小說裏。這些作品探索的視野（vision），突破了馬華文學局限在華人社群的書寫傳統。

　　列維‧史特勞斯說，人類學者的專業中，應該不包含探險，但探險是人類學者工作過程無可避免的障礙之一，要不然，就如

---

1 Claude Levi-Strauss ，*Tristes Tropiques* ，English tr.John and Doreen Weightman，（New York: Modern Library, 1997）李維－史特勞斯著，王志明譯：《憂鬱的熱帶》（臺北：聯經出版事業公司 2000；北京：三聯書店 2000）。
2 商晚筠：《癡女阿蓮》（臺北：聯經，1977）；《跳蚤》（士古萊：南方學院，2003）。關於商晚筠詳細的著作目錄，見南方學院馬華文學舘的編目：〈http://mahua.sc.edu.my/student/exhibition/shangwanyun/shangd7.htm〉。

一般的旅行者，所到之處都是垃圾，帶回來的只是一些受污染的記憶。他欽佩以前歐洲最早的探險者，冒著生命的危險，深入南美或亞洲取得香料如胡椒，看起來可笑，因為西方香料與調味素都是偽造的，歐洲人冒著生命的危險與道德危機前往熱帶叢林搶奪香料，為的就是給枯燥乏味的西方文明之舌頭，帶來一大堆新的感性經驗。熱帶叢林的香料在視覺與感官上，給西方人引發奇異感，也是新的道德刺激品。

所以重返馬來西亞熱帶叢林的探險是必要的。我以前閱讀商晚筠，在她的熱帶雨林裏，就因為沒有探險的精神，我依照常人走的路，帶著馬華文學或西方流行的文學品味，結果無所發現。這一次依照列維・史特勞斯的方法，發現商晚筠這些作品突破一般馬華文學的重回熱帶雨林的小說書寫，它也是否定與顛覆目前流行的受西方影響重回熱帶雨林的小說的書寫。

史特勞斯去了亞馬遜河流域的熱帶叢林，發現「一種文明的結束，另一種文明的開始」[3]的文化侵略現象，當然這裏「另一種文明的開始」指的是西方殖民的現代文明。而結束的文明，是巴西本土的、多元文化的文明。文明不再是各種野生植物，可以在土地上隨意蔓延生長，新的文明只選擇一種有經濟價值的植物如甜菜，大量的種植。我擔心商晚筠的那種熱帶雨林小說的結束，是另一種由西方殖民文化思想所主導或干預的熱帶雨林書寫，不是本土自然生長起來的。[4]

史特勞斯看見「一種文明的結束，另一種文明的開始」的現

3　《憂鬱的熱帶》（三聯版），頁 11。
4　這是一項值得研究的課題，有待作深入的討論。我認為前者有李永平（前期作品如《拉子婦》與《吉陵春秋》、商晚筠、黎紫書、張貴興等人的作品，後者有李永平後期作品如《雨雪霏霏》及商晚筠後期作品如〈跳蚤〉、〈人間煙火〉等。

象，就是現象學大師胡塞爾（Edmund Hussert 1859-1938）所洞見的歐洲人文的危機的根源：現代歐洲科學單面向的性格。歐洲在古希臘時代的哲學，往往將整體的世界一起思考，并不是爲了實用上的需求，而是因爲「認識的激情”占據了人的心靈。[5]後來歐洲的科學將世界簡化爲技術與數學探索的單純客體，將生活的具體世界，排除在他們的視野裏。科學的進步，將人推進各個專門學科深沉的隧道裏。人在知識上越是專門，越是看不見世界的整體和自己，陷入胡塞爾的弟子、存在主義創始人海德格（Martin Heidegger, 1889-1976）在其《存在與時間》所說的「存在的遺忘」之中。[6]

　　西方科技把人提升爲大自然的主宰和占有者，對於强大的科技力量來說，人成了一個單純的物體，人的具體存在，人的生活世界不再具有任何價值，人的很多生活被預先遮蔽，被預先遺忘了。以科學爲典範的文學創作理論，也受了科學探索普世真理的影響，作家往往在寫作時，被政治所蒙蔽，譬如在殖民主義的思想意識下、或是爲了呈現某種流派的風格或話語，如最近流行寫熱帶雨林而寫熱帶雨林的小說，結果很多人物及其生活存在面便被遺忘了。[7]

二、在地理與精神上流亡：永遠的異鄉人商晚筠

　　商晚筠在華玲念完小學後，到居林上林覺民中學，畢業後便遠離邊緣的華玲小鎮，前往臺北，先到僑大先修班，再進入台大。

5　見米蘭・昆德拉，尉遲秀譯：〈被貶低的賽凡提斯傳承〉《小說的藝術》（臺北：皇冠文化出版社，2004），頁 8-9。
6　同上。
7　從方修編的《馬華新文學大系》10 冊（新加坡：世界書局，1971-1975）到黃錦樹等編《馬華當代小說選》（臺北：九歌出版社，1998 年），及陳大爲，鍾怡雯編《赤道形聲》（臺北：萬卷樓，2000。）裏的作品可找到許多例子。

可是在後殖民政府的大馬政府教育制度裏，台大是文化邊陲的大學，並不受承認。所以商晚筠又回到台大外文研究所。她的健康欠佳，哮喘病發作的困境下，她黯然放棄深造。又重返大馬文化邊緣地帶擔任編輯工作。一九八七她又企圖進入象徵後殖民文化核心的新加坡政府的電視臺擔任電視連續劇的編劇，但她始終位居邊緣，終於挫折失望地回返華玲。[8]所謂生病與疲憊，都是商晚筠的邊緣心態作怪。在文化中心每當感到被排斥、被邊緣化，她就生病。這也是她抵抗中心的秘密武器。

　　這是一個全球作家自我放逐與流亡的大時代。這些放逐與自我放逐作家的邊緣詩學，建構了今日的邊緣思想、文化與文學。給今日世界文學製造了巨大的創造力。所謂知識分子或作家之流亡，其流亡情境往往是隱喻性的。屬於一個國家社會的人，可以成為局外人（outsider），有些人屬於精神上的流亡，有些人遠離國家，這是屬於地理加精神上的流亡。其實所有一流前衛的知識分子或作家，永遠都在流亡，不管身在國內或國外，因為知識分子原本就位居社會邊緣，遠離政治權力，置身於正統文化之外，這樣知識分子／作家便可以誠實地捍衛與批評社會，擁有令人嘆為觀止的觀察力，遠在他人發現之前，他已覺察出潮流與問題。古往今來，流亡者都有跨文化與跨國族的視野。[9]商晚筠就是一位，有時屬於身體沒有離開國土，但精神上他是異鄉人，有時遠離自己的國土，但沒有放棄自己的語言與馬華華人的文化屬性，

8　較完整的生平年表為南方學院馬華文學舘編，〈跨出華玲的女性作家商晚筠〉見：〈http://mahua.sc.edu.my/student/exhibition.htm〉。

9　Edward Said," Reflection on Exile," in Russell Ferguson and others （Eds），*Out There : Marginalisation and Contemporary Cultures*（Cambridge, MA: MIT Press, 1990。.Edward Said," Intellectual Exile: Expatriates and Marginals ," *The Edward Said Reader*. ed. Moustafa Bayoumi and Andrew Rubin（New York: Vintage Books, 2000），p.371。

有時她從鄉下地方流亡到文化中心去寫作。

　　商晚筠逝世八年後，南方學院於 2003 年爲她出版未完成與未結集的小說《跳蚤》，永樂多斯寫的序文，無意中道盡了她作爲自我放逐與被放逐的異鄉人的生涯[10]。商晚筠在最後的失業流浪的日子裏，流落在馬來西亞的文化、政治中心吉隆坡，寄宿在永樂多斯的家裏，第一次中風發生在她家裏，第二次在馬大醫院，然後不治逝世。前後經過，很具有象徵意義。中風後從昏迷中醒過來，對人事的認識感到一片混亂，無法辨認顏色，華文字也記不得，對她太陌生了。四十三歲離開人世間時，只有永樂多斯陪伴，她安排大卡車把商晚筠的遺體運送回遙遠的北馬老家華玲安葬。在那裏，《癡女阿蓮》、《七色花水》與《跳蚤》裏的許多小說人物會永遠陪伴她。

　　永樂多斯用三言兩語就說出商晚筠被隔離的情懷：「沒有愛，沒有金錢，一個人孤單地面對生活。有時候三餐不繼，有時候宿疾又發，日子過得苦不堪言」[11]。她像〈街角〉的任沁齡，以抽煙燃燒苦悶與寂寞，還有紀如莊，對一切人事都冷漠、保持距離，尤其拒絕太深感情的介入[12]。就如小說中的許多人物，商晚筠自小就生活於社會的邊緣與主流文化以外。她出生與長大在北馬華玲那個邊緣的地帶、就讀華文學校，然後赴台留學，永遠進不了大馬的社會與文化中心。最後雖然因爲寫作的才華，進入新加坡國家電視臺擔任編劇，金錢與物質上的生活算是一生最好的，但她因精神上的自我放逐，據說受到很大的傷害，1994 年才身心疲憊地回返老家。

10　永樂多斯：〈序〉，《跳蚤》，頁 1-9。
11　永樂多斯：〈序〉，《跳蚤》，頁 4。
12　商晚筠：《七色花水》（臺北：遠流，1991），頁 65-98。

商晚筠就是長期處於社會邊緣，遠離政治權力，置身於正統文化之外，擁有令人歎為觀止的觀察力，與跨文化與跨國族的視野。

三、重返後殖民地：「澳洲空軍機場」與熱帶雨水

商晚筠人生中曾多次企圖脫離邊緣，進入中心。受到挫折，嚴重受傷後，她便回返華玲邊緣。所以重返熱帶雨林，從中心回返邊緣的經驗，便構成她最有邊緣創意思考的小說。而〈寂寞的街道〉[13]中書寫的阿文那一段在熱帶午後大雨中，重回雨林圍困的華玲小鎮的旅程，最具有邊緣的顛覆內涵。

雖然以自傳性的經驗話語書寫，為了顛覆霸權的、一元性的文化，具有雙性人的商晚筠這次選擇以男性出擊，從台大回返華玲的不是女人黃綠綠，而是高大的阿文。作者刻意把自己化身為「五尺八寸及一百五十磅」的男人，捲曲的頭髮，濃眉、自信、深思熟慮的知識分子，當他走出機場時，還特地在玻璃門上滿意地看了一下自己的形象，才走出海關，這使人想起江湖或黑道大哥為正義而戰，出發打擊敵人前的姿態。

阿文抵達自己的國土，發現所乘的馬航班機，使用的是「澳洲空軍機場」，作者隱藏的話語是：早在一九五七年已推翻的英國殖民主義，獨立的國家大馬的馬航班機使用的竟是「澳洲空軍機場」，這不是表示殖民主義仍然存在嗎？後殖民的官僚貪污風氣不是也還在？一口小皮箱，海關人員檢查了老半天，暗示非要給錢才放人過關。在殖民時代的海關，檢查行李的意義在於禁止顛覆思想與反殖民主義者的入境。

---

13 〈寂寞的街道〉《癡女阿蓮》，頁 119-142。

馬奎斯《百年孤寂》裏象徵殖民與霸權的雨水，一下就是甚至幾年幾個月，[14]在〈寂寞的街道〉中，飛機降落後殖民地的機場（「澳洲空軍機場」），熱帶的雨水還是下個不停。回返華玲小鎮，一路上五十多哩路，熱帶山脈都泡在黑色的雨中。再加上家裏沒有人來迎接他，他感到更失落與陌生。每一次的進入中心或是回歸邊緣，商晚筠知道不會是長期性的旅程，所以他感到唯一的安慰，是口袋裏有一張雙程機票，準備隨時逃亡，繼續自我放逐的漂泊生活。更何況這一次他是回來向霸權挑戰，要顛覆單元的文化。

四、第一次的邊緣對話：阿文與馬來司機

阿文乘計程車回返華玲途中的邊緣對話，是商晚筠重返熱帶雨林的跨越族群文化的開始。沒有家人前來迎接，阿文獨自一個人提著行李，走出機場大廳，外面大雨中的馬路黑暗僻靜，沒有街燈，沒有行人，也沒有汽車，這是一個被遺忘的地方。這便是商晚筠探索海德格所說的「存在的遺忘」的開始。

阿文在僻靜的路上，空等了半個小時，終於來了一部馬來人的計程車。雖然華玲小鎮在五十哩外的熱帶雨林的山中，馬來司機欣然接受，不過由於回程空車，要求多一倍的車費。阿文毫不猶豫地同意了。原本打算沿途欣賞久別六年的山脈與小鎮，可是「整片景色泡在雨中，我正不該這時刻回來」（頁 123），可見吞吃了熱帶雨林與山脈的黑夜與大雨有所象徵。但出乎意外，孤獨的旅途中，他發現馬來司機的可愛。他與馬來司機的對話，非常

---

14 Gabriel Garcia Marquez, tr. Gregory Rabassa, *One Hundred Years of Solitude*（London: Penguin Boos,1973）；黃錦炎等譯《百年孤寂》（杭州：浙江文藝出版社，1991），尤其見第十六及十七章。大雨曾經一下就是四年十一個月零二天。

的愉快。後來回到家裏，因爲沒有馬幣，要媽媽付給馬來司機五十元，她拒絕，而且大罵敲詐，只肯付十五元，後者很有耐心，很有禮貌地解釋，這是事前雙方同意的價錢。最後還是阿文自己慷慨的給了兩張二十美元後，才解決這場紛爭。因爲二十美元比五十元馬幣多，母親就更生氣。阿文母親與馬來司機的對話，代表華人經濟霸權面臨危機時與行使政治特權的馬來人的對話。

非常明顯的，小說中暗藏著兩種聲音。一種聲音是老一代的華人如阿文的父母與馬來人的對話，他們擁抱華人勤勞節儉的價值與傳統，瞧不起爲人樂天知命的馬來民族，總是認爲馬來人不務正業，不腳踏實地，喜歡貪小便宜。種族的歧視，加上宗教與政治的複雜原因，使到他們之間的關係總有一道距離。三女兒與馬來人戀愛然後私奔，被認爲是華人家庭的奇恥大辱。其實獨立前大馬的計程車司機都是華人。現在多落在馬來人手中，這也是代表政治主權的行使，也同時說明華人的經濟逐漸失去壟斷的地位。這是媽媽對馬來司機非常憤怒的暗流。商晚筠製造了兩場年青華人與馬來人的邊緣對話，暗喻但願他們已跨越族群文化。除了從機場到老家的對話，另一場對話發生在回家的第一個晚上。與父母世俗的思想衝突，使他無法忍受，他獨自一人走上街頭，遇上馬來警察，便與他聊天。雖然初次的對話沒有深度（作者以自己半生熟的馬來語來暗示），但是感受是愉快的，特別在大雨中的孤寂無人的黃昏和午夜的路上，與本土的馬來人相遇與很投契的對話，這是重回熱帶雨林小說的開始，也是跨越族群文化的第一步。

小說中的地理空間值得特別注意。除了象徵後殖民地的「澳洲空軍機場」，馬來人出現在大馬路上或街道上，這明顯的說明馬來人已是這國土的政治、經濟權力的擁有人，而阿文老家只是賣豆芽菜，路邊小販，表示華人的經濟大權已失落。

　　阿文一踏進家門，母親憤怒地透露他的三姐秀心與野戰部隊的一名馬來軍人私奔，其實這是大馬多元民族年輕一代更深層的對話，跨越族群文化的暗流的象徵。在商晚筠其他小說如〈木板屋的印度人〉、〈巫屋〉、〈夏赫麗〉、〈小舅與馬來女人的事件〉等小說便有進一步的書寫。

五、第二次的邊緣對話：雅麗與夏麗赫

　　〈寂寞的街道〉的對話是在馬路上，表示多種文化已經愉快的相遇了。〈夏麗赫〉[15]的對話有超越性的突破，馬來人經常到華人的雜貨店買啤酒、甚至性感的海報。這是現實中的大馬社會，回教族群不可能發生的文化跨越。華人還常常受邀請，到馬來鄉村的典型高腳屋吃咖哩料理，穿上沙籠聊天。爲了友情，每個星期五，一位馬來女子犧牲回教祈禱時間換取與華人友人的聚會。所以我說〈夏麗赫〉是第二次的跨文化對話。

　　〈夏麗赫〉裏自我敘事的「我」（雅麗），就如〈寂寞的街道〉的阿文，也是在臺灣留學六年後，重回地理上非常邊緣的馬泰邊界小鎮華玲老家。由於台大外文系的大學文憑不受承認，找不到工作，只得留在家裏的雜貨店幫忙。這是被邊緣化的開始。所以在地理上，精神上作者如小說中人物，都是被放逐者。

　　回家的第四天，雅麗就遇見一位穿著時髦瀟灑的馬來女子夏麗赫前來雜貨店購買海報，她要買俏嬌娃華拉法茜與沙灘上的單身裸女，用來掛在臥房，製造浪漫的氣息。她一頭捲髮，身穿牛仔褲，短袖運動衫，四寸高的軟木拖鞋，身體散發著香奈兒五號

15　〈夏麗赫〉《跳蚤》，頁 115-172。

的法國香水味。在今日信奉回教的馬來女子中,很少人敢作如此青春的打扮。由於夏麗赫爲人豪爽熱情,思想開放,懂得享受藝術與生活,因此馬上與雅麗成爲好友。在吉打州依照回曆,法定星期五爲政府部門及商店休息日,因爲回教徒要做禮拜。但是幾乎每個星期五,夏麗赫不上回教堂做禮拜,雅麗也不隨家人去檳城采購雜貨及吃喝玩樂,她們倆喜歡躲在馬來甘榜夏麗赫的馬來高腳屋,煮咖哩飯、喝啤酒、聊天。爲了友情,前者犧牲念經祈禱,後者放棄與家人餐聚。

雅麗回想起在老家讀小學的日子,常常獨自往馬來鄉村玩,結交不少馬來族的小朋友。後來到城裏上中學並寄宿,才沒有踏進一步,至今已是十多年了[16]。重返邊緣跨文化的生活,雅麗非常懷念:

> 她特地煮一鍋咖哩鹹魚片和黃梨茄子菜豆。我們一面用手抓飯,一面聊著咖哩的多種口味煮法……恨不得每個週五都變花樣弄各式可口美味的咖哩讓我們大快朵頤。飯後……我借了她的沙籠穿上,隨意躺在她凌亂的床鋪上,懶懶的光綫,懶懶的日午。(頁129)

雅麗重回童年的邊緣文化,這次認識馬來便衣女警探夏麗赫,給她帶來無限的力量。後者原來在大馬的政治文化中心(吉隆坡、怡保、太平),六年前才被調到這個「邊境小鎮」,邊緣性給她們更大膽的反抗力量。夏麗赫與丈夫離婚後,更加自由。駐紮在泰馬邊境清剿共產黨的野戰部隊軍人常常到她家過夜,所以「通常我很少把門給上鎖,碰上我外出,那些阿兵哥仔來找我,

---

16 非常具有自傳性,商晚筠1963年畢業於華玲育智小學後,轉至居林覺民國民中學升學。1969年畢業於覺民中學,見南方學院的馬華文學館〈跨出華玲的女性作家商晚筠〉〈http://mahua.sc.edu.my/student/exhibition/htm〉。

門可是方便開著。」（頁 124）。但小説結束時，夏麗赫最後「爲情所困」，自己用槍自殺身亡。雅麗也到更北邊的小鎮擔任幼稚園老師。

　　這篇小説中，就如〈寂寞的街道〉也有兩種不同的聲音。〈夏赫麗〉寫於一九七八年五月，那是商晚筠臺大畢業回返大馬時的作品[17]。她安排雅麗與夏麗赫的第二次邊緣對話，發生在傳統的馬來鄉村典型的馬來高脚屋，又是回教祈禱日的星期五，兩個人喝酒、抽烟、吃咖哩，那是極端的冒犯了馬來回教的中心規條。但是他們的來往是秘密的，就像非法的活動，華人與馬來人都不能接受。商晚筠巧妙的安排她們兩個女人的密會，有時是夏麗赫通過小孩到雜貨店買東西，把約會的字條傳給雅麗，有時是雅麗假裝回去新屋過夜而偷偷溜到馬來高脚屋。夏赫麗自殺後，雅麗回來華玲哀悼，也不敢通知家人。從馬來族群爲中心的文化觀點，夏麗赫喝酒、整天與野戰部隊的軍人鬼混，是一位壞女人，她的兒子，被全村的馬來同胞稱爲野雜種。回教徒不上教堂是難以被寬恕的。而這篇小説中的雅麗不像〈寂寞的街道〉的阿文，馬來文流利如母語，每天閱讀馬來報，小時候常往馬來村跑，很多馬來朋友。馬來咖哩是她最陶醉的食物，但是家人盡一切辦法，阻止他們的來往，她的大嫂警告：「小姑，不是我愛說別人的是非，像她這種馬來女人，您還是躲的遠些，少理她：他們馬來人都不太瞧得起她。」（頁 120）所以小説中具有更多種不同的聲音。

六、第三次的邊緣對話：小舅與馬來女人

17　根據南方學院的生平事件：1977 年 6 月 26 日畢業於台大外文系，12 月 28
　　日回返馬來西亞。1978 年 3 月，商晚筠在八打靈再也的《建國日報》擔任
　　副刊助編，編《萬象》和《天涯尋知音》等副刊，年底升副刊主任，見
　　〈http://mahua.sc.edu.my/student/exhibition/shangwanyun/shangd1.htm〉。

在〈小舅與馬來女人的事件〉[18]，商晚筠不但重返邊緣小鎮，更進入熱帶雨林深山中的橡膠林。這次重返，不但是地理上的邊緣，而且重返生命邊緣的童年，以一位十歲左右的小女孩李來男的第一人稱「我」來敘述。所以愈邊緣化，就更進一步跨越族群文化。〈小舅與馬來女人的事件〉的小女孩來男從邊緣小鎮街市的家，被驅逐到郊外阿婆的家，再度被驅逐到橡膠林的深處。

來男一誕生就被傳統中華文化的中心思想邊緣化，因為她是一位女孩，在重男輕女的華人社會，她是不受歡迎、被排斥的人。為了希望她帶來一個男孩，故取名「來男」。可是由於她出生滿月那天，三歲的哥哥患急性肺炎死了。算命的印度婦女說來男是掃把星、白虎星、剋小哥哥剋死了，結果爸爸把她拋棄，後來小舅子把她抱回阿婆家養大，改了姓，長大後父母還是不讓她回返經營雜貨店的住家，不讓她進學校讀書，而其他的孩子都是中心文化的英文學校，每天以賓士豪華汽車接送。來男身份的確認，具有被邊緣化的特殊意義。

重回邊緣與童年，首先是對傳統中華文化思想的否定。來男自己不但被邊緣化，發現家人對非華族的馬來人更有偏見。來男原來就被排斥出小鎮她小時候一直深信：「阿婆和娘都說馬來人沒有一個好東西。」華人喜歡馬來人，都是因為中了馬來人的巫術「貢頭」。」住在森林深處橡膠園的小舅子愛上馬來女子花地瑪，她對小舅子說：「娘和阿婆還說你八成是中了貢頭，摸不准事情的好歹。」（202）因此造成她也先天性拒絕馬來文化。

由於她沒有上學，她的媽媽決定強迫派她到橡膠林監視小舅子與馬來女人的來往。開始來男看見小舅與馬來女子光天化日下

18　〈小舅與馬來女人的事件〉，《跳蚤》，頁 173-265。

在草叢裏做愛，原始的性行爲也難於接受：「阿婆的話沒錯……長了對胖奶子的瘦女人准不是好東西。」她也相信阿婆說，她與小舅好，是爲了占有橡膠園。但是經過長期深入的接觸後，她終於接受橡膠園寂靜、馬來高腳屋及馬來女子：「這馬來女人長得煞是可人，嬌嬌俏巧的，我底眼裏全沒了那頑固的成見。小舅說的丁點兒沒錯，她哪一點不對勁哪一點不好……」（頁 210）本來跟著阿婆反對，來男看見事實真相後，「我心裏感到莫名的慚愧。」（頁 203）

〈小舅與馬來女人的事件〉中，除了通過來男的眼睛，作者再以兩位沒有知識的勞動者，被社會從小就放逐到叢林深處生活的普通老百姓來呈現跨越文化的可能性。從小就被放逐到原始的叢林當割膠工人，阿村遠遠離開小鎮中華文化的小中心，花地瑪在膠林裏也遠離回教堂，與小舅李木村（戀呆村），他們靜靜的顚覆了宗教與風俗習慣，一直到跨文化有了結晶，才被作爲華族保守文化小中心的菜市場的八卦流言所破壞。最後阿婆發動回教長老，命令花地瑪靜靜的回返吉蘭丹老家，才把他們拆散。不過阿村從此拒絕回返小鎮的家，寧願放棄舒服的生活，永遠住在橡膠林，等著花地瑪突然出現在門口。可能遠離了以華人爲中心的華玲小鎮，最後阿婆、來男都一起盼望花地瑪帶著新生的混血兒回來。

雖然事件發生在邊緣地帶，這篇小說隱約出現的次「權力中心」是位於華玲小鎮中心，來男父母的雜貨商店，那裏連來男都不准去，怕她帶來不吉利。回教長老命令花地瑪離開，也是他們的安排，不是阿婆。其次菜市場與廟宇神壇也是具有強大影響力，阻止華人跨越族群文化，反抗與異族認同。阿婆就花了一千元弄到齊天大聖的靈符給阿村，以抵抗馬來女人的巫術貢頭（其實是魅力），雖然失敗了。

這篇小說有華人、馬來人、印度人的聲音，各自又有多種不同的聲音，對內對外，相互對話。最特別的是，年輕一代逐漸地醒悟，小時候所灌輸的思想與現實不符，他們都要顛覆。

七、重返童年的故鄉：自我發現的成長與心靈的旅程

目前商晚筠被關注的課題是「走出華玲的商晚筠」，[19]而我比較有興趣的是重返華玲小鎮的商晚筠。商晚筠重返熱帶雨林之旅，使人想起康拉德重返熟悉的非洲，沿著剛果河，進入非洲深處黑暗之心的旅程[20]，魯迅重返故鄉，象徵傳統與反傳統之旅[21]。而奈保爾（V.S. Naipaul）的《大河灣》（*A Band in the River*）沙林開車進入非洲內陸之旅，在一個被殖民者拋棄的小鎮經營小商店，邊緣叢林成為重要意象的後殖民書寫。[22]

在後殖民文學中，重返童年的書寫與國家的成長變化、霸權文化與本土文化的相互撞擊，有著密切的結合。從英國殖民地時代的馬來亞到獨立後的馬來西亞，從外來移民在政治、文化、經濟上成為強勢的族群到本土馬來人政治權力的行使，在商晚筠重返童年的地理與文化邊緣，都有重要的呈現。所以我們閱讀商晚筠的重返熱帶邊緣的小說，從夢幻般的到很現實的旅途，大大小

---

19 譬如南方學院馬華文學館商晚筠特藏資料庫，即命名為〈跨出華玲的 "女性作家" -商晚筠〉，見〈http://mahua.sc.edu.my/student/exhibition.htm〉。

20 Joseph Conrad, *Heart of Darkness*, in *Conrad's Heart of Darkness and the Critics*, Bruce Harkness, ed.（Belmont, California : Wadsworth, 1960）；康拉德著，王潤華譯：《黑暗的心》（臺北：志文出版社，1969）。

21 Wong Yoon Wah, " A Journey to the Heart of Darkness: The Mode of Travel Literature in Lu Xun's Fiction," *Tamkang Review*（vol. xxiii, Nos, 1234（Autumn1992），pp. 671-692; 王潤華：〈探索病態社會與黑暗靈魂之旅：魯迅小說中遊記結構研究〉《魯迅小說新論》（臺北：東大，1992），頁 69-88。

22 奈保爾的《大河灣》的沙林是一個印度後裔，開車進入非洲內陸一個被殖民者遺棄的小鎮，接管一間下商店。商晚筠在〈夏麗赫〉中，雅麗一回到家，就幫忙經營雜貨店。

小的事件與追憶，都是歷史文化的象徵符號。

〈寂寞的街道〉的阿文從國外回來，馬航降落在澳洲空軍機場，是走不出殖民主義迷宮的暗示。西方的霸權自我中心主義仍在，阿文的台大外文系的文憑不受承認，因此被後殖民社會邊緣化。西方霸權一元中心論，華族家庭的傳統也變得很排外，對異族有所歧視，阿文、雅麗、來男、阿村的父母都排斥馬來人。長大後，他們都不認同，都企圖顛覆這種成見。阿村自小被大人以沙文主義洗腦，瞧不起馬來人，一旦接觸後，發現荒唐極了，阿村大聲地罵道：「這是偏見。」

〈夏赫麗〉中的雅麗，「念小學那陣子我常常單獨地闖蕩馬來鄉村，還認識了不少馬來朋友」（頁 122），去了城裏念中學，也就是進入中心後，便從此中斷來往，這次重返邊緣，通向馬來鄉村的路都不認得，使她感受很多。與夏赫麗來往後，小說特意強調馬來食物（尤其咖哩使得雅麗非常陶醉），馬來民族的樂天開放、藝術浪漫氣質，這是一種重新自我發現與社會結構變遷後的轉化。

八、重返邊緣地帶：中心與邊緣文化的顛覆與被顛覆

雖然以自傳性的經驗話語書寫，為了顛覆霸權的、一元性的文化，在〈寂寞的街道〉，具有雙性人個性的商晚筠這次選擇以男性出擊。作者刻意把自己化身為「五尺八寸及一百五十磅」高大的男人，當他走出機場時，還特地在玻璃門上滿意地看了一下自己雄赳赳的形象，才走出海關，這使人想起江湖或黑道大哥為正義而戰，出發打擊敵人前的姿態。可是發現華人社群，就如他的父母所代表，還是頑固的固步自封，自大心態，拒絕走進多元族群社會與改變生活方式，譬如家裏還是依靠賣豆芽菜，炒粿條的

傳統行業為生，馬來人開始會做生意，如經營計程車，司機在大雨路滑的黃昏，冒著危險送客人到五十哩外的小鎮，表示有生意的頭腦，受到欺詐的責難，還低聲下氣的感謝。阿文給他抽臺灣香烟，美元鈔票，他很喜歡，也表示他很能接受外來的文化。野戰部隊的馬來軍人與阿文的妹妹秀心結婚，表示馬來人已走出自我的族群。而她的爸爸卻以中了貢頭來詮釋女兒與馬來人的結合，因為生氣而從此沉迷在賭麻將。阿文六年後重回華玲，最大的感嘆是外面的變化的驚人，而華人社區，一點都沒有變化。阿文怎能顛覆？

夏麗赫是一位帶槍的便衣女警探，保護老百姓的治安。在邊緣小鎮，企圖顛覆馬來回教的傳統禮教與生活。她的馬來式高腳屋具有美麗的象徵性。在馬來村裏，所有亞答高腳屋，只有夏赫麗經過精心設計，才改建成高腳泥磚屋，翠綠泥牆暗紅簷瓦，門窗雕花。這代表她敢於改變馬來傳統文化與生活。譬如她家的大門從不鎖門，因為有些軍人隨時會來休息。結果四周的亞答高腳屋緊封的門窗，都像眼睛，時時刻刻偷看著每一位訪客。本來夏麗赫從文化中心來到這個偏僻地方，生活過得無拘無束。可是大城市裏馬來中心的傳統保守文化，就如她離婚的丈夫所代表的，終於尋找到她，將她毀了。

九、馬路、黃泥路與山路：寧死在荒蠻的叢林，拒絕回返文明

這三篇小說的寫作日期很相近，〈小舅與馬來女人的事件〉寫於一九七七年四月二十二日，〈寂寞的街道〉，一九七七年八月八日，〈夏麗赫〉，一九七八年五月二十七日，都在商晚筠台大畢業與回返大馬的前後。三篇小說所具有互文性（intertextuality）一

且被連結，其意義就很特殊。我先讀〈寂寞的街道〉，作爲第一篇，因爲自傳性很強，全篇小說展現完整的回返熱帶雨林的大背景的旅程，路上經過瓜拉哥底、古邦、瓜拉不甘等山，在雨中它們都變成「簡樸的水彩畫」。馬奎斯《百年孤寂》裏熱帶連綿的雨水，從飛機降落機場到回返家門，再到午夜徘徊街頭，小說結束時，雨一直不停地下著。這是大馬路的旅程。

〈夏麗赫〉寫雅麗從臺灣回返華玲的第四天開始的故事。敍述者化身爲女子，雨水停了，熱帶典型的天氣非常酷熱，雅麗不停地訴苦：「熱得有點兒透不過氣來」，「這天氣悶起來不透半絲風」，其實是暗指保守的文化氣氛。整篇小說的事件，都是在赤道的大太陽下進行，譬如當夏赫麗約雅麗去馬來村，後者叫苦到：「天氣這麼熱，曬死人喲。」從邊緣地理意義來説，已超越華玲小鎮，逃到遠離市區。當她要心靈稍微安靜，便回去郊外的新屋住。後來雅麗更常常離開市鎮的雜貨店，到更偏僻的馬來甘榜，這一段經常用「黃泥路」來形容。夏赫麗與雅麗，尤其在星期五回教徒向阿拉祈禱的下午，進行的是心靈的對話。

第三篇〈小舅與馬來女人的事件〉，是一段小女孩的往事回憶，對熱帶邊遠山區，有更細膩的呈現。自小來男就被父母邊緣化，寄住在離華玲更荒遠的小地方阿婆的家，後來又搬遷到橡膠園。他們騎腳踏車沿著山路前進：「小舅子載著我漸漸地遠離了街市，整齊的房屋慢慢地讓黃泥路兩旁的椰子樹、檳榔樹驅逐出視野，四周是靜悄悄的果園、竹林、膠園……」。（頁 192）最後來男與小舅被放逐到橡膠園裏的馬來高腳屋。住在以馬來與印度族群爲主的橡膠林與馬來式的屋子空間，這象徵著去中國化，非常本土化的變化。長年在此工作，怪不得小舅與他雇用的割膠工人花地瑪抵擋不了大自然的力量，常常在草叢裏融化成一體。所有的種族、文化、宗教與風俗造成的隔離，都化為烏有了。小舅反抗「馬來人沒有一個好東西」的大漢主義到底。最後花地瑪懷了他的小孩。這是跨越族群文化的成果，只有在叢林深處，遠離各族群的中心文化，小舅與花地瑪在叢林野草裏才能自由地做愛，雖然消息傳到市鎮後，受到傷害。

　　所以三篇小說形成重返邊緣的小說與意義的完整性。當我經過多次細心的閱讀，我認識到它們也有類似康拉德《黑暗的心》[23] 走向內心的旅程的結構。小說中的敍述者馬羅（Marlow）的旅程從代表人類文明中心點的英國倫敦泰晤士河口出發，到達非洲後，從剛果河口逆流而行，航行到非洲內陸的心臟地帶。當時非洲還未開發，被稱為黑暗大陸，而剛果在非洲的中心地帶，形狀如心臟又被稱為黑暗的心。小說中的旅程經過三個重要的貿易站，第一個叫第一貿易站（first company station），第二是中央貿易站（the central station），最後是內陸貿易站（inner station）。隨著每一站的前進，馬羅發現更多更可怕的野蠻事件，深入大陸的內心盡頭，馬羅發現他的隊伍要拯救的克如智（Kurtz），已徹底墮落，為霸占與搶奪象牙與其他物資，白人與黑人都受其殘殺，他甚至參與土人的宗教儀式，成為土人的領袖。最後克如智寧死在荒蠻的叢林，拒絕回去文明的歐洲。[24]

　　阿村與來男生長於華人大家庭（extended family），通常傳統保守，而且具有強烈的大漢主義思想意識。從大中華文化的中心觀點看，阿村對馬來女人的愛戀，光天化日在草叢做愛，深深愛

---

23 Ross Murfin（ed），*Heart of Darkness: Complete, Authoritative Text with Biographical and Historical Contexts, Critical History and Essays from Five Contemporary Critical Perspectives*（Boston: Bedford Books of St. Martin's Press, 1996）. 康拉德著，王潤華譯：《黑暗的心》（臺北：志文出版社，1969）。

24 Albert Guerard, *Conrad : The Novelist*（Cambridge Mass: Harvard University Press, 1958），pp. 1-59。

著花地瑪，就是中了土人的邪術，已徹底墮落。阿村的背後，尤其肩膀被馬來女人做愛時抓破的傷痕，使到初次進入橡膠園的小孩子（來男）以爲是森林裏的野獸抓傷，因此她以爲那裏四處都有野獸，非常可怕。敍事的來男就是《黑暗的心》中的馬羅。當克如智寧死在荒蠻的叢林，拒絕回去文明的歐洲，由馬羅等人組成的隊伍進入非洲深處拯救，可是失敗了。商晚筠也用這結構來結束這旅程：　阿村也拒絕回返小鎮居住。結果來男與其他的人駕駛吉普車（馬羅用船）前來「拯救」，同樣的，阿村堅決拒絕回返小鎮。死不放棄叢林的生活。因爲只有遠離城鎮，在叢林山脈的圍牆保衛下，在高腳馬來屋隱居，才有自我。

十、駁雜性的邊緣經驗：建構馬來西亞文學的書寫

　　出生長大於泰馬邊境非常偏僻的邊緣地帶，自小接受華文教育，後來又到臺灣受教育，商晚筠同時具有好幾種被邊緣化的身份與性格。邊緣性，對她及小說中的人物來說，既是地理的也是種族的、文化的，既是生活的也是政治的、宗教的。被邊緣化的感受，所有族群都有。當計程車司機進入華人社區，遇到阿文的媽媽，他被責怪收費太高，還低聲下氣要求快點付錢，那時馬來人感到被邊緣化。夏赫麗是一位女警探，派到華玲偏遠小鎮維持治安，但回到回教保守文化的鄉村，她感到自己是邊緣人。來男生下來後，因爲迷信的華人文化認爲她剋死小哥哥，也被邊緣化（被拋弃，小舅把她撿回來養，但永遠不准與父母同住）。所以在商晚筠小說中，一個人的地理活動空間的變化，往往也造成邊緣性的變化。阿文的馬航飛機降落「澳洲空軍機場」，他立刻感到重返被殖民的時代。阿村回到華人的大家庭裏，是一個笨蛋，沒有人瞧得起他，但一離開小鎮，進入橡膠園，終於找到自己：他馬

上變成富有愛心的老闆，能幹的年輕人，偉大的愛人。

因此在這個馬來西亞地理上或商晚筠小說虛構的華玲及其居民，都是多元的被邊緣化的人。大家主要認同生活方式與空間，不太認同種族與歷史傳統。夏赫麗認同雅麗，不認同曾與她同住的馬來女警察，因為每個星期五，她們可以在現代式的高腳馬來屋聊天、喝酒、抽煙。阿村向橡膠園與馬來女工認同，因為與他們在一起，自己才存在。通過書寫這種跨越族群生活與文化的邊緣經驗的小說，商晚筠建構了以華語書寫的馬來西亞文學。我們稱它為馬來西亞文學，而不是馬華文學，因為商晚筠的文學視野，跨越華人的文化社區，涵蓋了整個華玲族群被邊緣化的生活。在她的很多作品，如〈木板屋的印度人〉、〈巫屋〉〈九十九個彎道〉[25]，重要的小說人物事件，都是印度人與馬來人，更重要的是，出現各種族文化的聲音，不像一般華文文學作品，主要是單獨的華人的聲音。

商晚筠的小說是後殖民社會各族文化傳統的交融（syncreticity）與駁雜（hybridity）性的產品。這些小說人物努力把時間改變成空間，所以他們不斷快速的移動身體，盡量改變生活的區域。馬來司機在唐人區，會感到不安，儘快迴返瓜拉哥底，雅麗一有機會就去馬來村或新家。他們把現在從過去掙扎出來，建設未來，那是阿村與夏赫麗最努力爭取的目標。不同文化毀滅性的相遇，變成和而不同（difference on equal terms），互相接受多元的跨文化，〈巫屋〉中以豬肉攻擊馬來巫婆，〈小舅與馬來女人的事件〉中用齊天大聖的靈符對付馬來女人的魅力，都有書寫。這些後殖民、邊緣文化的駁雜與交融的視野（hybridized and

---

25 收集於《癡女阿蓮》小說集裏。

syncretic view）下的華玲世界，就是以華文創作的馬來西亞文學，它超越了馬華文學。

　　在新加坡與馬來西亞很多以英文寫作的華人、馬來人、印度人作家，他們認為用英文寫作擁有最大的優點，即英文能突破種族的藩籬（cut across ethnic boundaries），因為不同種族的人都使用英文，這是各族共同的語言，加上他們作品的視野也是跨越族群與社區，所以譬如新加坡的英文文學也是多元族群、多元文化的文學。這點確是英文文學的優勢。[26]華文作家雖以華族為主，以華文來書寫，但像商晚筠也一樣能夠跨越族群的疆界。

---

26 Edwin Thumboo, "Writers' Role in a Multi-Racial Society", *Singapore Spectrum,* vol. 1, No. 2 （July/August 1978）, p4；Kirpal Singh, "Inter-Ethnic Responses to Nationhood: Identity in Singapore Poetry", *From Commonwealth to Post-Colonial*, p. 118。

顛覆「存在的遺忘」的李天葆小說

一、從「認識的激情」到「存在的遺忘」：現代的人文危機

現象學大師胡塞爾（Edmund Hussert 1859-1938）認爲歐洲人文的危機的根源，出自現代歐洲科學單面向的性格。歐洲在古希臘時代的哲學，往往將整體的世界一起思考，並不是爲了實用上的需求，而是因爲「認識的激情」佔據了人的心靈。[1]

後來歐洲的科學將世界簡化爲技術與數學探索的單純客體，將生活的具體世界，排除在他們的視野外。科學的進步，將人推進各個專門學科深沉的隧道裏。人在知識上越是專門，越是看不見世界的整體和自己，陷入胡塞爾的弟子，存在主義創始人海德格（Martin Heidegger,1889-1976）在其《存在與時間》所說的「存在的遺忘」之中。[2]

西方科技把人提升爲大自然的主宰和佔有者，對於強大的科技力量來説，人成了一個單純的物體，人的具體存在，人的生活世界不再具有任何價值，人的很多生活被預先遮蔽，被預先遺忘了。以科學爲典範的文學創作理論，也受了科學探索普世真理的影響，作家往往在寫作時，被政治所蒙蔽，譬如在反殖民主義的

1 見米蘭・昆德拉，尉遲秀譯〈被貶低的賽凡提斯傳承〉《小說的藝術》（臺北：皇冠文化出版社，2004），頁 8-9。
2 同上。

思想意識下、或是爲了呈現某種流派的風格或話語，如最近流行寫熱帶雨林而寫熱帶雨林的小説，結果很多人物及其生活存在面便被遺忘了。[3]

二、探索「存在的遺忘」：撿視內在發生的事，揭示感情的秘密生活

我開始讀李天葆的《桃紅鞦韆記》，後來讀《民間傳奇》及其他的短篇，[4]發現他的小説是探索「存在的遺忘」的現在與過去。很多作家寫大馬的吉隆坡及其他城市，多受科學單面向的性格的影響，將吉隆坡及其他城市低下層人民簡化爲一般都市單純的客體，將都市的生活的具體世界，尤其內在的、潛意識的，排除在視野之外，讓我們看不見都市與生活的整體與自己，陷入海德格所説的「存在的遺忘」。人的具體存在、人的生活世界，不再具有任何價值。

李天葆的小説，正是對這被遺忘的存在進行探索。在他的小説裏，李天葆發現了城市及其下層市民種種不同面向。米蘭昆德拉在《小説的藝術》裏説，歐洲的小説從賽萬提斯開始，對被遺忘的存在進行探索。他和許多作家，發掘了人類存在多種不同的面向，如山繆爾‧李察生（Samuel Richardson）撿視內在發生的事，揭示感情的秘密生活；巴爾札克（H. Balzac）發現人在歷史裏頭紮根；福樓拜（Flaubert）探索無人知曉的日常生活的土壤；托爾斯泰（Tolstoi）俯身探視非理性如何俘虜人類的行爲；普魯

---

3 從方修編的《馬華新文學大系》10 冊（新加坡：世界書局，1971-1975）到黃錦樹等編《馬華當代小説選》（臺北：九歌出版社，1998 年），及陳大爲，鍾怡雯編《赤道形聲》（臺北：萬卷樓，2000。）裏的作品可找到許多例子。

4 《桃紅鞦韆記》（吉隆坡：馬來西亞作家協會，1993）；《民間傳奇》（吉隆坡：大將，2001）。

斯特（Marcel Proust）與喬艾斯（James Joyce）探測無法捕捉過去與現在的時光與回憶。湯瑪斯曼（Thomas Mann）懷疑現代人還是沿著古老的神話的腳步走去。[5]

　　歐洲小說，從現代開始，帶著認識的激情，深入探索，並保護人的具體生活，對抗存在的遺忘，認識和發現人的種種生活面，纔是小說存在的理由。我最早細讀《桃紅鞦韆記》小說集，他像福樓拜，探索無人知曉的日常生活的土壤：大家都知道吉隆坡半山芭的監獄，但只有李天葆去探索斜對面的大街小巷，風月之地如舊旅店的生活空間。〈桃紅刺青〉[6]中的蓬萊旅店裏的桃紅及其他女人，還有進進出出的男人。在那裏，我發現他很努力探視了桃紅內在發生的、感情的秘密生活：桃紅在蓬萊旅店的廚房工作，暗中接客。後來出現一位粉刷骯髒牆壁的油漆工人，彼此愛上了。阿商常在附近粉刷工作，是一位胸上有刺青的曾在吉隆坡半山芭的監獄服刑的犯人，桃紅就被他滿身汗臭迷上，一直到他浮屍湖上。他們相信因爲他的喉嚨底下有一顆橫禍黑痣。「小時後，算命的告訴我媽，痣長在這裡會遭橫禍的。」桃紅勸他去燒掉，他不迷信，沒有去做，結果災難不久就發生了。阿商執意要消除人間的骯髒，挑戰骯髒，包括桃紅被私會黨昌哥染上的性病。讀了〈桃紅刺青〉，我便想起湯瑪斯·曼的小說中，有關懷疑現代人還是沿著古老的神話的腳步走去的主題。[7]

5　見米蘭·昆德拉，尉遲秀譯〈被貶低的賽凡提斯傳承〉《小說的藝術》，10-11頁。
6　《桃紅鞦韆記》，頁 11-27。
7　我曾指導研究生撰寫〈關於李天葆第一部小說集《桃紅鞦韆記》的論文，參考徐舒虹〈半山芭監獄與蓬萊旅店 —— 解讀阿商與桃紅努力洗刷世界的神話〉，見《馬華文學的新解讀》（吉隆坡：馬來西亞留台同學會，1999 年），頁 306-312。

三、魔幻現實：非理性俘虜人類的行為，現代人還是沿著古老的神話的腳步走去

　　讀了李天葆的小說，我領悟到托爾斯泰非理性俘虜人類的行為的小說，湯瑪斯曼小說所展現的現代人還是沿著古老神話的腳步走去的影子，都歷歷在目。唯一不同，這是李天葆在熱帶雨林邊緣的城市如吉隆坡找到的海外華人。

　　〈桃紅刺青〉中的瘋婆子「美人魚」，在桃紅的故事中，只出現一剎那：「叫他不要走，叫他回來……」。很多年後，在《民間傳奇》的〈貓兒端凳美人坐〉[8]再度出現時，變成凄麗的女主角。她是老居民永恆的記憶。她喜歡年輕的帥哥，吸盡日月精華的美人，永不會老。臨死的下午，還到容記雜貨店買維他精。「美人魚」的家族世代遺傳麻風病，潛伏體內未發作時，女子相貌容色會嬌美鮮麗。與男子交合，可去病根，但卻把病感染了男人。別人都不敢雇用她工作，媽媽都怕年輕兒子接近她。結果馬戲團的空中飛人到吉隆坡表演時，與「美人魚」一夕纏綿，過後跟著馬戲團到處巡迴演出，麻風發作時，視力模糊，在北海表演空中飛人時，墜地摔死了。美人魚等著空中飛人跑完這次碼頭就回來永遠與她一起生活，但他永不回來。1995 年的一個晚上，美人魚忽然聞到夜香花的味道，在後巷被摩托車撞死了。

　　我少年時代，在馬來亞每個小鎮，都會出現如此的現實與神話。但是這類魔幻現實的故事，自從馬奎斯（Garcia Marquez）把南美的哥倫比亞的小城馬康多（Macondo）傳奇故事寫出來後，[9]

8　《民間傳奇》，頁 62-69。
9　Garcia Marquez, *One Hundred Years of Solitude*（London: Penguin, 1973）。西班牙原文首次在 1967 年出版。作者 1982 年獲頒諾貝爾文學獎。中譯本有：楊耐冬譯《百年孤寂》（臺北：志文出版社，1984 年）；黃錦炎等譯《百年孤

我一直等待，到了李天葆才終於實現我的夢想：把馬來亞的我的少年時代的就延續到現代的魔幻現實的故事變成文學。

四、桃紅性病、美人魚麻風、海棠春癬斑：大馬華人／社會不可告人的疾病

　　李天葆從寫實主義的嚴格規範裏解放出來，他也逃避現代與後現代書寫，儘管這類作品容易得獎，容易得到文化批評的學者的好評。

　　在李天葆的小說中，他的女人都是從五、六十年代馬來西亞的小鎮，流落到吉隆坡，如美人魚「從丹戎小鎮流落到坡底三四十年」。地平線上風景消失後，馬來西亞退縮到城裏牆壁剝落的舊旅店。這些人物與外界失去了聯絡，夢與空想日益重要。這些人要對抗的是自己的靈魂的惡魔，不是外來的剝削，壓迫者。因此這些人物與事件都被馬華文學拒絕了，就如社會拒絕了她們。

　　像〈絳帳海棠春〉[10]中書寫的只是海棠春與鸚哥的癬斑。整篇小説書寫的就是海棠春撫摸著癬斑的感覺與回憶：

> 多少年來，她閉目蹲在天井，在太陽底撫摸著癬斑……像感覺她的存在，和他的皮膚，從不分離。[11]

　　海棠春是妓女，鸚哥是悍匪，兩人睡了一覺，鸚哥頸後的癬便傳染給海棠春。這是一個象徵，暗示後來海棠春也成爲悍匪。她出主意，策劃打劫金店的計劃。鸚哥是在最後一次打劫金店失敗死亡的，出發前海棠春把槍交給他，象徵她的合夥關係。她天天都等著鸚哥回來聽那天因爲要去打搶而聽不到的廣播劇的結

寂》（杭州：浙江文藝出版社，1991年）。
10　《民間傳奇》，頁15-23。
11　《民間傳奇》，頁23。

局。

　　李天葆的小說中的女人，海棠春染上癬斑，桃紅得了性病，美人魚有麻風，都是象徵大馬華人及其社會不可告人的疾病，作家都不願意去碰他們，好像他們的悲劇發生時，只適合在小報上刊登，讓下層的勞動的人民閱讀。

五、轉身回顧：召喚時間與回憶的一種努力

　　海棠春等鸚哥，桃紅等阿商，美人魚等空中飛人，但是這些男人最後都沒有回來。只有李天葆回來將她們書寫進馬華小說裏。[12]

　　李天葆的小說中的女人都相信男人會回來找她們。這是召喚時間與回憶的一種努力。她們轉身回顧，爲了理解自己，看清流逝的生命。這不是海棠春個人的回憶，這是馬來西亞華人低下層女性的集體回憶。

　　儘管桃紅、海棠春的男人都不是好人，她們還是想念他們，拒絕忘記他們。這說明李天葆的民間傳奇小說幫我們對抗存在的遺忘。馬來西亞華人族群的歷史被簡化爲一些事件，社會生活被簡化爲政治鬥爭，《桃紅鞭韃記》與《民間傳奇》裏的人物與事件在簡化過程中，如果沒有李天葆的拯救，已完全消失了。

---

12 李天葆的寫作，自然受到很多人的質疑，甚至被批評爲鴛鴦蝴蝶派文學，見他自己的感慨，〈後記〉，《民間傳奇》，頁 185-188。

《華人傳統》被英文老師沒收以後
── 希尼爾微型小說解讀

一、「我的《華人傳統》就毀在他手上」

希尼爾的小說，就像他的詩，是表現新加坡的土地與文化傳統在急速變化中，新加坡人所遭受到連根被拔起的困境。

「我的《華人傳統》就毀在他手上」是一位小孩說的一句話。說者無意，聽者有心，尤其在九十年代，引起我們受華文教育者的心靈極大的震撼，很有象徵意義。希尼爾在〈舅公呀呸〉裏，描寫「我」（一個叫符家興的小孩），有一天中午在萊佛士城內被舅公拉去參觀「華族傳統展覽」，他對傳統炒咖啡的工具與方法，「光緒六年」這些玩意一無所知，舅公就買了一本《華人傳統》畫冊給他：「有空拿來慢慢看，你貧乏得可憐。」趕回學校，下午的英文輔導課早已開始，「我」偷偷溜進課室，後來發現今天長文縮短習作他原先已做完，反正閑著無事，便拿了《華人傳統》畫冊來翻看。後來被老師金毛獅王發現，不但「《華人傳統》就毀在他手上」，還被捉去見奧格斯汀陳主任，「與以往朝見他的同學一樣，例常地簽了名，罪名是上課時間閱讀不良刊物，還要見家長」。過後「我」心慌慌地回去告訴舅公，他嗆咳一陣，安慰說：「沒關係的，你只不過丟失一本書罷了。」並且再補充一句：「他們都丟失了一個傳統。」

這一篇一千多字的小說，充滿濃縮的象徵性的語言。「我」的名字叫符家興，華人社會以家庭為重點，注重兒女的教養，更督促他成就，「我」的舅公帶外曾甥看文物展，喜歡喝用手炒的咖啡，表示這家人注重保存傳統，帶外曾甥看傳統文物展，買傳統文物畫冊給他看，表示努力把華族傳統傳達給下一代。而那個展覽地點設在現代化的購物中心萊佛士城內，又象徵現代化的新加坡還是努力想把華族文物流傳與發揚。但是事實不得不叫人憂心。學校裏的英文教師金毛獅王與主任密斯特奧格斯汀陳，名字與職稱本身不但代表英文教育者，他們沒收且毀掉《華人傳統》畫冊，再加罪名。「閱讀不良刊物」，這些人正是象徵新加坡華人中想毀滅華族文化的人，他們對華族文化由於無知，因此充滿偏見。作者對華族文化並不樂觀，因為當「我」在看傳統展覽時，其他同學都不感興趣。催他快點回校上英文輔導課。這批同學也正是暗喻目前年輕一代的新加坡華人，怎不叫人悲觀？

　　〈舅公呀呸〉中的「我」也許就是〈寶劍生銹〉中的「我」。那時大概過了幾年，在中學時代了。他曾經在校慶時上台演「荊軻刺秦王」。「我」到表叔的汽車廠，製造了一把鐵的寶劍與匕首，而且還把它電鍍。過了幾年，當「我」在校慶日返校，想再一睹那年演戲時用過的寶劍，因為它用後高掛在教員休息室的牆，想不到寶劍不見了，取代的是一幅現代畫。「我」還安慰自己說，大概被同學鑲起來，掛在新校舍，後來他驚訝發現那寶劍被丟棄在垃圾堆裏，那劍鋒已開始銹蝕了。「我」當年校慶時演「荊軻刺秦王」代表當年學校還在提倡優良的華人文化傳統，寶劍在中華文化中，一向代表高節，浩然之氣、正義、道德感。可是現在的學校以英文教育為主的人掌管大權以後，忽視華文傳統文化，電鍍的寶劍本不易生銹，可是完全沒保管，最終便被拋棄在垃圾堆裏。這是極大的諷刺！而現在學校教員休息室裏取代寶劍的，竟是一幅西洋現代畫。作者通過平凡的一段回憶，一把劍一幅畫，找到最佳的「客觀投影」（Objective Correlative）。艾略特說，在文學作品中唯一表達作者感情思想的途徑，是尋找「客觀投影」，而這所謂「客觀投影」是指能恰當巧妙地通過象徵來表達思想的一些外在的事件或物件。[1]因此同學演「荊軻刺秦王」便代表當年學校還提倡發揚中華文化，現在寶劍生銹，是象徵中華文化受到漠視，而被學校當局拋棄。現代畫則代表目前學校以英文教育與西方文化爲掛帥。

　　希尼爾〈舅公呀吥〉和〈寶劍生銹〉中的我，小時候就是〈鴨子情〉中的小達，自小跟婆婆住在鄉下，睡房外就是鴨寮，後來搬到組屋，住不慣，因爲他要聽著鴨子叫，才肯入睡。「我」似乎也是〈咖啡小傳〉中的「他」，父親與舅舅當年不把傳統咖啡店改裝成現代咖啡屋，是怕他成爲第一代的麥當勞少年。因爲這個「我」（有時也以「他」出現），自小在婆婆、舅公、舅父（代表老一代有傳統文化的人）的培育之下長大，因此長大後他比較有華族文化傳統，〈五香腐乳〉、〈遠航的感覺〉及〈三十里路中國餐〉的主角，比一般人略懂孝順和文物。不過這樣的一個人是寂寞的，他的同類並不多了。而那些維護和發揚中華文化傳統的老前輩，都已垂垂老矣。

二、「老爸躺在床上想回去老家」

　　在〈布拉崗馬地〉那篇小說中，「我」的爸爸已垂死床上，一聽說以前故居的小島要重建房屋，他就向兒子吵著要搬回去。他

1　艾略特最早提出這概念是在論述漢姆萊特及其問題，見 T. S. Eliot "Hamlet and His Problems", *The Sacred Wood: Essays on Poetry and Criticism*（New York: Barnes & Noble, 1966）, pp.95-103.

始終住不慣高聳的組屋。「我早就說過不要搬的，那些地方多清涼，多自由……」，過了中秋，老爸逝世了，「我」和兄弟等人帶他回去（「忘了替他買船票」），把骨灰撒在故居的土地上。小說中的老爸不但是一個對土地有濃厚感情的人，擁抱過去，而且他只能接受舊名稱布拉崗馬地島，不能接受更新潮好聽的聖淘沙島，因為布拉崗馬地擁有歷史：如日本兵殺死許多人，英軍大炮艦撞上岸、龍牙門，更重要的是，它「清涼」又「自由」。因此老爸不但是一個對故居有感情的人而已，更重要的是他擁抱歷史傳統。在〈讓我回到老地方〉的老爸失蹤了。他從「四面牆內面對一架電視機」的囚犯似的生活逃回老人院。在公園裏談論蔡鍔將軍與小鳳仙的風流韻事，才能使他快樂。〈青青曆邊〉中的叔公，一聽說火城的青青曆還保留完好，便頻頻在追問：「我們是不是可以搬回去住？」他不能接受勞明達或火城，他心中只承認加冷及其過去的土地面貌。

　　希尼爾小說中的人物，由二批人組成。除了上面的青少年，多數是上了年紀的老人，老爸、婆婆、外公、祖父、舅公、舅舅、外婆，他們不但代表老一輩的新加坡人，實際上也是華族文化、儒家思想價值觀念的象徵。因此作者安排舅公帶外曾甥符家興去看華人傳統展覽，要他認識華人傳統文物，〈咖啡小傳〉中的舅舅不把店現代化，怕他成為第一代的麥當勞少年。可是這些人在失去的生活方式之後，雖然力挽狂瀾，困境是沒有辦法突破的。大象、老鼠、蟑螂都失去了鄉土，在希尼爾的小說中，小孩為失去鴨叫聲而不能入眠，《華族傳統》被老師沒收毀掉，青年人發現掛在母校教員休息室心愛的寶劍已生銹，被老師拋棄在垃圾堆裏，取而代之的是一幅西洋現代畫。老人都是在失去過去的鄉村生活而悒悒不樂，逝世前吵著要回返故土。從整體來看，他小說中的華人則因擔心失去華族傳統而憂心忡忡。不但人類因失去鄉土而感到困苦，連大象、老鼠、蟑螂也面臨這種困境。

在〈生命裡難以承受的重〉那篇小說中，一群大象發現長堤海峽的西岸，大自然都給破壞了，他們將失去深廣的林野，開始要逃亡。在〈關於鼠族聚居吊橋小販中心的幾點澄清〉和〈如何計劃一次報復行動〉中，老鼠與蟑螂因為新加坡日愈現代化，不但沒有生存之地，大有絕種的危機。為了起死回生，老鼠曾聯合蟑螂向人類採取一次報復的行動。

由此可見希尼爾筆下的新加坡華人，從整體小說的完整性來看，他要表達的意義，並不止於華人傳統與舊式鄉村生活的消失，他的最終意義是從鄉土出發，從新加坡這個小島出發，去表現全人類，全地球所面臨的困境與危機！因為在急速現代化的發展中，全人類都因物質主義而喪失精神文化。大象所看見大自然之毀滅，不正是地球之危機嗎？

所以希尼爾的小說表面是能從本土出發，不管是從聖淘沙、加冷，還是德光島，它的最終意義是全世界、全地球的，他的小說所概括的層面，絕不止於華人的文化傳統困境，它同時表達全人類所面臨的文化危機。

三、在新加坡鄉土紮根的小說

中國新文學運動後，由魯迅首先創作，鄉土小說到了二十年代蔚然成風。在魯迅、許傑、王魯彥、彭家煌、臺靜農，從中國引進的小說形式，終於在中國本地的土壤中紮根。因此現在研究中國二十年代小說的學者，都說鄉土小說不但使現代中文小說中國化，也是開始進入成熟時期。因 1917 年新文學革命後，大家試驗創作的小說，從外國移植進來後，許多作家往往無法克服「思

想性大於形象」的偏差，無法避免概念化的毛病。[2]魯迅曾經對於
《新潮》作者群（包括汪敬熙、羅家倫、葉紹鈞等）作過這樣的
批評：

> 自然，技術是幼稚的，往往留存著舊小說上的寫法在情調；
> 而且平鋪直敘，一瀉無餘；或者過於巧合，在一刹時中，
> 在一個人上，會聚集了一切難堪的不幸。[3]

　　魯迅所說「過於巧合」與「在一個人上，會聚集了一切難堪
的不幸」是寫實主義最概念化的地方。魯迅等人的作品，因為出
發點不是高喊要反映社會，表現時代，只是從自己長大的鄉土，
從自我最熟悉的生活經驗出發，則語言更具個性化，所表現的現
實則又更平實自然。

　　現在回過頭看希尼爾的鄉土小說，他就像二十年代的中國作
家，當他創作小說時，《華人傳統》被英文老師沒收撕毀的事實早
已發生，教師休息室牆上掛著的荊軻刺秦王的寶劍早已生銹且被
拋棄，取代它的是一幅現代畫，鄉村故居也已被政府徵用，人們
早就住進高聳的組屋裏。希尼爾不但已是城市人，而且在跨國機
構受訓服務。當他寫這些小說時，他的觀點是世界的，全人類的，
雖然他的題材是新加坡的鄉土的。這種美學距離，使它冷靜，讓
現代意識與真切的生活感受結合起來。他的這些小說，簡直就是
風俗畫，圖案簡單，但內涵豐富生動，讀了使人有深刻的印象。

　　希尼爾的鄉土小說促進了新加坡寫實小說的深刻化和本土
化。他小說中的事件，擺脫了戲劇腔善則盡善、惡則盡惡的誇張
俗套。

---

2 關於中國五四時期之鄉土小說，見嚴家炎《中國現代小說流派史》（北京：
　人民文學出版社，1989 年），頁 29-76。
3 這是魯迅給《中國新文學大系》小說二集寫的導論，引自《中國新文學大系
　導論選集》（香港：益群出版社，1978 年），頁 74。

四、在微型小說結構中複雜的小說世界

　　如果說希尼爾小說中的鄉土成分促使寫實主義深刻化，那麼小小說或微型小說的結構則給小說帶來藝術上的成熟。微型小說講究機智推理地把一人生細節的事件，通過極簡練的文字表達出來。這一套結構，落在目前新一代的小說家手中，如張揮[4]和希尼爾，便把小說約束成言有盡而意無窮的一種文字藝術，換句話說，它就濃縮成唐詩那樣簡練的藝術。讀希尼爾的小說，一句對話、一個名稱、一種物件，都具有象外之象，言外之意的特殊效果。譬如〈退刀記〉，一位老太太買了一把刀，有一天突然回去退刀，她說這刀太陰冷，以前被用來殺了人。店員說這是牌子最新款，全新的，拒絕退貨，後來店員追問殺人事件在那裏發生，她說：「南京」，店員還以爲是指南京街。後來把店裏的刀拿來細看一下，上面寫著：「日本製造」。希尼爾並不把小說停止和局限於推理與情趣裏，他超越微型小說的功能，從偵探小說的懸疑趣味，進入探討人類共同對戰爭殘酷的恐懼感。前面提過的寶劍、《華人傳統》畫冊、老爸的失蹤、老爸骨灰撒在聖淘沙的土地上，這些象徵性的細節，一落入希尼爾手中，便出神入化地把許多複雜深入的現代社會的種種困境表現出來。

　　希尼爾的微型小說，每篇只有一千多字，可是他的語言與情節結構所造成的小說世界是如此複雜和迷人，使人完全忘記這是一本微型小說集。

4　張揮小說集共有三冊，《再見，老師》（新加坡：教育出版社，1976年）、《45.45會議機密》（新加坡：新加坡作家協會，1990年）、《十夢錄》（新加坡：新加坡作家協會，1972年），本人有論文討論張揮的微型小說的成就，見〈門檻上的吸煙者──我讀張揮短篇小說集〉，《十夢錄》（收入《十夢錄》作爲序文）。

五、把現代詩的藝術技巧帶進了小說

　　希尼爾在 1989 年出版第一本詩集《綁架歲月》時，我曾以〈一本植根於文化鄉土的詩集〉爲題，簡單地討論了他的詩作。我指出：

> 讀希尼爾的詩，由於作品都是植根於新加坡的土地與文化傳統上，我處處都感覺到被連根拔起的悲痛，被連根拔起後之恐懼感。[5]

另外我又說：

> 希尼爾同樣探索了兩個自我，一個屬於過去，一個屬於現在，因此這部詩集，很有深度地反映了新加坡的土地的變遷，歷史文化傳統的考驗，以及廣大人民的內心世界。[6]

　　現在希尼爾第一部小說集所表現的幾乎是同一的主題。我在前面說過，那些老爸、外公、舅公、五香腐乳、青青厝、寶劍、日本製造的刀便是屬於過去，而那些《華族傳統》畫冊，校慶日回返，母校的學生便是現在。只是小說比詩歌更能提供更多生活細節，更具體、更廣面地去表現新加坡的種種困境。因此這一部小說集，能補充許多詩歌藝術不能涵蓋的層面。如果我們把希尼爾的第一部詩集和這部小說集一道讀，則更能看出作者如何完整、有深度地去表現新加坡土地的變遷、歷史文化傳統的考驗，以及廣大人民的內心困境。他從鄉土出發，其最後意義還是世界性的。

　　希尼爾的小說與詩歌相似之處，不止於所探討的主題內容，其實希尼爾相當創新的在這些小說中試驗性地用現代詩的藝術技

5　希尼爾《綁架歲月》（新加坡：七洋出版社，1989 年），頁 2。
6　同前註，頁 16。

巧來寫作。我在上面說過，希尼爾善於運用「客觀投影」的現代詩技巧，把感情通過外在的事件，物品表現出來。老婦人在〈退刀記〉中，只要求退一把日本製造的刀，「他」在〈寶劍生銹〉中回母校，發現當年演荊軻刺秦王的寶劍，原來掛在教員休息室，如今已被一幅畫取代。整篇小說主要的震撼力，就靠這些客觀投影爆發出來。前者只通過刻印上日本製造的、閃閃發光的刀鋒，使人喚起戰爭的可怕，後者以一把寶劍象徵了中華文化中的德智育行的精神。所以讀希尼爾的微型小說，簡直就是在讀象徵詩，簡單多義性的語言，包涵著複雜的象徵，在〈橫田少佐〉中，我的祖父與日本遊客的「祖父」就代表殘酷的戰爭及其受苦受難的兩個層面。

　　讀希尼爾的微型小說，重要的不是尋找懸疑之後出現的謎底，那一點點的驚訝，而是那一大片。讓我們去思考、去聯想的空間。因為我們讀的不是一則故事，而是一首詩。

六、從小孩到大人、從鄉土到都市、從新加坡到世界

　　這本微型小說的其中一個焦點，落在青少年身上，像〈鴨子情〉、〈五香腐乳〉、〈劣者〉、〈告訴我行嗎？〉、〈飛鏢、又見飛鏢〉等，這是一群生長在城市化前後的孩子，他單純，很鄉土，像〈鴨子情〉中的小達，需要聽著鴨叫入眠，〈抉擇〉中的李有財決定不讀書，去幫忙爸爸做小販。這一批青少年都是在老爸、外公、祖父、舅公、外婆的照顧下長大的，因為這些老人都是中華文化傳統的化身，因此這批青少年長大後，還稍微有一點點華族意識，懂得孝順老爸，不要讓他住在養老院（〈讓我回到老地方〉），去探望外婆（〈五香腐乳〉），也還愛演刺激壞人的戲。

　　可是當鄉村變化成都市，年青人長大後，也戰勝不了現代社

會的歪風，儘管兒子孝順，老爸不愛與兒媳同住在組屋裏，兒子
長大後，也鬧離婚（〈一件小事〉），女兒長大後怕朋友知道媽媽貧
窮（〈金花〉），在〈傷心海岸〉、〈流動晚餐〉、〈這一胎，有得扣嗎？〉
等作品，我不但發現作者在表現新加坡現代化之變，新加坡人的
困境，而且開始拓展了所謂都市小說了。

　　當我讀希尼爾的小說，最令人驚訝的，就是發現這約六十篇
小說，它們互相之間，發展且形成一種新的秩序。那些長輩，舅
公、舅舅、外公，似乎一個家族的人，在那群青少年人中，小時
候要聽鴨叫才能入眠的小孩，長大後似乎就是演荊軻刺秦王的青
年人，出國後，到三十里外吃中國餐的旅行者好像也是同一人。
其實有才華的作家，他們的作品雖然是陸續在一生中寫出來，但
每篇作品間，都有一種秩序與關連，這樣才能產生作品細膩獨特
的小說世界。中國的魯迅通過二十五篇小說，把魯鎮建立了起來，
現在它代表了中國的舊社會。我們似乎可以看出，希尼爾正在朝
向這一方面發展，正努力開拓和建設自己的小說世界。

　　不過更可喜的，正如我在上面已提到，希尼爾雖然取材自新
加坡的鄉土，他的最終目的是都市，甚至世界。他所寫的鄉村已
變成大都市，小村鎮的木屋已變成組屋和摩天大樓，舊生活與文
化傳統都遭到極大的變化，在人類心靈上會有些什麼困境？這不
但是新加坡的現象，也是世界各國的現象，這不但是新加坡人（特
別是華人）的困境，也是全人類的危機。（1991年10月肯特崗）

新加坡小說中本土化的魔幻現實現象

一、魔幻現實的產生場域：熱帶、南洋、殖民地

每個國家，產生魔幻現實文學的原因都不相同，對於新加坡來說，熱帶雨林、南洋、殖民地三種自然、文化、政治的生態，是導致魔幻現實文學的關鍵因素，也使得新加坡是一個神奇與真實相聚的地方。首先，熱帶的氣候、自然環境、動植物的生態環境本身就帶有魔幻的想像，南洋代表中國移民帶來熱帶雨林的新文化，當中華文化在陌生的氣候與土地落地生根，又與本土文化與生活混雜變化起來，其所產生的新文化就更加魔幻，如最早土生中國人（Straits born Chinese）與本土文化生活結合的男人叫峇峇（baba），女的叫娘惹（nyonya）[1]。新加坡從古代的淡馬錫（Temasek）、十四世紀的獅城（Singapura）到十九世紀的英國的殖民地，長期殖民統治者的霸權文化與當地文化的相碰撞擊，更產生奇異的變化。從十九世紀的英國殖民到 1965 年以後的後殖民社會，新與舊的衝突，東方與西方磨擦，神奇和魔幻的現象不斷湧現。[2]

---

1 Teo Bak Kim, tr by Katharine Yip, *Hereen Street　in Setting Sun: The Babas, Unique Experience in Cultural Assimilation.* Trans. Katharine Yip.（Kuala Lumpur: Mentor Publishing Sdn Bhd, 2000）; Catherine Lim, *Gateway to Peranakan Culture.* Kuala Lumpur: Asia Pacific Library，2003）。

2 關於新加坡早期的歷史，參考 Victor Purcell, *The Chinese in Malaya*（Oxford: Oxford University Press, 1967）,p.69; C.M. Turnbull, *A History of Singapore*（Oxford: Oxford University Press, 1988）.

　　我發現連西方殖民主義者的霸權話語、東方主義歷史敘事也很魔幻。1819 年 1 月 28 日英國殖民主義探險家萊佛士，第一次帶著軍隊在新加坡河口登陸，這就是後來殖民霸權話語所謂「發現」新加坡，其實新加坡在十四世紀已發展成一個重要的商業中心。英軍登陸不久，英國軍官法古哈少校的狗在新加坡的掆槽河邊被鱷魚吃了，後來英軍開槍把鱷魚打死。這是英國歷史家眼中新加坡的 "新世界" 的描繪開始[3]。這種敘事，殖民話語裏，事件即使是真實的，也會使人產生魔幻的感覺，本身就充滿象徵、誇張、荒誕的意象與意義。鱷魚代表本土原居民，英國狗代表殖民主義的統治幫兇，因此它被鱷魚吃掉，代表本土反抗外國的侵略，而英軍開槍打死鱷魚，象徵殖民者以武力鎮壓本土的反抗，然後進行屠殺、征服、侵略與殖民。

　　雖然魔幻現實現象，起源自南美的魔幻現實主義，但由於星馬熱帶叢林與殖民地的天然土地與駁雜的政治環境，荒誕魔幻現象，就是當地社會現實與生活的一部分。未與外來的魔幻寫實文學接觸之前，民間的所見所聞都很魔幻，獅子以獅頭魚身的荒誕的樣子出現，能上山下水。熱帶水果如榴槤、山竹、紅毛丹，從形狀、滋味、生長都富有魔幻的意象。榴槤是從鄭和的糞便生長的水果，這是中華民族意識衍生的神話，結果榴槤樹變成有人性的果樹，重大而有尖刺的榴槤墜落時不會擊中人類。對本土人民

邱新民《東南亞文化交通史》（新加坡：亞洲學會，1984），pp. 300- 313；潘翎（編）《海外華人百科全書》（香港：三聯，1998），pp. 200-217; Ernest Chew and Edwin Lee（eds），*A History of Singapore*（Oxford: Oxford University Press, 1991），chapter 3.；曾鐵枕《新加坡史話》第 1 及 2 集（新加坡：嘉華出版社，1962，1967）；魯白野，《獅城散記》（新加坡：星洲世界書局，1972）；鄭文輝，《新加坡從開埠到建國》（新加坡：教育出版社，1977）。

3 Victor Purcell, *The Chinese in Malaya*（Oxford: Oxford University Press, 1967），p.69; C.M. Turnbull, *A History of Singapore*（Oxford: Oxford University Press, 1988）.魯白野《獅城散記》（新加坡：星州世界數據，1971），頁 42。

而言其味道芬芳，使人如癡如醉，對排斥中華文化的西方人而言則臭氣燻天。[4]即使南洋的植物花草，弱小如爬籘的豬籠草，居然是肉食的生命，可以捕捉昆蟲，甚至老鼠作爲其養分[5]。生魚居然能跳躍出湖面，吃掉水邊小樹上的青蛙或小鳥，下雨的時候，也會在陸地上走路，遷移到附近的河道或湖泊[6]。

在第二次大戰前的馬華文學作品，早有魔幻現實的現象出現了，如雷三車寫於 1937 年的新詩〈鐵船的腳跛了〉便有魔幻現實的現象書寫：[7]

> 慢慢的從地面爬過。
>
> 你龐大的足跡，
>
> 印成了湖澤，小河，⋯⋯
>
> 地球的皮肉，
>
> 是你惟一的食糧。
>
> 湖中濁水
>
> 是你左腦的清湯。
>
> 你張開一串貪饞的嘴，
>
> 把地球咬得滿臉疤痕。

鐵船是被殖民的各民族生活中熟悉的怪物，用它來表現英國殖民者的侵略與剝奪，既魔幻又現實，它是跨文化的一個象徵符號。我在負責編選《亞細安文學選》（詩歌與小說分冊）及《世界中文小說選》的新加坡部分，我都特別注意這些作品，包括少人

4　王潤華〈吃榴槤的神話〉《榴槤滋味》（新加坡：二魚文化，2003），頁 17-36。

5　關於熱帶植物的魔幻生活，見 David Attenborough, *The Private Life of Plants*（London: BBC Books,1995）

6　王潤華〈會走路的魚〉《榴槤滋味》，頁 147-153。

7　雷三車在 30 年代寫作，大概 1945 年前後回中國。詩見《馬華新文學大系》第 6 冊（星洲世界書局，1971），pp. 198-200。

知道的如梁全春、湯石燕的小説。[8]

二、「重建」魔幻的「新現實」：復原 景象和物體中已包含驚異的感覺

　　我在偶然的機會走進一個新加坡小説的新世界，一批作家「重建」（rebuild）這個可見是魔幻又是「新現實」（New Reality）的現實的世界。他們企圖復原景象和物體隱藏的驚異感覺，「重新照亮」（relight）世界現實生活的結構和細部。大約在 1980 年代前後開始，新加坡的作家小説家疲倦於社會寫實創作，又感到不必像歐洲現代主義作家那樣，尤其超現實主義，要刻意在小説中去營造神秘和夢幻般的氣氛，因為南洋的日常現實和自然環境本身，就充滿了神奇和魔幻般的因素，作家只需把它們如實地反映出來就行了。重新認識這些神奇的現實的重要性，新馬作家認為日常現實本身所具有的 "神奇性"，對於文學創作具有重要意義：隱藏在日常現象後面的荒誕現象更加真實的是，魔幻現實啓發作家觀察以前不曾注意到的熱帶雨林或殖民/後殖民的現實生活的結構和細部。

　　新加坡小説家張揮[9]在 1991 年出版《十夢錄》之前，我細心地閲讀每一篇作品，我當時在序文指出，「這是一本進行著的革命小説集。」[10]由於新加坡的土壤與人文，尤其所謂「文化產生場

8　Edwin Thumboo, Wong Yoon Wah and others, *Anthology of ASEAN Literature: Fiction of Singapore*（Singapore: ACCI,1990）；劉紹銘，馬漢茂編《世界中文小説選》（臺北：時報出版社，1989），下冊，我的序文，頁 779-780。

9　張揮（1942-）的小説集，其他小説集有《再見，老師》（新加坡：教育出版社，1976）；《45。45 會議機密》（1990）。

10　張揮《十夢錄》（新加坡：新加坡作家協會，1991）。張揮其他小説集，有《再見，老師》（新加坡：教育出版社，1976）；《45。45 會議機密》（1990）。劉海濤與周菏初有導讀《世界華文微型小説精品賞析：張揮卷》（北京：中國社會科學出版社，2002）。我曾指導學位論文：蔡詩盈《新華作家的魔幻

域」(field of cultural production)[11]，文學藝術被破壞性超強的政治經濟場域所圍剿，不易產生好的敘事小說。一直到今天，這些仍然可以算是極少數突破了保守的技巧與題材的作品。因此，我曾以一篇長序〈門檻上的吸煙者：我讀張揮短篇小說集《十夢錄》〉來肯定它的特色。最使我感到意外的，是集子中許多的作品如〈十夢錄〉、〈荷塘裏的蜻蜓〉、〈牆〉、〈憂鬱 80 病症〉、〈圍圓圓的一桌滄桑〉、〈珍妮的室內植物〉等篇，本土化的魔幻寫實書寫，顛覆了新加坡主流小說書寫的許多內外的結構與層面。

也許我對張揮本土化的魔幻寫實小說產生特別的注意與興趣，希尼爾在 1992 年出版的《生命中難以承受的重》微型小說集時也請我寫序[12]。當我詳細閱讀他們的小說，我發現他的書寫中，也呈現出一種以前新加坡華文學少有的魔幻現實的現象。希尼爾把城市化、失去熱帶雨林鄉土、西化或現代化而造成後現代人的失落感、華人文化的危機，都加以淡淡的魔幻化，夢幻化。小說中的這個新境界，使我大感興趣。如〈退刀記〉、〈舅公呀呸〉、〈生命裏難於承受的重〉、〈關於鼠族聚居吊橋小販中心的幾點澄清〉、〈如何計劃一次報復行動〉，他以微型小說的機智，推理小說的懸疑趣味，逐漸進入後殖民情況的魔幻境界。

剛好這個時候，我在新加坡國立大學的學生梁文福也出版了《梁文福的 21 個夢》[13]，所以我在 1993 年曾這樣說：「近年來，荒誕、魔幻現實主義小說非常流行，像馬奎斯的《百年孤寂》風

現實小說研究》新加坡國立大學中文系，榮譽學位論文，1999。
11　Pierre Bourdieu, *The Field of Cultural Production: Essays on Art and Literature* (Cambridge: Polity Press,1993)。
12　希尼爾《生命中難以承受的重》(新加坡：新加坡潮州八邑會館，1992)。我的序見 1-13 頁。他另有《認真面具》(新加坡：新加坡：萊佛士書社，1999)。
13　梁文福《梁文福的 21 個夢》(新加坡：心情工作室，1992)。

靡一時，這種外來的小說，打破虛構與事實的界限、小說與新聞報道相混、真實和與荒誕不分、小說與非小說不分、新加坡近幾年出版的小說集如張揮的《十夢錄》、希尼爾的《生命中難以承受的重》、《梁文福的 21 個夢》，就呈現了許多後現代的文學因素。」[14]

我後來在《華文後殖民文學》[15]一書中，及在南京大學（2003年 10 月）發表的〈黎紫書的微型華族文化危機意識〉[16]研討會論文都有論及這幾位新馬華文小說家的魔幻現實的書寫。另外在淡江大學（2003 年 11 月）發表的研討會論文〈從文化邊陲與區域經濟閱讀大陸臺灣等地邊緣文學新地圖〉[17]，注意到魔幻現實的書寫在世界各地的華文文學是一種普遍的現象：從區域觀點看大陸與臺灣，甚至世界華文文學，由於區域經濟，區域文化生活的形成，"區域文學"，無國界的文學書寫，也在形成中。譬如魔幻寫實小說幾乎同時出現在中國、臺灣、新加坡、馬來西亞，如SARS 流感般互相感染。臺灣的張大春、宋澤萊、林燿德，大陸的莫言、韓少功、葉之蓁、馬來西亞的黎紫書、新加坡的希尼爾與張揮。

本文的研究，將探討焦點放在新加坡三位當代小說家張揮、希尼爾、梁文福的三本小說，討論他們魔幻寫實小說的本土化想像。其實在新加坡創作這類小說的作家不少，如黃孟文、周粲、謝清、英培安、孫愛玲、吳燿宗、林高、陳瑞獻、劉文注、艾禺、

---

14 我爲韋銅雀《孤獨自成風暴》（新加坡：點綫出版社，191995）寫的序，頁 3-15。
15 王潤華《華文後殖民文學》（臺北：文史哲，2001）。
16 王潤華《越界跨國文學解讀》（臺北：萬卷樓，2004），頁 463-472。
17 王潤華，〈從文化邊陲與區域經濟閱讀大陸臺灣等地邊緣文學新地圖〉，徐國能（編），《海峽兩岸現當代文學論集》（臺北：學生書局，2004 年 2 月），頁 91-98。

林錦、謝裕民、懷鷹等人，其小說都有魔幻現實書寫技巧[18]。馬來西亞小說家則更多了。我在南京大學（2003 年 10 月）發表的〈黎紫書的微型華族文化危機意識〉研討會論文都有論及這位新馬華小說家的魔幻現實的書寫。另外在〈顛覆「存在的遺忘」的李天葆小說〉、〈當商晚筠重返熱帶雨林：跨越族群的文學書寫〉，〈魚尾獅、榴槤、鐵船與橡膠樹：新馬後殖民文學的現代性〉都有論及。[19]

　　這個計劃是我目前進行研究新加坡及馬來西亞的魔幻現實文學大計劃的開始。現代文學的學者，也在研究臺灣與大陸的魔幻現實主義文學，如陳正芳 2002 正剛完成的博士論文《臺灣魔幻現實現象之「本土化」》（輔仁大學比較文學研究所 2002 年博士論文）[20]，大陸方面，見葉瑞蓮《中國當代文學中的後現代文化現象》（香港大學博士論文，2003）[21]，因此這是一項急待共同研究的區域文學趨勢課題。

三、壓迫、獨裁或集權：高度危險的　　政治現實禁忌的一種調適

　　魔幻寫實主義通常是興起於一些壓迫、獨裁或極權的殖民或

18　關於新加坡的微型小說代表作家及作品，見周粲編《微型小說萬花筒》（新加坡：新加坡作家協會與大地文化，1994；董農政編《跨世紀微型小說阿選》（新加坡：新加坡作家協會，2003）。

19　王潤華〈顛覆「存在的遺忘」的李天葆小說，《蕉風》，第 494 期（2005/7），頁 60-63；王潤華〈當商晚筠重返熱帶雨林：跨越族群的文學書寫〉《東亞現代中文文學國際學報：臺灣文學與跨文化流動》》頁 329-342；王潤華〈魚尾獅、榴槤、鐵船與橡膠樹：新馬後殖民文學的現代性，臺灣文學藝術與現代性國際學術研討，國立政治大學台文系/中文系，（2006 年 11 月 10-12），28 頁。

20　陳正芳《魔幻現實主義在台灣》（臺北：生活人文，2007）

21　葉瑞蓮《中國當代文學中的後現代文化現象》（香港大學博士論文，2003）。關於中國大陸魔幻現實主義文學研究，實在太多，可參考http://scholar.ilib.cn/abstract.aspx?A=njlydxxb-rwsh200402007。

後殖民社會裡，表現了對於這樣一個高度危險的政治現實禁忌的一種調適。通過這種手法，魔幻寫實不但超越社會限制，還帶有去中心與抵抗的意義。馬奎斯的《百年孤寂》發表於 1967 年，小說以一個小鎮馬康多的興衰作為拉丁美洲百年滄桑的縮影。以奇詭的手法反映了殖民、獨裁、鬥爭和流血的歷史，以及遺忘和孤獨的主題[22]。所以我第一次發現張揮的小說表現出魔幻現實，我指出「突破了許多技巧與題材的禁區」。張揮重建的是後殖民的新現實，恢復的是後殖民社會的迷思，喚醒驚異的感覺。

魔幻寫實主義作家喜歡呈現非常清晰的焦點（ultrasharp Focus）這大概是魔幻寫實風格作品中，最明顯的特色。一般寫實的作家就如畫家會依據人們的視力，逐漸地把較接近遠方的物體，以模糊的方式呈現。而魔幻寫實作家或畫家則把不分遠近的物體，都畫得很清晰，因而在視覺上產生奇特的效果。因而產生「新客觀性」（New Objectivity）。魔幻寫實的藝術家賦予「有生命的」及「無生命的」物體一樣的重要性。他們冀望從物體上發現它們神奇的特質。

在張揮的〈荷塘裏的蜻蜓〉裏，老鍾當年在南洋大學的雲南園湖畔學水墨畫，老師送給他一幅南大湖上紅荷蜻蜓水墨畫。作為南洋中華文化的堡壘的南大，因為後殖民政治而被強迫關門停辦以後，老鍾把它與三塊南大的瓦片珍藏在家裏。老鍾後來感到它也是一隻蜻蜓到處亂飛，卻找不到一個池塘和一朵紅荷讓他棲

---

22 Gabriel Garcia Marquez《百年孤獨》（*Cien años de soledad*），英文翻譯為 One Hundred Years of Solitude（London: Penguin,1973）。臺灣譯名為馬奎斯（大陸加西亞·馬爾克斯）的《百年孤寂》 為魔幻現實主義的代表作，中文譯本有多種，其中中國多翻譯為《百年孤獨》，臺灣多翻譯為《百年孤寂》，例如中國的黃錦炎、沈國正、陳泉翻譯的《百年孤獨》（上海譯文出版社 1984 年版），臺灣有宋碧雲的《百年孤寂》（遠景：1982）、楊耐冬翻譯的《百年孤寂》（志文出版社 1995）。

息。有一天，朋友打電話給他，說在附近的裕廊停車場發現一隻死蜻蜓。老鍾後來發現掛在墻上的水墨畫上的那隻蜻蜓也消失了。這篇小説隱藏著華文知識分子的失落、中華文化的沒落。這隻蜻蜓畫得很清晰，「一身美麗的古傑與紋彩」，視覺上產生奇特的效果，復原景象和物體中已包含驚異的感覺：在西方霸權政治延伸的後殖民社會裏，一幅殘存的美麗的中國文化的產品，「流動的墨韻中看到了風的姿態，聽到了風的話語」。這幅畫充滿著詭異的氣氛。進而產生一種奇怪且陰森森的效果。[23]這種現實的處理，是對高度危險的政治現實禁忌的一種調適。

在「新客觀性」（New Objectivity）裏，魔幻寫實的藝術家賦予「有生命的」及「無生命的」物體一樣的重要性。這種復原景象和物體中已包含驚異的感覺。張揮〈老林的字〉平淡無奇，他在小學擔任教師九年半，學校的通告都是他用毛筆寫的，他打算再寫半年，將他漂亮的書法裝訂成一本〈通告十年〉，送給校方珍藏。想不到突然間學校改變成英文學校，老林不但沒資格寫通告，連學校的英文通告也看不懂。他擁抱魅力四射的書法，突然變成華文文化屍體的悲劇色彩事實，非常荒謬，但這是後殖民社會的事實，沒有被扭曲[24]。這種小説中，事件即使是真實的，也會使人產生虛幻的感覺。

希尼爾在〈舅公呀呸〉裏，描寫「我」（一個叫符家興的小孩），有一天中午在萊佛士城內被舅公拉去參觀「華族傳統展覽」，他對傳統炒咖啡的工具與方法，「光緒六年」這些玩意一無所知，舅公就買了一本《華人傳統》畫冊給他：「有空拿來慢慢看，你貧乏得可憐。」趕回學校，下午的英文輔導課早已開始，「我」偷偷溜進

23　《十夢錄》，頁 100-101
24　《十夢錄》，頁 35-37。

課室，後來發現今天長文縮短習作他原先已做完，反正閑著無事，便拿了《華人傳統》畫冊來翻看。後來被老師金毛獅王發現，不但「《華人傳統》就毀在他手上」，還被捉去見奧格斯汀陳主任，「與以往朝見他的同學一樣，例常地簽了名，罪名是上課時間閱讀不良刊物，還要見家長」。過後「我」心慌慌地回去告訴舅公，他嗆咳一陣，安慰說：「沒關係的，你只不過丟失一本書罷了。」並且再補充一句：「他們都丟失了一個傳統。」[25]

　　這篇一千多字的小說，充滿濃縮的象徵性的語言。「我」的名字叫符家興，華人社會以家庭為重點，注重兒女的教養，更督促他成就，「我」的舅公帶外曾甥看文物展，喜歡喝用手炒的咖啡，表示這家人注重保存傳統，帶外曾甥看傳統文物展，買傳統文物畫冊給他看，表示努力把華族傳統傳達給下一代。而那個展覽地點設在現代化的購物中心萊佛士城內，又象徵現代化的新加坡還是努力想把華族文物流傳與發揚。但是事實不得不叫人憂心。學校裏的英文教師金毛獅王與主任密斯特奧格斯汀陳，名字與職稱本身不但代表英文教育者，他們沒收且毀掉《華人傳統》畫冊，再加罪名「閱讀不良刊物」，這些人正是象徵新加坡華人中想毀滅華族文化的人，他們對華族文化由於無知，因此充滿偏見。作者對華族文化並不樂觀，因為當「我」在看傳統展覽時，其他同學都不感興趣。催他快點回校上英文輔導課。這批同學也正是暗喻目前年輕一代的新加坡華人，怎不叫人悲觀？

　　〈舅公呀呸〉中的「我」也許就是〈寶劍生銹〉中的「我」。那時大概過了幾年，在中學時代了。他曾經在校慶時上臺演「荊軻刺秦王」。「我」到表叔的汽車廠，製造了一把鐵的寶劍與匕首，

---

25 《生命中難以承受的重》，頁 138-140。

而且還把它電鍍。過了幾年，當「我」在校慶日返校，想再一睹那年演戲時用過的寶劍，因爲它用後被高掛在教員休息室的牆，想不到寶劍不見了，取代的是一幅現代畫。「我」還安慰自己說，大概被同學鑲起來，掛在新校舍，後來他驚訝發現那寶劍被丟棄在垃圾堆裏，那劍鋒已開始銹蝕了。「我」當年校慶時演「荊軻刺秦王」代表當年學校還在提倡優良的華人文化傳統，寶劍在中華文化中，一向代表高節，浩然之氣、正義、道德感。可是現在的學校以英文教育爲主的人掌管大權以後，忽視華文傳統文化。電鍍的寶劍本不易生銹，可是完全沒保管，最終便被拋棄在垃圾堆裏。這是極大的諷刺！而現在學校教員休息室裏取代寶劍的，竟是一幅西洋現代畫。[26]作者通過平凡的一段回憶，一把劍一幅畫，找到最佳的「客觀投影」（Objective Correlative）。艾略特（T.S. Eliot）說，在文學作品中唯一表達作者感情思想的途徑，是尋找「客觀投影」，而這所謂「客觀投影」是指能恰當巧妙地通過象徵來表達思想的一些外在的事件或物件。[27]因此同學演「荊軻刺秦王」便代表當年學校還提倡發揚中華文化，現在寶劍生銹，是象徵中華文化受到漠視，而被學校當局拋棄。現代畫則代表目前學校以英文教育與西方文化爲掛帥。

　　新加坡一九六五年獨立，一九六四年才出生的梁文福完全沒有在英國殖民主義統治下生活的經驗，但是後殖民的迷思，正是他成長的歲月所形成的道路。所以《梁文福的 21 個夢》具有典型的後殖民文學的特點。在後殖民的社會裏，一切都是多元的、駁雜的存在，歷史如此，文學更加多元。他的二十一個夢，都是後

26　《生命中難以承受的重》，頁 52-53。
27　艾略特最早提出這概念是在論述漢姆萊特及其問題，見 T. S. Eliot "Hamlet and His Problems", *The Sacred Wood: Essays on Poetry and Criticism*（New York: Barnes & Noble, 1966）, pp.95-103.

殖民社會各族文化傳統與本土文化的交融（syncreticity）與駁雜（hybridity）產品[28]。邊緣文化的駁雜與交融的視野（hybridized and syncretic view）下的多元族群的邊緣世界，就是以華文創作的新加坡文學……，它超越了原來馬華文學主流的經驗與主題[29]，將跨越種族、文化、其邊緣性，甚至地域的東西寫進作品中，不被西方或中國現代文學傳統所控制或限制。

　　梁文福的《蝗糧一夢》，夢中的人物竟由歐美、中國、阿拉伯文學的人物所形成。在懼蝗國裏的蝗蟲，不止吃綠色的植物，什麼都吃，沒有時節、說來就來，無處不在，可以從心裏飛出，從口中飛來中國秦朝的孟姜女的丈夫、南朝江淹的彩筆、阿拉伯《一千零一夜》（又名（《天方夜譚》，One Thousand and One Nights）的阿里巴巴大盜的金銀財寶、希臘神話中納西斯（Narcissus）的俊逸的倒影、莎翁的悲劇《李爾王》（King Lear）的皇冠、都被蝗蟲吃光、只有美國海明威（Ernest Hemingway，1899-1961）《老人與海》（The Old Man and the Sea）的老人的魚骸安然無恙。梁文福的蝗蟲不但暗示人類貪婪的弱點，實際上也反映了殖民主義當年貪婪地剝削經濟資源（阿里巴巴大盜的金銀財寶、李爾王的皇冠）、人力資源（孟姜女的丈夫）、消滅人才作家（江淹的彩筆、納西斯的俊逸的倒影）[30]。後殖民的新加坡政府繼承了殖民政府收斂錢財的傳統，很會累積財富，雖然是為了國家的富有，不是殖民政府的剝削，但是老百姓總是感到獨立後，人民當家，還是遭受到威權政府的壓迫、對華文教育的壓迫。張揮《十夢錄》中

28　參考 Bill Ashcroft, Grareth Griffiths and Helen Tiffin （eds）, *The Post Colonial Studies Reader* （London:Routledge 1995），p.1。
29　王潤華〈當商晚筠重返熱帶雨林：跨越族群的文學書寫〉台灣文學與跨文流動：第五屆東亞學者現代中文文學國際學術研討會，2006 年 10 月 26 日~10 月 28 日，國立清華大學國際會議廳。
30　《梁文福的 21 個夢》，頁 87-94。

〈荷塘裏的蜻蜓〉、〈老林的字〉、〈老先生，你怎麼哭？〉、〈門檻上的吸煙者〉〈少女‧青年‧政府人〉，從禁煙、隨意丟垃圾、隨意停車罰款到華文教育與文化之危機，使人民感到獨立自主後，仍然生活在政治壓迫與嚴刑峻法之恐怖中。希尼爾的、《生命裏難以承受的重》小說集中的〈舅公呀呸〉、〈生命裏難以承受的重〉、〈關於鼠族聚居吊橋小販中心的幾點澄清〉、〈如何計劃一次報復行動〉，都是挑戰威權政府的書寫，對高度危險的政治現實的禁忌，通過魔幻現實的手法，作出一種調適的回應。

　　因爲作品具有現實魔幻的效應，創造出新的現實，並賦予新的意義。因此這三位作家的魔幻寫實小説，也超越了許多政治的、社會的、文化的限制。

四、冷淡的、理智的、焦點清晰的新客觀、新現實

　　本文研究的這三位魔幻寫實作家試圖在小說中，創造「新的現實」（New Reality）。在熱帶島國的新加坡，後殖民社會的現實和自然環境本身，就充滿了神奇和魔幻般的因素，他們用不同於來自中國的影響的五四傳統社會寫實主義的觀點，來看已存的現實、發現、復原景象和物體中已包含驚異的感覺。像張揮、梁文福常常通過鬼魂的敘述、回憶、對話等手法再現一個消失了的、死去的世界及其人物，打亂時間和空間的順序，梁文福更常使用文學、歷史人物與夢境中出現的描述，通過夢幻與現實錯置的幻化手法，使隱藏在日常現象後面更加真實的「現實」。所以張揮有《十夢錄》，梁文福有〈梁文福 21 個夢〉，篇篇都是夢。

　　魔幻寫實主義並不是一種運動或流派，而是一種寫作風格。因此他們的書寫方法也不盡相同。張揮像許多馬奎斯的小說，在表面上看起來像是對真實世界的一種報導紀錄，然而仔細去審視

的話，就會發現它們帶有一些報導技巧所無法解釋的非真實性和神秘面在裡面。如上述的〈舅公呀呸〉，小說中的華人因擔心失去華族傳統而憂心忡忡。人類不但因失去鄉土而感到困苦，連大象、老鼠、蟑螂也面臨這種困境。在〈生命裡難以承受的重〉那篇小說，以一篇社會新聞來呈現。三頭大象發現馬來西亞的海岸森林與大自然都被破壞了，他們將失去深廣的林野，開始要從馬來西亞柔佛州的邊佳蘭逃亡。後來好奇地游泳渡過新馬狹窄的海峽，想看看對岸的風景，中途在屬於新加坡的德光島上岸，看看那裏的風景，結果也大失所望。因爲德光島的森林也受到破壞。更想不到被新加坡政府當作非法移民以偷渡入境罪處理，馬上被逮捕並驅逐出境。他們始終不能理解：「我們怎麼是偷渡者呢？其實，在我們自由的大象王國裏，只有廣大的林野，沒有國界！」[31]因爲作者用第一人稱「我」來敍述，平凡的社會新聞就產生奇幻的效果。在〈關於鼠族聚居吊橋小販中心的幾點澄清〉和〈如何計劃一次報復行動〉中，老鼠與蟑螂因爲新加坡日愈現代化，不但沒有生存之地，而且大有絕種的危機。他們被迫退居地下層，但政府還是要將其消滅。爲了起死回生，老鼠曾聯合蟑螂向新加坡政府人員探取一次報復與抗議行動，兩者都以擬人化的語氣書寫，因此魔幻的寫實敍述，暗示受華文教育的華人弱勢族群的危機。[32]

　　張揮《十夢錄》的人物都是華文教師，而且多數患有失憶症。〈十夢錄〉的「我」在失憶症發作前，還記得新加坡很多人變成跟他一模一樣的人，樣貌、動作、思想完全一樣。有一位洋名叫珍妮的女人會命令的「我」嚴格地遵從她的指示，踩著她的腳印

31　《生命裏難於承受的重》，頁 151。
32　《生命裏難於承受的重》，頁 158-160；168-169。

向前走，以達到一個樂園。[33]在〈憂鬱 80 病症〉裏的華文教師患上嚴重的失憶症，當學校被教育部命令轉型成英文學校，他在教務會議用華語提出反對意見，結果發現他的聲音變成刺耳的噪音。[34]在〈夢中的街〉的小倩因失去華語教師的職業，而得了神經病，也從此遺忘了歷史文化，一直到有一天在夢中走進一條中國歷史專賣街，她最後以五元三角買回一本記載五千多年的歷史的書。[35]

　　魔幻寫實主義作家喜歡呈現非常清晰的焦點（ultrasharp focus）這大概是魔幻寫實風格作品中，最明顯的特色。一般寫實作家或畫家會依據人們的視力，逐漸地把較接近遠方的物體，以模糊的方式呈現。而魔幻寫實派作家，就如魔幻寫實派畫家則把不分遠近的物體，都畫得很清晰，因而在視覺上產生奇特的效果。這種「新客觀性」（New Objectivity）沒有作者的感情，人、事、物完全隔離。魔幻寫實的藝術家賦予「有生命的」及「無生命的」物體一樣的重要性。他們冀望從物體上發現它們神奇的特質。因此冷淡的（Coldness）魔幻寫實的作家，想要以「理智」（Intellect）而非「感情」為訴求。

五、後殖民的交融、駁雜與邊緣性：多種聲音與壓抑的歷史

　　離散族群的作家，特別是華文作家，一向被邊緣化。邊緣性作家在殖民全球化與本土性的衝擊中，他們邊緣性的、多元文化思考的文學書寫，逐漸被世界認識到是一種文學新品種，其邊緣

33　《十夢錄》，頁 17-26。
34　《十夢錄》，頁 34-37。
35　《十夢錄》，頁 110-111。

性，實際上是創意動力的泉源。[36]小說有多種聲音（polyphony），也使用不同文類的表現手法深入挖掘後殖民社會，尤其那些流亡、錯移、疏離、被壓抑的主題。它是中國文學傳統被放逐後，吸收多元思考，所產生的新品種的多元文化華文文學。希尼爾的象群、老鼠、蟑螂等被壓抑的聲音與記憶，張揮的華文教師及被英文教育族群認爲是噪音的話語的聲音，梁文福使我們聽見醫生腹中算盤的聲音，看見蝗蟲從人類的心裏飛出，充滿愛與恨的人開口說的話都是火和水，造成火災或水災。

他們都是置身邊緣，拒絕被同化，在思想上流亡的作家。他們生存在中間地帶（median state），永遠處在漂移狀態中，他們拒絕認同殖民主義或後殖民文化思想，又沒有完全與舊的切斷開，尷尬地困擾在半參與半遊移狀態中。他們一方面懷舊傷感，另一方面又善於應變或成爲被放逐的人。遊移於局內人與局外人之間，他們焦慮不安、孤獨、四處探索，無所置身。這種流亡與邊緣的作家，就像漂泊不定的旅人或客人，愛感受新奇。當邊緣作家看世界，他以過去與目前互相參考比較，因此他不但不把問題孤立起來看，並且擁有雙重的透視力（double perspective）。每種出現在新國家的景物，都會引起故國同樣景物的思考。因此任何思想與經驗都會用另一套一來平衡思考，使得新舊都用一種全新、難以意料的眼光來審視。流亡作家/知識分子喜歡反語諷刺、懷疑、幽默有趣[37]。他們讓自己遠離權力中心，置身於邊緣地帶，因此他們的思考與語言仍然是邊緣的。[38]

---

36 Bill Ashcroft and others , *The Empire Writes Back: The Theory and Practice in Post-colonial Literatures*（London: Routledge, 1989），pp. 12-13-104-105。

37 Edward Said, "Intellectual Exile: Expatriates and Marginals," *Representations of the Intellectual* （London: Vintage, 1994），pp.35-48。

38 Edward Said "Reflection on Exile, " in Russell Ferguson and others（Eds）, *Out There: Marginalisation and Contemporary Cultures*（Cambridge, MA: MIT

這種用本土幻想、邊緣性思考、重置語言（本土化的華語），跨越族群文化的小說書寫，充滿後殖民社會各族文化傳統與本土文化的交融（syncreticity）與駁雜（hybridity）的特質。在邊緣文化的駁雜與交融的視野（hybridized and syncretic view）下的世界，它超越了原來主流的寫實文學。這就是後殖民寫作策略之一的重置文本（re-placing the text）、重新書寫本土歷史、地理、文化與生活。[39]

六、城市化的魔幻模式

新加坡只是一個城市國家，城市化以後，熱帶雨林逐漸消失，就如希尼爾的象群所意識到的。新加坡沒有馬奎斯的《百年孤獨》拉丁美洲百年滄桑的縮影土地，更缺少馬貢多（Macondo）作為興衰縮影的小鎮。所以《梁文福的 21 個夢》的魔幻現實，沒有現實的社會與土地，它是來自夢境，在〈水火交纏的夢〉裏，「我」在樹下遇到草地上的一頭牛，牛突然間變成牛魔王，他們後來進入火焰國。他們發現不管是政府官員還是夫妻，開口是都會噴出火焰，或是吐出水，火是恨水是愛，都會傷害對方，泛濫成災。[40]梁文福的魔幻現實主要由中西神話、傳說、文學與歷史的人物建構而成。希尼爾的魔幻現實主要由社會新聞所產生，主角由動物、昆蟲組成，由於空間太小，希尼爾把水溝下的蟑螂、老鼠的黑暗世界延伸為魔幻現實。三位作家之中，張揮 1942 年出生，年紀最

Press, 1990）357-366；Edward Said," *Intellectual Exile: Expatriates and Marginals* ," Representations of the Intellectual(London: Vintage Books, 1994), pp35-48;Edward Shils, *Center and Periphery:Essays in Macrosociology* （Chicago: University of Chicago Press, 1975。）

39 我曾討論新馬華文文學的例子，見王潤華〈邊緣思考與邊緣文學閱讀〉《越界跨國文學解讀》（臺北：萬卷樓，2004），頁 443-462。
40 《梁文福的 21 個夢》，頁 87-94。

大，他確實經歷殖民與後殖民華文教育界的魔幻現實。他主要書寫華文學校的荒謬現象：新加坡獨立自主後，華校反而日愈破爛不堪，華文老師個個得了神經病、失憶症。他的魔幻現實人物都是所謂「華校生」，受華文教育的華人知識分子。[41]這些都是新加坡後殖民文化想像，因爲當殖民主義退出以後，他們通過霸權文化繼續統治著，很多文化現象便被扭曲、被荒謬化。歐洲及其他殖民主義與帝國主義通過多種多樣的手段與形式，在不同的年代與地方發展與擴大，有時明目張膽、有計劃、有陰謀地四處侵略與豪奪去擴張與佔領。但帝國與殖民主義勢力，尤其文化霸權的影響，有時也會潛移默化地、偶然性地產生。後殖民文學（post-colonial literatures）是在帝國主義文化與本土文化互相影響、碰擊、排斥之下產生的結果.。這三本小說便是這種文化場域的產品。

今天世界上有四分之三的人口曾受過殖民主義統治，其生活、思想、文化都受到改造與壓扁。這種殖民主義的影響，深入的進入文學作品中，便產生所謂後殖民文學。曾受英國及其他歐洲殖民帝國主義統治的國家，如印度、孟加拉、巴基斯坦、斯里蘭卡、馬來西亞、新加坡、非洲及南美洲各國的文學都是後殖民文學。這些國家從殖民統治時代開始，一直到國家獨立以後的今天，雖然帝國統治已遠去，但是經濟、政治、文化上的殖民主義，仍然繼續存在，話語繼續被控制，自己的歷史、文化與民族思想意識已被淡化。而當新加坡本土作家在國家獨立後，看見華人變成蟑螂與老鼠被卑鄙地逼到社會的最低層，甚至陰溝裏，華語變成是一種噪音，這樣的現實怎麼不魔幻？

---

41 在新加坡社會，尤其獨立前後中學畢業的華人，明顯的分成英文教育與華文教育兩種人，其政治、文化、身份認同、道德價值與其他精神狀態具有很大的不同。英文教育者，成爲殖民者的繼承人。

通過奇特的自然現象（希尼爾的象群被控偷渡入境、老鼠、蟑螂）、時間的輪回和重覆（張揮〈圍圓圓的一桌滄桑〉）、神奇的、具有幻想色彩的事物如神話故事、古老傳說（梁文福的作品、鬼怪活動、荒誕描寫和想像（張揮的〈十夢錄〉）等，作者的根本目的是試圖借助魔幻來表現現實，而不是把魔幻當成現實來表現。

七、結論：熱帶雨林、南洋、殖民地建構的新加坡化魔幻現實

熱帶雨林、南洋、殖民地的三重奏，創造出新加坡本土化的魔幻現實主義，其所書寫的華文教育與文化的危機變成了一則現代神話，我觀察到的特點是：其充滿後殖民的交融、駁雜與邊緣性。由於是南洋想像的產物，因此具有濃厚的華人種族與文化危機感。而島國熱帶雨林的消失與城市化的發展帶來的不安如群象的想像，也特別強烈。

正如本文前面所說過的，新加坡華文作家的現實中的魔幻，並不是經過表現後才出現的，而是早就活動著並隱藏在其中。事物的神秘性是客觀存在的，魔幻現實主義作家只是用「魔幻」對神秘進行揭露，它很早就包含在本土原有的自然景觀中，政治性民族意識，將現實給流動化、荒誕化，「現實」透過作家的想像與拼湊，轉變成爲帶有魔幻色彩的「新現實」。用這種故事本身關懷自己生長的土地。所以華人文化中很早就出現榴槤神話和魔幻鐵船的詩作。

西方霸權下的東方主義話語，如上述英軍登陸新加坡、狗在河邊被鱷魚吃了、軍人開槍把鱷魚打死，這種敍事，事件即使是真實的，也會使人產生魔幻的感覺，鱷魚代表本土原居民。英國狗代表殖民主義的統治幫兇，因此它被鱷魚吃掉，代表本土反抗

外國的侵略，而英軍開槍打死鱷魚，象徵殖民者以武力鎮壓本土的反抗，然後進行屠殺、征服、侵略與殖民。這種敘事多少也影響了今天的魔幻現實小說。

因此新加坡的小說，繼承了殖民時代的反抗詩學[42]，尤其具有魔幻寫實的小說，多數以華文教育與文化的魔幻化危機敘事呈現，也就一點也不奇怪。張揮、希尼爾、梁文福、三人最具有上述本土的魔幻敘事傳統，它既具有西方敘述中東方主義話語中的魔幻特質、華人的南洋想像、本土的自然神奇現象，聯合建構了這種以政治文化爲主題的魔幻現實，使後殖民政治下華文教育與文化的危機變成了一則現代神話。他們三人分別從經歷、文化生活、想像中取材，對華人文化危機的「本質描寫」和文化積澱作出演示，他們都是以新加坡現實爲「體」，以華人文化意識爲「魂」，以新加坡古代神話敘事結構爲「經緯」，交織、網羅、整合而成。新加坡實在太小，所以張揮的教師與教育界的魔幻想像在小學的佈告欄、停車場、電梯裏出現；希尼爾的魔幻現實在平面的新聞媒體報導中開始，梁文福則在教科書裏的知識中，製造中西多元的文化夢幻。這是新加坡本土化魔幻現實的特點。我說這是新加坡本土化魔幻現實，因爲他們的作品只有虛幻的島嶼與城市空間，處處都有後殖民的交融、駁雜與邊緣性。

我所討論的三本小說張揮的《十夢錄》、希尼爾《生命中難以承受的重》及《梁文福的21個夢》，他們雖然都沒有標榜是魔幻寫實小說，是我先在前兩書的序言爲其定調，後來我的學生在我的提議下寫了一篇論文《新華作家的魔幻現實小說研究》。這三本小說也有一個共同的特點，多數都屬於一千字左右的微型小說，這種字數極短的作品，也說明新加坡小島國，天氣悶熱、城市化、

---

42 許文榮《南方喧嘩：馬華文學的政治抵抗詩學》（吉隆坡：南方學院出版社，2004）。

歷史短、文化淺，閱讀的人耐力與時間有限，因此絕不可能會有如《百年孤寂》式的魔幻現實長篇小說出現。這點又足以反證以上的魔幻現實，是專屬於新加坡本土化的特色。

After Crossing the Boundary of Community: Enlarged Vision and Multi-Cultural Expression in Malaysian Chinese Writing Today

1. The Changing Meaning of Being Chinese: From Exile to Native

Many Malaysian and Singaporean Chinese have recognized the difference of cultural identity in their visit to China. It is no surprise that an English-educated Singaporean has noted his sense of difference:

> In my visits to China in the 1970s and 1980s, I found myself in a country where the behaviour and accent in speech and dress styles were completely different from those of the Chinese in South-east Asia.[1]

There are many different kinds of Chinese cultures. According to my long and extensive experiences of living and working among the common people in China and Taiwan, as I have observed, actually many of our basic values, world views, social behaviours are

---

1 Lee Kuan Yew's address to the China Scientists Forum on Humanities held in Beijing on April 21, quoted from Straits Times report on April 22, 2004.

also different. I was a Malaysian before the mid 1970s and after living in Singapore as a citizen for about 30 years, I noticed I am now very different in physical apparent, cultural and social behaviours, thinking and other aspects of culture with my friends and relatives in Malaysia. The so called "Chineseness" is cultural construction and that being Chinese is not something one is born into but is an "attainment". (Tu: viii)

When Chinese immigrants went to South-east Asia in the late 18th, 19th and early 20th centuries, they brought with them more poverty and less culture from China of that time. Living among people of different religions, races and cultures, they adapted their culture to meet local conditions. Both Malaysian and Singaporean Chinese have gone through rapid change in the last few hundred years. The first generation of the Chinese immigrants became so adapted and immersed with local cultures that they became another kind of people whom we called Babas or Straits-born Chinese(Teo). My grandfather migrated to Malaya and my parents and I were born and brought up in Malaysia. When I first left the soil where I was born at the age of twenty-one years old in 1962, I went to Taiwan for further study and I first discovered my Mandarin Chinese was very different from what they spoke. Soon after that I recognized I am not only being a non-native speaker of Mandarin Chinese, I am also a non-Chinese foreigner in Taiwan because my food and social habits and other aspects of cultural heritage are very Malaysian.

Malaysian and Singaporean Chinese writers' journey from exile to native is revealed by their literature. Prof Edwin Thumboo's study entitled "Exile to Native in Singapore Poetries" (1988: 43-56) is based on a comparative study of the Singapore poetries in Malay, Chinese, Tamil and English. The Chinese poetry selected for his study including many works written by poets before the independence of Singapore in 1965 and these poets are also can be classified as Malayan Chinese poets. (Thumboo 1985) As Bruce Bennett has pointed out, these works show the writers' "adaptation to new, changing realities" (Bennett 1988:4). He also says: "In this perceived transition from exile to native in modern Singapore, writers' allusions, metaphors and symbols demonstrate a 'modified inheritance'; an adaptation of the personal/social self has occurred, signifying a stage in the process of 'shared identity'". (Bennett 1988: 4)

Chinese living outside China have been variously referred as overseas Chinese (huaqiao), Chinese diaspora, Chinese overseas, huaren (haiwai huaren), huayi, and ethnic Chinese. Prof Wang Gungwu even admits that the terms, which he has frequently used, are still valid and useful. His answer to the question why he cannot be consistent in using one term is:

> I no longer believe that there must be a single term for such a complex phenomenon. As an historian, I recognize that conditions change, and more names have to be found to mark the more striking changes. What we need is to be alert and open, ready to ascertain the range of meaning of each of the term we use, and to ramifications of using each one for a particular purpose. If we admit that there are many kinds

of Chinese, and there occasions when "Chinese overseas maybe preferred over the "ethnic Chinese", or when huayi and huaren may be more accurate than huaqiao, then we should have no difficulty with the idea that there are times when diaspora should supersede other terms in comparative studies. After all, there are already many kinds of diasporas…. (57-58)

Prof Tu Wei Ming has pointed out that the meaning of being Chinese is constantly changing:

Learning to be Chinese, especially for minorities and the foreign-born, is an attainment rather than a given. Since identity is culturally constructed and, not infrequently, imposed or encouraged by political considerations, the meaning of being Chinese, even in mainland China, is constantly changing. (ix)

The diversity of huawen wenxue (literatures by Chinese overseas) makes the task of the historian a very difficult one. To find the meaning of being Chinese overseas "in the context of their respective national environments and taken out of a dominant China reference point" (Wang 38) is only the beginning of an adequate analysis. Therefore Wang Gungwu's theory of "many kinds of Chinese" (37-70) and Tu Weiming's "changing meaning of Chinese" (1-34) provide us a useful frame of reference simple enough to be readily manageable, yet flexible enough So that, without undue violence to any one of the literatures by Chinese overseas writers.

2. Constructing Indigenous Food: Lau Yu Sheng

The Singapore former Prime Minister Goh Chok Tong and 10 other ministers attended Malaysia's first national level Chinese New Year open house at Danga Bay on Johor Baru's waterfront at the invitation of Malaysian Prime Minister Abdullah（right）on 24 January 2004. The mega food and festive carnival started with tossing of yu sheng（raw fish）by the political leaders of the two countries. This noisy ritual is called lo hei（laoqi 撈起），or lau yu sheng（撈魚生），and is meant to bring you good health and luck for the rest of the year. Eating of the food is traditionally for good luck and prosperity and it marks an auspicious start to the lunar Chinese New Year. In Malaysia and Singapore Chinese New Year would not be complete without 'Loi Hei' Yu Sheng which symbolizes prosperity and longevity.

The Yu Sheng in a giant size of plat is prepared to eat it with a whole bunch of people who will all dig in their chopsticks and toss the salad as high as possible. While the people 'lau-ing' the Yu Sheng, they keep mumbling all kinds of auspicious phrases, like "Quick Promotion", "Successful business", or "Earn big money".[2] Soon, a beautifully arranged Yu Sheng with all kinds of nachos and spices turned into the messiest mosaic.

This authentic Chinese dish Yu Sheng, a dish with a combination of slice of raw fish, vegetables and crisps, is a must-have for the Chinese New Year celebrations. Though it is

---

2 The most popular slogans are：步步高升，生意興隆，and 財源廣進。

called authentic Chinese food, the dish is never existed in China or Hong Kong in the past or today. It is called raw fish, actually fish is small part of the ingredients. It is a little bit of every thing all arranged beautifully. It is a mixture of fruit, vegetable, fish and many other food and spices imported or locally grown. The New Year specialty is originated in Singapore and Malaysia. As the following photo shows, the original dish contains raw fish in thin slice, white red carrot cut into threadlike shape, pomelo fruits, crisps and a number of red package containing spices. The most popular fish used is either imported salmon or local mackerel Salmon. The white carrot is local while the red is imported. The fruit is usually pomelo, whith it a local fruit grown in Ipoh. As the dish is locally made, it is multi-cultural and it is accepted by all races, including the muslim.

The Malaysian Chinese cook their own indigenous Chinese food such as Yu Sheng or Hainanese chicken rice in much the way the Chinese writers produced their literature. They face the problem of establishing their indigeneity and distinguishing it from their traditional Chinese food. They have to create the indigenous, to discover special regional flavour. They are two elements in the new food: the imported and the indigenous.

The production of localized Chinese food in Malaysia perhaps can explain the evolution of Malaysian Chinese as a race. As there are many different species of Chinese, we have different kind of Chinese cuisine too. The Nyonya food which is also known as the Straits Chinese food is an interesting amalgamation of Chinese and

Malay dishes thought to have originated from the Peranakan（Straits Chinese）of Malacca.（Tan）The Baba culture had developed into 2 in-1 culture. Their language and clothing were Malay, and their custom and ideology were Chinese（Lim）. The Chinese's bi-culturalism has grown into multiculturalism today. The evolution of Chinese as a race reminds us of Darwin's theory of evolution. It presumes the development of life from non-life and stresses a purely naturalistic（undirected）"descent with modification". That is, complex creatures evolve from more simplistic ancestors naturally over time（Darwin）.

3. Huayu as Indigenous Language: Transforming Mandarin Chinese to Bear the Burden of Malayan Experience

One of the main features of the British imperial oppression in Malaysia and any other former colonies is its control over language. Although Chinese were settlers not colonizers, a Chinese education system like the British in Malaysia[3] also installed a standard Mandarin Chinese（pu tong hua） as the norm, and marginalizes all variants as impurities. Such standard version of the Peking language was not accepted gradually by the writers of a new post-colonial Chinese literature. Wu Jin 吳進 and other Malaya born Chinese writers who considered as natives of the tropic, did not suffer a

---

3 For its development and history, see Kua Kia Soong, *A Protean Saga: The Chinese School of Malaysia* (Kuala Lumpur: Dong Jiao Zong Higher Learning Centre,1999) .

literal geographical displacement. When they wrote with the imported language, they felt that the vocabulary, categories, and codes were inadequate or inappropriate to describe the fauna, the physical and geographical conditions, or the cultural practices they developed in a new land. Wu Jin is one of the pioneers to subvert and appropriate the use of the standard Mandarin imported from China. The process of decolonization of Chinese language and culture and the efforts to establishing the texts which can be shown to constitute a literature different from that of China are strongly demonstrated in his writings. （Wu Jin）Wu Jin used chongliang（沖涼）to substitute xizao（洗澡）, it is simply because the language of xizao itself already carried association with northern China experience. In the cold weather country, people spend more time and more labour to take a bath. In the tropical Malaysia, people in the rural Malaysia, and especially who worked as labourer, usually took a quick shower in the river or by pouring water from the well with a bucket on one's body. The act was just to cool off the heat from the body. A new experience needed a new language. Wu Jin also insisted in changing some of the Chinese traditional symbols. He replaced the frequently used "Three Good Friends in Cold Winter"（歲寒三友）with "Three Good Friends of the Tropic"（熱帶三友）as there is no cold winter and no such plants in Malaysia. Therefore replaced them with coconut, banana and kapok trees. For the same reason, the new species of orchid growing in the tropical region as huji hua（胡姬花）not lanhua（蘭花）. If the experience or things couched in the terms of the old, is somehow falsified.

The two distinct processes adapted to the colonized Malaysia are abrogation and appropriation(Ashcroft, Bill, Gareth Griffiths and Helen Tiffin: 38-77). The abrogation is to reject the Sino-Centric power over the means of communication. The appropriation involves reinventing the language to new usages. Appropriation is also a refusal of the imperial culture. I have discussed these processes in great detail in my other papers (Wong 2001,2002). The pressure to develop such a usage manifests itself early in the development of a Malaysian Chinese literature before World War Two. therefore arguable that even before the development of a conscious de-colonizing stance, the experience of a new place, identifiably different in its physical characteristics, constrains the new settlers to demand a language which will allow them to express their sense of otherness. Landscape, flora and fauna, seasons, climatic conditions are formally distinguished from China. The first task to establish an independent cultural identity through literary texts is implicit in *Anthology of Mahua New Literature.* The works collected are written before 1945 and it is an important collection for recording and initiating shifts in critical taste and cultural stance (Fang). In order to focus on the complex ways in which the Chinese language has been used in different Chinese communities of the world, we distinguish the standard Mandarin Chinese inherited from China and the huayu which the language has become in post-colonial countries. [4]

---

4 Chen Chung Yu (Chen Zhongyu 陳重瑜) has a number of essays dealing with the differences in linguistic features between Singapore Mandarin with standard

English language has been used very differently in post-colonial societies through out the world. To indicate their own sense of difference, they distinguish between the standard British English and the english which the language has become in post-colonial countries. Across the world, the english of Indians is not the english of Kenyans or Australians. (Bill, Griffiths and Tiffin: 8) Because of a very similar development in literatures of the world in Chinese, we need to distinguish between Standard Code Mandarin Chinese (zhongwen) used in China and huayu used by Chinese overseas. The so called huayu has been transformed and subverted into several distinctive varieties through the world. The language has been adopted as a tool and utilized in various ways to express widely differing cultural experiences. Because of the complex ways in which the huayu is used in speaking and writing, the huayu of Malaysian Chinese is not the huayu of Singaporean or Thai Chinese.[5] The Malaysian huawen was developed because the Malaysian brought-up or local-born Chinese felt the gaps when zhong wen the was inadequate to describe a new place. Local born writer like Wu Jin needed to transform the language, to use it in a different way in its new context and so make to bear the burden of their experience.

Mandarin, see *Aspects of Mandarin Chinese* (Huayu yanjiu lunwen ji 華語研究論文集) (Singapore: Chinese Language and Research Centre, National University of Singapore,1993).

5　In the past, many scholars including Chen Chung Yu, Lin Wanjing (林萬菁),Lu Jianming (陸儉明) have studied the changes of standard Mandarin Chinese in Southeast Asia. Wang Huidi (汪惠迪) has published a dictionary entitled *Special Features of Singapore Chinese* (《新加坡特有詞語詞典》(新加坡：聯邦出版社，1999) and he is pushing a plan to publish a dictionary of Chinese used in all parts of the world, see his paper in Chinese 〈《全球華語地區詞詞典》：全球華社地區詞的大整合〉，www.huayuqiao.org./member/whd.htm .

4. Constructing Indigenous Text: Mahua Literature

One of the influential comparative models for examining post-colonial literature has been developed by D.E.S. Maxwell.[6] He identified two groups: the settler colonies and the invaded colonies. In the case of settler colonies like New Zealand and Australia, the immigrants established a transplanted civilization and retaining a non-indigenous language. Chinese literature in Malaysia and Singapore shared the characteristics of the models of the settler group because culturally the local writers received more influence from China than the British colonizers. In the British colony of Malaya, for the Chinese educated people, the invisible Chinese cultural hegemony had more power over the control of means of communications than the British. Even today the Chinese writers are still fighting a war of de-Chineseness.

In the case of invaded societies like those in India and Nigeria, the indigenous peoples were colonized on their own territories. English supplanted the writer's mother tongue or simply offered an alternative medium which guaranteed a wider readership. The use of English caused a disjunction between the apprehension of, and communication about the world. This is the case of English literature by the Chinese, Indian and Malay writers in Malaysia. In the settler case, as what happened to the Australian writers, the Malaysian

---

6 Maxwell's theory has been discussed in great details in Bill Ashcroft et al (eds.), *The Empire Writes Back: Theory and Practice in Post Colonial Literatures* (London: Loutledge,1989) , pp.24-27,133-135.

Chinese writers in the early period brought their own language to an alien environment and a fresh set of experiences. In other words, the writer brought an alien language to his own social and cultural inheritance. This is the case of Chinese writers in Malayan/Malaysia because both local-born Chinese and Indians claimed to be native of the land.

Settler communities could have the temporary illusion of a filiative relationship with that dominating culture. The common themes of the literatures of settler communities are those of exile, nostalgia, physical and emotional confrontations with the new land are still apparent（Ashcroft, Griffiths and Tiffin:27-32）. The theme of exile is in some sense present in all such writing since it is one manifestation of the ubiquitous concern with place and displacement in these societies（Thumboo, 1985）As the sense of identity with the country they were living in was yet to be born at that time, many Malaysian Chinese writers from 1919 to 1945 wrote a great number of nostalgic and self-pitying works. The poems with titles such as "Epic of a Wanderer", "The Sorrow at the Corner of the Earth" or "No sun in Nanyang" describe the wandering feelings of the writers in exile in a foreign land（Thumboo 1985: 231-233, 245-248）.

The conflict between the backward-looking impotence and the forward-looking to indigeneity emerged in Malayan Chinese literature when the writers wanted to reconstruct indigeneity, to create an independent local identity. Re-placing the Chinese language involved in abrogation and appropriation by which the language is fully adapted to the local society. At the time of freeing oneself from the imported language, the writer also fought a hard battle in replacing the text which involved in abrogation of authenticity and to embrace social experiences of marginality. In other words, the dominance of Chinese literary hegemony must be abrogated before the experience of the periphery can be fully validated.

The immigration, British colonization and Chinese cultural hegemony brought a new Malayan Chinese literature emerging. However the standard Mandarin Chinese had been transformed into Huayu which is now becoming a vehicle for the expression of local culture. There are two major traditions in the Malaysia Chinese literature: the imported and the indigenous. The process called appropriation was used to tied up the duality.[7]

5 · Post-Colonialism as Reading Strategy

The new literatures in English (King: 1-21) have helped place in perspective Malaysian Chinese, Thai Chinese or American Chinese authors as belonging to their national traditions, in contrast to Chinese literature in China, Hong Kong or Taiwan. It is now recognized that Malaysian Chinese literature has a tradition of its own. This new Chinese literature expresses a new Chinese identity which has grown up with the settler communities. It may be a continuation of indigenous cultural traditions, or may be some mixture of effects of colonization, including bring together of

---

7 As I have mentioned above, writers of this period are classified as Malayan Chinese writers.

various races into one nation. As there are many kinds of Chinese overseas, all emerging new Chinese literatures have developed different characteristics from that of China. The Chinese literatures developed in all parts of the world are with distinctive characteristics of their own. There is a need to be freshly examined for their particular qualities （Wong 2004: 279-289）. I have long advocated that literature by Chinese Overseas be studied in the context of their respective national environments, and taken out of a dominant China reference point. By examining the literary product with reference to the changing Chinese identity, the Nanyang lifestyle as reflected by food, the kind of Huayu they used and their individual literary traditions, I call this method as post-colonial reading strategy.

A paradigm for post-colonial readings of works by Malaysian writers must be established. I have used Lao She's novelette *Little Po's Birthday* and other works as a text to establish a paradigm for post-colonial reading of early Malayan Chinese literary works. From a post-colonial reading perspective, many unspoken subjects may become the crucial announcements of the text. My rereading of Lao She's *Little Po's Birthday* revealed the hidden images of multi-racial society of Malaya and the theme of anti-colonialism. Lao She used the form of children fantasy to portray the "smallest world of Nanyang". The motive is clear in the story: he wanted to use a children story to express his vision of Malayan society of which Chinese, Indian emigrants and the Malay would be the master of the land（Wong 2002:101-112）.

The life of a young Malayan Chinese described by Lao She is

very close to a childhood picture of Wang Gangwu who was brought up and educated in Malaya and now a well-known historian of Chinese overseas:

> In study, in play and in the neighbourhood around my home, especially after the end of the war, I spent far more time with my Malay, Indian, Eurasian and non-Chinese speaking Chinese neighbours and schoolmates than with Chinese who thought like I did. The growing sense of being Malayan was something I understood and sympathized with, as it became clear that a new country would someday emerge from the colony-protectorate that the British had put together. The empire was coming t an end. The feeling of a local nationalism was growing among my friends (44) .

Lao She attempted to subvert the colonialism of Joseph Conrad in his Malayan fiction that Europeans are always being the key characters. The novel is no longer seen as a work of children literature as previously interpreted by the Chinese scholars.[8]The post-colonial reading strategy is useful in studying the imported and the indigenous, the two important elements in Malaysian Chinese literature.

Once this kind of reading strategy is engaged, it is easier to fully understand Malayan Chinese literature which is a hybridized phenomenon involving dialectical relationship between the imported

---

8 C.T. Hsia mentioned the novel as "a fantasy for children", C.T.Hsia, *A History of Modern Chinese Fiction* （New Haven: Yale University Press）, p.167.

and the indigenous.[9]

6. Marginal Experience and the New landscape of Chinese Writing

I have outlined above the process by which Chinese language is captured to form a distinctive discursive practice by Malaysian Chinese writers. When a language travels it alters: pronunciation changes, new words are added. It evolves to reflect local life. In order to focus on the complex ways in which the Chinese language has been used in Malaysia, and to indicate their own sense of difference, we distinguish in this account between the standard Chinese（zhongwen）which is the official language of China and the local Chinese（huawen）which has been transformed and subverted into distinctively Malaysian. The Chinese literary traditions and inheritances have been modified and domesticated. The Malaysian Chinese writers use them from consciousness that is specifically Malaysian. By and large the literature in Chinese tends to reflect, to take their substance from the life of their own community. The most significant development in the past decades is that more and more writers using Chinese have been reflecting not merely the life of its own language community, but also the communities around them. The Chinese literature has enlarged its vision, its view of things to

---

9 I have a number of papers in Chinese providing such studies, see for examples, Wong Yoon Wah, *Post-Colonial Chinese Literatures*（華文後殖民文學）（臺北：文史哲出版社，年份 2001）; Wong Yoon Wah（王潤華）, "Re-imagination: From Imagination of Nanyang to Nanyang Imagination（重新幻想：從幻想南洋到南洋幻想）, in *Contemporary Literature and Human Ecology*（當代文學與人文生態）, Wu Yeow Chong（吳耀宗）ed.（Taipei: Wanjuanlou ,2003）,pp.13-28.

take in the whole life in Malaysia. The best of these are truly Malaysian writings, not Malaysian Chinese literature.[10]

A discussion of the fictional works of Li Yongping（1976）and Shang Wanyun（1977, 2003）in this context is useful. Li Yong Ping is born and brought up in Kuching, Sarawak. A number of stories included in *The Native Wife* are dealing with his nostalgic childhood memories of Chinese, the British, Indian Malay and other indigenous ethnic groups in Sarawak. Our general impression based on inter-ethnic marriages, and multi-ethnic social interactions seem to show that Sarawak has reached the highest degree of social integration among all the Malaysian states. Therefore the works by a Sarawak born writer is selected to illustrate to what extend the Chinese literature has embraced multi-racial communities. Most of Shang Wanyun's best stories draw the inspiration from her home town Baling and explore the life styles of Chinese, Malay, India and Thai communities. A number of stories included in *A Lian the Idiot* and *The Fleas* are about returning journeys to her home town Baling near the Malaysia and Thai border area. Baling is a widely known place where different ethnic groups live together without the strife that has become symbol of plural societies.   The little town is most famous for the 1955 peace talks between Communist Party of

---

10 Prof Edwin Thumboo has expressed the hope in 1977 that the literature in each language in Singapore would enlarge its vision, and reflect the life of the communities around them. See Edwin Thumboo. "The Role of Writers in a Multi-Racial Society in Singapore Writing." Ed. Chandran Nair. Singapore: Woodrose Publications, 1977. pp.35-41. The hope has been realized at least to a certain extend in both Singaporean / Malaysian Chinese literatures.

Malaya and the Government.[11] It is interesting to find that the new landscape of Malaysia Chinese literature also appears in these Baling stories.

Both Li and Shang's stories draw their energies from a vision of marginality, and particular of the intersection of different kinds of marginality. For them, the marginality is also an expression of ideological, political, psychological and geographical condition. As a local born Chinese of the remote areas of Malaysia, Li and Shang are doubly marginalized. The characters of all races in their works are the inhabitants of the margin. They are far away from a strong ideological centre. For the Chinese writers, having too much Chineseness or being too close to the Confucian core might be an obstacle to the development of cross-racial or cross-cultural expressions. Being peripheral to the Muslim teachings was advantageous to the Malay because it offers some degree of freedom from strict behavioral codes.

The distance from respective cultural centre of all races provides adequate points of contact with people of other races and allows activities which strict Chineseness or Malay Muslims would discourage or disallow. In the Baling story "Shaliha"（2003:115-172）by Shang Wanyun, we find Shaliha, a Malay woman detective spends every Friday afternoon with a Chinese woman Yali for eating,

---

11 On 28th December, 1955, Tunku Abdul Rahman for the first time, met Chin Peng, the Secretary-General of the Communist Party of Malaya(CPM)at Baling. The meeting was dubbed the 'Baling Talk'. The Baling Talk was regarded as a very important event for the country, because this was the beginning of serious steps taken by the country to defeat the communist insurgency

drinking and chatting in her long-leg house in a Malay kampong.[12] She sacrifices the Muslim praying in the mosque for friendship. On the other hand, ignoring her family's stern injunction to have no social contacts with the Malay, Yali accepts Shaliha's invitation every Friday instead of joining the family members' gathering. In "Young Uncle and Malay Woman's Affair", also by Shang Wanyun, A Cun is deeply in love with Fatimah , though she is a Muslim Malay and a widow with a nine years old son. For him, personal character and romantic bases are more important than ethnic or religious considerations in love. He is even prepared to sacrifice the economic comforts provided by the extended family in order to live with the Malay girl. When the spiritual dialogue is switched on to rediscover each other, nothing can be blocked. The elopement of a Chinese woman with a Malay army officer happened in "The Deserted Streets" by Shang Wanyun illustrates the point.

After domesticating the world-view, the writers know the need to change the content of literature. The writers have been persuaded that the life around him/her, no matter Chinese or Indian, is more interesting than the traditional ideology and practice.   The writers respect true life, not ideas. Shang Wanyun prefers to write about the Indian and Malay people living in the wooden house, the Indian and Malay rubber tapers, and the Malay woman detective and bomoh for very simple reason. This is the unforgettable part of her life in Baling where people of different races mixed very closely. Shang Wanyun is

---

12 In the Malay Muslims dominating states like Kedah and Johor, Friday is declared public holiday.

bringing in specifically truly Malaysian experience into the writing in Chinese. By and large, most writers who write in Chinese tend to reflect, to take their substance, from the life of their own community. They know the segments of the life of their own community better （Thumboo 1977）. But many the Chinese writers in Malaysia today has changed such a inward looking tradition. If we want to show that writers using Chinese do reflect not merely the life of its own language community, but also the communities around them, Shang is not the only one. It is easy to find many dozens of successful Chinese writers who have crossed the boundary of language community.[13]

The population of Sarawak and Baling is made up of a fascinating equal mixture of ethnic and indigenous groups. As the ethnic and indigenous groups are resettled and mixed in Baling and Sarawak, the people of all races are able to learn to become good and friendly neighbours and understand and appreciate another's customs and cultures. The people here are now more understanding, tolerance, respect and friendliness among the various race than other places. As a writer living in this marginal region, Shang Wanyun and Li Yongping forgot themselves as a Chinese writer whose traditional role is obsessive concern with hineseness. It is really surprised to find that the ethnic diversity representation is so strong in their

---

13 Some academic studies are paying some attention to this new development. For example, the multi-racial expression in the fiction of　Xiao Hei and Liang Fang is discussed in Seng Yan Chuan's Ph D dissertation "Keprihatinan Sosial Penulis-Penulis Mahua: Kajian Pilihan Fiksyen Pan Yutong, Xiao Hei dan Liang Fang." Diss. University of Malaya, Kuala Lumpur,2004.

stories. Li Yongping's "The Native wife" (1976:1-17) is actually a story about a good woman whose tragic destiny is caused by her identity as Dayak, native of Borneo. His most influential stories are those dealing with the natives of Borneo such as "China Man: Mother in the Besieged City" (1976:19-48), "Chinaman and the Orchid" (1976:4968), and "Black Crow and the Sun"(1976:69-94). Li Yongping's fiction writing has brought the possibility of a new literature in which Chinese language may become a vehicle for the expression of indigenous culture of Borneo.

This new Chinese literature which expresses the mixed culture and reflects the multi-racial communities is further developed by Shang Wanyun. Many of her stories (1977, 2003) are filled with major characters of Chinese, Malay and Indian. In many of these works, the principal characters are Indians or Malay, or major events related to non-Chinese communities, although the narration is given by the Chinese. The main theme in "The Indians of the Wooden House" (1977:1-46) is about traditional life of an Indian family and their tragedy. This story strikes at the Indian illusion being a group with a preserved Hindu culture which she castigates with irony and Compassion. The narrator and his family of the grocery store are playing the role of witnesses only. The Malay woman and her son, and the Indian workers in "Young Uncle and Malay Woman's Affair" (2003:173-265) are playing a bigger role than those Chinese characters. The Malays in the stories such as "House of Bomoh" (1977:205-230), "The Quiet Streets" (1977:119-142) are equally important as the Chinese characters. As there is now more understanding, tolerance, respect and friendliness among the various races, the Chinese writers as represented by Li and Shang embrace all communities. Many of their works seem writing with particularity about a specific group, in most cases the Chinese community only, but at the same time other Malaysian experiences are not denied. The representation of the Emergency War between the British colony and later Malaysian governments and the Malayan Communists （Clutterbuck, Miller） in their works illustrates another aspect of their enlarged vision.

The emergency jungle warfare during the emergency period also took place in Sarawak and provided the subject and setting for Li Yongping's "The Black Crow and the Sun" （69-94） which is probably the best story about this forgotten war in any languages written by Malaysian. The narrator "I", a teenager, is a sensitive boy with good memory. The story consists of what "I" has seen and what he has heard from his mother and other people. The meanings are developed and formed only when the vivid images and voices put together. Going to school one morning "I" finds that his school is closed down by the British colonial army. It is said that the biology teacher Mr Ba is a communist guerilla and he has been arrested. Just before the arrest, the communist guerillas break into the house of Mr Sha, the Council Chairman of the school and slaughter all the twenty-two family members, including Mr Sha, by machine gun. The British Government believes that the biology teacher Mr Ba and music teacher Miss He have ordered the massacre because they suspect Mr Sha is an informant of the British. When he travels with his mother to the town, he sees corpses lying by the roadside or hanging on a pole by the District Office. His mother mentions that they are communist guerillas killed by security forces. "I" is very confuses when he witnesses his mother supplies chicken and vegetable to the British military camp during daytime and at the same time provides food to the communists at night. One day a group of soldiers march by his farm house as they are sent into the deep jungle to fight the communist guerillas. When they return, he noticed that the youngest soldier who is an Iban has vanished. They have been ambushed by communist guerillas and many are killed or wounded. When the platoon is taking cover in his house from the rain, a soldier goes mad by attempting to molest his mother. He is filled with horror at the sight, but fortunately, his mother is saved by an officer.

The horror memories, brutal killings and the incomprehensible war as seen and told by the innocent young boy and the voices of the sophisticated mother are a fascinating record of a shared vanished lifestyle and painful history during the hidden war. It brings us back the memories of military search, detention and enforcing a curfew, and communist attack on small village and town cold-blood murder, sabotage on machinery, plantations and communications.

In Shang Wanyun's stories such as "Shaliha", "The Deserted Streets", "The Ninety Bends of the Road" (1977:253-284) , the lives of the people are overshadowed by the Emergency War. The Malayan Communists had their hideouts and operated in the rather inaccessible thick jungles in the mountains along the Malaysia-Thai border. Baling was an important outpost where the British launched the attack. The Malay detective Shaliha has been assigned to Baling for detecting guerillas and expands intelligence gathering. Salifu is an Indian army officer of the Malayan field forces stationed in Baling. His duties include patrolling the jungle, driving communist guerillas deeper into the jungle and denying them resources. When he has disappeared for more than two weeks, the people start worrying him to be killed in action. "The Ninety Bends of the Road" tells us a very simple story about the surprised and fatal ambush of the communists and the heavy casualties the Malay security forces suffered. When a group of Chinese traveling by cars back home from a shopping trip at night along a mountainous road, they are stopped by Malay soldiers at a check point. The destructive warfare is revealed by the roadside intimate conversation between the Chinese travelers and the Malay soldiers.

7. Inter-Ethnic Marriage as Social/Racial Integration

The Chinese living in the margins have inter-racial married extensively with other indigenous ethnic groups. From a socio-cultural point of view, the out-marriage figure in multi-racial society suggests the degree of ethnic social integration among the ethnic groups. The following stories selected for analysis may suggest that there is a moderate degree of social integration among the ethnic groups in Malaysia.

Li Yongping's fictional city in a number of his stories is Kuching, which is located on the Sarawak River about 20km from the sea, on the western side of Sarawak. It is a vibrant multicultural city with a population of about 500,000 today. The largest ethnic group in Sarawak is the famous Iban（or 'Sea Dayak'）, representing about 35% of the population. The Iban and other indigenous ethnic group in Sarawak make up the majority of the population of the interior. They are now form a significant part of the population in the major cities as well. The second largest group is the Chinese, at about 30%. The Chinese presence in Sarawak has been almost as long as the Malay presence, possibly longer, going back longer than 1500 years, but most of the current Chinese population migrated from various parts of southern China in the late 19th and early 20th centuries （Lockard）.

Most of Li Yongping's Borneo stories are journeys to childhood and self-discovery. In "The Native Wife," Li Yongping's imagined narrator "I", also called A Ping, is in Taiwan as a university student when he learns from his sister that San Shen's（Third Uncle's Wife）has passed away in the long-house in the remote rural area in Sarawak. Being a Bidayuh or Land Dayak, she is nameless. He has met her only twice when he was still a little boy. His San Shu（Third uncle）has been living in the interior with the indigenous ethnic groups where he runs a grocery store. As he lives in the highlands, a very inaccessible area, San Shu seldom returns home. San Shu strivings for a house of his own may be interpreted as every man's struggle to lay claim to a portion of the earth on which he walks. Description of his living and working in a grocery store in a mountain area where they live as a separate economic unit and married to a Dayak girl reflects his faithful struggle for independence, and for his individuality. With the passing of the old authority, individualism breaks out in the clan. It is clear that he is far enough away to be free and autonomous.

The narrator spends his childhood in a large extended family which is a symbol of Chinese society. Like many Southeast Asian countries, this Chinese society is self-contained in its cultural pattern of life. When the family members first heard of his San Shu's out-marriage to a native woman of aboriginal tribe, they accept the fact without showing openly any opposition, but some with reservations. They only express some despise by relating the tales of head-hunting of the Iban tribe（Sea Dayak）, though they actually know the fact that the head-hunting definitely has not been practised in Sarawak for many, many years. The fierce warriors did practise head hunting in the past and today skulls hanging from the rafters of several long houses only to promote tourism. Today they practise hospitality instead of head hunting. The mother of the narrator "I" who fully supports the out-marriage checks with bride herself and find out the information is not accurate. The wife of San Shu is not a native of the Iban or Sea Dayak , but of Land Dayak. The Bidayuh, or 'Land Dayaks' have always been considered a peace-loving ethnic group, particularly in comparison with their Iban（or Sea Dayak）cousins. The Bidayuh are dry-rice farmers, who live mainly in the area West of Kuching, especially around Bau and Lundu.

However, the sudden arrival of the grandfather from China for a visit brings strong objection to the marriage. The seemingly happy life of the mixed marriage is disrupted by the blind, heedless power of racial discrimination and prejudices which is symbolized in the story by the grandfather. He carries biases determined by the Chinese tradition from China. The patrilineal ideology is still a potent cultural force among Malaysia Chinese. Their sons' behviour as regards marriage is still more circumscribed by family control than that of their daughters （Hassan &Benjamin）.

The grandfather is so angry that he wants to expel San Shu from the family and sever the father and son relationship. The mother of "I" defensively protects her by saying that the native wife is good looking and a nice woman with easy going character. The grandfather is finally persuaded to meet her. Unfortunately, the grandfather smashes the teacup as she offers him a cup of tea during the meet-the father-in-law ceremony. The reason is that she did not kneel down according the traditional Chinese rite when she offers a cup of tea. On the next day, San Shu quietly returns to the remote mountain with his native wife.

Not long after that he begins to realize his marriage is a mistake. Brained washed by his grandfather and under the pressure of family financial support, San Shu is so depressed that he starts drinking heavily and treating his native wife badly. Shortly afterward, there is a rumor saying that San Shu is in love with a young Chinese girl and would be married soon. About a year later, San Shu has sent the native wife and children to the long house and marries to a Chinese girl. The native wife passes away in the long house about a year later.

For centuries, the Chinese extended family has been a source of strength and support, a life raft that has enabled family members to help one another and survive through bad times. However, being too close to the family or Confucian core, it might be an obstacle to individual development. San Shu has chosen to abandon his native wife and return to the large extended family for not taking the risk of losing the family financial inheritance and other help. This is a case in point.

For members of a traditional Chinese extended family, marriages across ethnic lines occurred, but not often. None of the traditional cultures encouraged marriage outside the group. This is true not only of the Chinese, but also of other Asian societies. The Hindu traditions of caste endogamy and the Malay insistence on conversion to Islam as a condition of marriage were major barriers to intermarriage. Shared religion encouraged intermarriage, with marriages between Malays and Indian Muslims are the most common form of ethnic intermarriage. Interethnic marriages included a disproportionate number of divorced or widowed individuals.

In this context, it is interesting to read Shang Wanyun's novelette entitled "Young Uncle and Malay Woman's Affair." It provides a classic case of marriage that "conversion to Islam as a condition of marriage" is always a major barrier to inter-racial marriage. For the Chinese, the traditional social ethic has long continued to influence marital behaviour. It is also a childhood story which is imaginary and autobiographic, with the background in Baling, a small town in the northern border area between Malaysia and Thailand. The female narrator "I" or Lai Nan is a teenager. As her older brother died soon after her birth, she is considered as a cursing star. Abandoned by the parents, but she is kindly picked up by her Young Uncle （Xiao Jiu, hu mother's brother） and therefore she is brought up by her maternal grandmother.

The story begins with a sudden gossip which is first started in the wet market. It spreads like a wild fire around the little town, especially among the Chinese community. The rumor about her Young Uncle（A Cun）having an affair with a Malay woman disturbs the peace of rural population. The grandmother is badly hurt because the Chinese in the neighborhood laughing at her that her son is going to convert into Muslim and they are not allowed to eat pork anymore.

When other members of the family are informed, especially A Cun's mother and his sisters, they show indifference to the matter. They listen calmly without much interest and surprise and return immediately to their grocery store in another small town. They are more concerned with their business than the out-marriage. The grandmother, being anxious to find out whether the information is accurate, she sends   Lai Nan to the rubber plantation to explore about the fact and fiction. The finding trip is fruitful. She even happens to see A Cun and the Malay woman making love among the bushes in the rubber plantation. The Malay woman, Fatimah, is a widow with a son Rahman and she is now being employed by A Cun as rubber tapper for the plantation. He has quietly fired the Indian worker and replaces him with Fatimah. Lai Nan is deeply impressed by Fatimah who is a young, charming and sexual looking woman.

With an easy-going character, she seems always agreeable to what her Young Uncle says.

Lai Nan now begins to support the case and fully understands why his Young Uncle is so bewildered and fascinated by Fatimah. She feels sorry and guilty for what has been thought and done to against the romance. However, on hearing what is happening in the rubber plantation, the grandmother is outrageous and mad. She believes it is the power of Malay witchcraft and black magic. She accuses the Malay woman has an evil intention: the evil spell caused by witches is for the purpose of cheating her son and trying to possess the rubber plantation. Therefore she goes to a Chinese Taoist temple to buy Chinese magic for counter attack. To expel the Malay evil spirit, she has paid more than one thousand ringgit to a Taoist priest for some Taoist magic figures. However, it doesn't work at all. Through the help of a senior Malay leader who is a Haji, Fatimah is finally asked to return to her kampong which is in a Kelandan fishing village. Lai Nan's mother has kindly paid her about four or five hundred riggit.

A Cun is terribly depressed and indignant after Fatimah's disappearance. He is consumed with grief and guilt, he finally retreats and hides himself in the atap house deep in the rubber plantation. The Indian worker Maniam，who has replaced Fatimah to work in the plantation, discovers A Cun has become a man being exhausted, grief-stricken, mania and has been drinking heavily. Indian worker's honest report about A Cun's dying in agony in the jungle has awakened all members of the family, especially the grandmother from superstitious beliefs. Now they learn the truth: It is a passionate romantic at odds with the racial biases. Romantic love is the basis for marriage. Remorse stricken, they know that the only way to save his life is to allow A Cun and Fatimah to live together. When the story ends, the family members, including both grandmother and mother are deeply touched by the romance and they are expecting Fatimah to return for a happy reunion. They are ready to accept Fatimah who is already pregnant.

This story also reminds us of another story entitled "The Quiet Streets" by Shang Wanyun. Upon returning from Taiwan after six years of study, the narrator is told by the mother that his second sister Xiu Ji elopes with a Malay officer of the field forces. Considered a disgrace to the family, his father is so upset that he has indulged in alcohol and gambling. However the family has reacted very calmly, showing a big difference with what has had happened to the Third Uncle's father and A Cun's mother when their son out-married to a non-Chinese bride.

Shifting from the traditional household of the Chinese community in a late attempt to make new life in the Malay dominating plantation is a meaningful symbolism. The wooden hut in the plantation is a common Malaysia's indigenous shelter. A Chinese family living in this traditional Malay house built by villagers indicates the change of life pattern and thinking. These characters on exile are longing to belong and to plant themselves into the soil of Malaysia. A Cun's heroism lies as much in his rejection of the specious comforts of mother house as in his faith as a individual in the kampong living with a Malay. Fatimah's bravery is also a symbolic act of dismantling the high walls surrounding the Muslim Malays.

The bleak view of the predicament of a multi-racial society, as represented by out-marriages and expressed in these works, brings us a new chapter of Malaysian Chinese literature. These writers have a pessimistic view of the possibility of escape from this situation. The Chinese, Malay and other ethnic characters try to break through the taboo imposed by the centre on the margins. The centre is always Confucian or religious beliefs, not necessary colonial empire. The Grand-father in Li Yongping's "The Native Wife" is a visitor recently arrived from the centre of China. In " Young Uncle and Malay Woman's Affair" , the grandmother who opposes most strongly the out-marriage is the recent immigrant from China. The Malay man who helps to drive away Fatimah for "damaging the Malay tradition" is a Haji, religious leader.

Related to this predicament of over-coming passion, one must read Li Yongping's story "China Man and Orchid." The grandfather, the main character, has married to a young native girl and settled down in a small farming village which is far away from Kuching. They make their living by planting potatoes and raising goats. Descriptions of the grandfather and his native wife who are set in a house in a new rural area where they live as peasants, may be interpreted as growing roots in a foreign land. Having been disillusioned with the city life which is controlled by the colonial rulers, grandfather rejects his son's advice of moving to the city to live with him. He is not interested "to drink beer and play badminton with your white-man friends." For the grandfather and his native wife, the excitement of life is to see the wild orchid flower fully in bloom on the old tree just outside the farm house. The story ends by telling us that once again the son, daughter-in-law and grand children leave without getting his agreement to move to the town. The grandfather tells his native wife: "give me a hand, let's cook the local food which they don't like to eat." This grandfather is totally different with the one appeared in "The Native Wife", because he has settled down and identified himself with the land of Sarawak.

8. Journey to Childhood and the Marginality: Spiritual Voyage of Self-Discovery

Most of Li Yongping's Borneo stories and Shang Wanyun's Baling tales are journeys to childhood and self-discovery. In "The Native Wife" and "Young Uncle and Malay Woman's Affair", the bleak view of the predicament of a multi-racial society as represented by inter-ethnic marriages and expressed in these works brings us a new chapter of Malaysian Chinese literature. The young children are led by their foolish parents into thinking that the Chinese people are superior as compared to the Iban. With this superior complex, Inter-ethnic marriage is considered unacceptable. After growing up,all the narrators feel guilty and remorse-stricken.

Fiction of childhood or fiction with substantial portion dealing with childhood is prominent in Malaysian Chinese writings. All of these accept the proposition that there is, or ought to be a connection between the child and the adult. Most of them either consciously or unconsciously suggest a parallel between the childhood of the individual and the formative stages of a society. It is not difficult to understand the prevalence of such works of fiction in the Malaysian Chinese communities, for most of the writers were growing up in the 1960s and 1970s, a period of marked social change. Seeing themselves formed or deformed by the society, the authors are very much concerned in the fiction with a close examination of the emergence of that society. Li Yongping's "The Native Wife" is at once a fictional work about growing up and a work about changes in society. It evokes the particular childhood of a boy "I", the first person narrator in a society which we cannot help recognizing as Sarawak. From the early description of the structure of the village and of the attitudes of its three main groups to one another, it is clear that Shang Wanyun wants to make her fictional village representative of a Malayan society whose institutions, values and mental attitudes reflect and perpetuate the consequences of three different traditions of the Malay, Chinese, Indian and colonial rule.

The material of "China Man: Mother in the Besieged Town" is almost purely auto-biographical. The narrator "I" or Bao Ge sounds like the author Li Yongping and tells his side of the story about a mysterious attack of the township by the Iban tribe men. The people of the town, especially the British and the Chinese businessmen believe that the long spell of dry weather and starvation have driven the indigenous ethnic group（Iban）to attack the town at night for food. The British colonial government has mobilized Malay police forces to defend the people, but they still advise the residents to run for safety. Consumed with fear, almost all the Chinese living in the outskirt areas escape to other town for protection. The mother and I are the last ones to leave because they think it is more rumor than fact. Half way sailing down the river, a tropical thunderstorm which drowned the father seems to come soon. The mother fully understands that the dark river and thunderstorm are more threatening than the rumor of attack by the natives. Fearing to be swallowed up by the rushing water, they return to the farm house half way to escape. An old man who is probably an Iban is sleeping in front of their house. The mother offers him a bowl of rice and meat. This old man has been wandering in the neighborhood for years, and doing odd jobs for a living. They spend a very quiet night, even without the crying of babies and barking of dogs. In his dreamy-night sleep, "I" seems to hear shots in the distance. The next morning they discover the old man dies of gun wounds. A British officer greets the resident by saying: "We have driven the natives away". The British officer who appears two times in front of their house, first warning the impending attack and then assuring they have driven away the attack, is a symbol of the colonial government's divide and rule tactics. However the family recognizes that the native man is not a looter. This is to indicate that the ethnic groups have crossed the boundary of their communities and understand each other ethnic communities. (Ashcroft, Griffiths and Tiffin, 88) They know they can no longer interact only at the margins and their destinies have   become more interdependent.

What is significant about the story is not its foundation in actual fact but the implication that the author draws from the facts. The British colonial practice is resolved through the institution of "divided –and- rule and "indirect rule". The British officer is distancing himself from racial relations with those races whom he is to exploit. The Malay, the Chinese and Natives are divided into different interest groups. As the Chinese are traders and owners of the food business, they have become the victims of the hungry Indigenous ethnic group. Malay is the running dogs of the British who kill the innocent people. The native attack by looting of food and burning of houses is treated here as an mysterious and imaginary one. The narrator is not sure that the whole dreadful experience is just a nightmare. It is to reflect a consequence of British colonialism: racial stereotypes came to provide both the formal and informal bases for social interaction. This story also reinds us of the pride and prejudice of Chinese family's discrimination against the native wife by calling her a native from the head-hunting tribe.

Li Yongping's real interest is in the struggle of his characters against their destiny which the author views with unique combination of irony and compassion. The man wandering without a house to live is a native of the land.　A man from the indigenous ethnic group, uncertain of his future, sleeps by the roadside and is shot dead for looting the village. His identity is indigenous ethnic. The Chinese mother and son flee from native attack and return to feed a hungry native. The next morning they wake up to find out the British have killed a good native man who has been mistaken as looter. The ending of the story indicates that the Chinese family has awakened to the fact and come to a deeper communication with the native world.

In the story "The Quiet Streets", the protagonist A Wen is a Malaysian Chinese who returns to Malaya after studying in a university for six years in Taiwan. He is driven home by a Malay taxi driver from the airport.   As his hometown is in Baling, an isolated place near the Thai border, the Malay taxi driver wants to double the fare. He is happy to pay as it is raining and there are few taxis available in the airport. He enjoys the conversation with the Malay driver who is a cheerful and carefree man. He is deeply embarrassed arriving home by his mother who refuses to pay fifty ringgit taxi fare to the driver. She accuses the Malay taxi driver taking advantage of his son's ignorance of regular payment and overcharging him. The confrontation is solved when A Wen pays the drivers generously with twenty US dollars as he has no Malaysian currency. The incident shows that his father and mother are hostile and unfriendly to races. It is more than religious, value and attitude and mental differences. His second elder sister Xiu Ji who works in a wine bar elopes with a Malay army officer about a year ago. The out-marriage is a big blow to his father who has become bad temper and started drinking and gambling.

A Wen and other similar characters appear in Shang Wanyun's fiction are returning from exile and are now longing to belong, and to plant themselves into their own soil. A Wen, an exile who returns home, is searching for a new culture, but he is more alone. On the surface, the alienation appears purely personal that there is no place for him to fit in. The fact is that, arriving home, he finds the culture of the Chinese community has not changed at all and he has difficulty even to talk to his parents. Therefore he is sleepless and walks out his house and wandering on the deserted streets at midnight. Looking suspicious, a Malay police approaches him for a check and they have a nice talk. The author seems to stress repeatedly that her fictional characters can easily switch on the channel of dialogue with the Malays than with her family members.

Alienation begins as a condition of living and intensifies itself as a condition of mind. A Wen returns from Taiwan with suitably enlarged horizons, and he demands to treat all races generously and equally. His most pleasant experience of his home journey is the contact with the Malay driver and police. He is disturbed by the peasant minded, money minded and racial prejudiced family. "Shaliha" seems to be the continuation of the "The Quiet Streets". The narrator "I" has been identified as a female instead a male in the last story. Returning home after spending six years in Taiwan as a student of Western Languages and Literature, the narrator I or Ya Li is unable to find a job because her university degree from Taiwan is not recognized in Malaysia. Being unemployed and unmarried at twenty-six year old, she is facing great pressure from the family and the Chinese community. She then isolates herself from all relatives and friends of the Chinese community. Being a helper in the grocery store of his father, she happens to meet Shaliha who comes to buy foodstuffs and makes outspoken and critical remarks. This pleases Ya

Li so much that she starts a conversation with her. Shaliha is a Malay woman and works as a plain clothe detective in the local police station.   The family disapproves of social contact between Chinese and Malay for many reasons. Ya Li's second brother's wife is especially annoyed and critical with Shaliha's romantic behavour. It is said that she has intimate sexual relationship with many soldiers of the field forces.

Ignoring the family's stern injunction to have social contacts with the Malay, Yali has accepted Shaliha's invitation to her house. Later on they have developed very close friendship. Every Friday when Yali's grocery store is closed and members of the family are away for holiday, and all the Malay go to the Mosques , they spend wonderful time together in Shaliha's long-leg Malay house in the kampong. They drinks beer, cook curry fish , and share their stories. Yali later on learns more about Shaliha's private life. When Shaliha wants to marry to Yahaya, a school teacher, her husband returns home after serving prison term. Shortly after Yali has left for Alor Setar to take up a teaching job, Shaliha dies abruptly by committing suicide with a pistol, embittered and disillusioned. She returns quietly to the kampong to mourn for her good friend, but without informing her family.

These two Chinese and Malay friends try to break through the taboo imposed by the centre on the margins. Their resistance to being absorbed into anonymity by their communities may be seen as a human response to the depersonalizing forces in the modern state. Their friendship developed on every Friday which is a Muslim weekend holiday in Kedah is meaningful. It is a kind of faithful struggle for independence, and for individuality, against unfeeling and indifferent society.

Conclusion

The two writers discussed above are not the only writers who have subverted the dominating ideology and practice of Malaysian Chinese literature. Today there are few writers who have only reflected and flattered the prejudices of their race. More and more Chinese writers have crossed the boundary of their community and enlarged the view to the lives of other ethnic communities. As the government is now able to carry out effectively its programmes of multiculturalism, and to bring stronger social ties among the various races, this new Chinese literature would have more space to grow.

References

Ashcroft, Bill, Gareth Griffiths and Helen Tiffin （eds.）. （1989） *The Empire Writes Back: Theory and Practice in Post Colonial Literatures*. London: Routledge. 24-27,133-135.

1.Bruce Bennett, Bruce(ed.).(1988)*A Sense of Exile*. Nedlands: The Centre for Studies in Australian Literature, The University of Western Australia.

Clutterbuck, R. （1966）. The Long War: The Emergency in Malaya 1948-1960. London: Cassell & Co Ltd.

Darwin, Charles. （1859, reprint 1999）On the Origin of Species by Means of Natural Selection, or the Preservation of Favoured

Races in the Struggle for Life. New York:Mentor Books.

Fang Xiu（方修）.（1972）Anthology of Mahua New Literature
（Mahua Xin Wenxue Daxi 馬華新文學大系）, 10 vols. Singapore:
World Bookstore.

Hassan, Riaz, Geoffrey Benjamin.（1976）"Ethnic Out-Marriage
and Social-Cultural Organization." Singapore Society in Transition.
Kuala Lumpur: Oxford University Press.205-220.

King, Bruce.（1974）Literatures of the World in English. London:
Routledge & Kegan Paul.

Lao She.（1932）Little Po's Birthday. Shanghai: Chen Guang
Publishing Co.

Li Yongping（李永平）.（1977）The Native Wife（La Zhi Fu
拉子婦）. Taipei: Huaxin Publishing Co.

Lim,Catherine.（2003）Gateway to Peranakan Culture. Kuala
Lumpur: Asia Pacific Library.

Lockard, Craig A.（2003）Chinese Immigration and Society in
Sarawak 1868-1917. Singapore : Select Books .

Maxwell, D.E. S.（1965）"Landscape and Theme", in John Press
（ed）Commonwealth Literature .London: Heinemann.82-89.

Miller, H.（1972）Jungle War in Malaya: The Campaign Against
Communism 1948-60. London: Arthur Barker Ltd.

Seng Yan Chuan.（2004）"Keprihatinan Sosial Penulis-Penulis
Mahua: Kajian Pilihan Fiksyen Pan Yutong, Xiao Hei dan Liang
Fang." Diss. University of Malaya, Kuala Lumpur.

Shang Wanyun（商晚筠）.（1977）A Lian The Idiot（癡女阿
蓮 Chi Nu A Lian）.Taipei: Lianjing Publishing Co。

Shang Wanyun.（2003）The Fleas（跳蚤 TiaoZao）.Kuala Lumpur: Mahua Literature Collection Centre Southern College.

Tan Gek Suan.（2003）Gateway to Peranakan Food Culture. Kuala Lumpur: Asia Pacific Library.

Teo Bak Kim.（2000）Hereen Street in Setting Sun: The Babas, Unique Experience in Cultural Assimilation. Trans. Katharine Yip. Kuala Lumpur: Mentor Publishing Sdn Bhd.

Thumboo,Edwin.（1977）"The Role of Writers in a Multi-Racial Society in Singapore Writing."Ed. Chandran Nair. Singapore: Woodrose Publications. 35-41.

Thumboo, Edwin, Wong Yoon Wah, Lee Tzu Pheng, et al（eds）. （1985）Anthology of ASEAN Literature: Poetry of Singapore Anthology of ASEAN Literature. Vol. 1. Singapore: The ASEAN Committee on Culture and Information.

2.Thumboo, Edwin.（1988）"Exile to Native in Singapore Poetries", Bruce Bennett（ed.）. *A Sense of Exile.* Ed. Bruce Bennet. Nedlands: The Centre for Studies in Australian Literature, The University of Western Australia. 43-56.

Tu Wei-ming. Ed.（1994）*The LivingTree: The Changing Meaning of Being Chinese Today.* Stanford: Stanford University Press.

3..Wang Gungwu.（2000）"A Single Chinese Diaspora?" *Joining the Modern World: Inside and Outside China.* Singapore: Singapore University Press. 57-58.

4.Wong Yoon Wah（Wang Runhua 王潤華）.（2001）. *Post-Colonial Chinese Literatures*（Hua Wen Hou Zhi Min Wen

Xue 華文後殖民文學）.Taipei: Wen Shi Zhe Publishing Co.

5. Wong Yoon Wah .（2002）Post-Colonial Chinese Literatures in Singapore and Malaysia. Singapore: Global Publishing.

6. Wong Yoon Wah（2002）, " A Chinese Writer's Vision of Modern Singapore: A Study of Lao She's Novel *Little Po's Birthday"*, *Post-Colonial Chinese Literatures in Singapore and Malaysia*. New Jersey: Global Publishing Co. 101-112.

7. Wong Yoon Wah,（2004）"Towards a Centre of Study of World Chinese Literatures." *Imagining Singapore*. Eds. Anne Pakir and Tong Chee Kiong. Singapore: Eastern Universities Press.279-289.

Wu Jin（吳進）.（1953）*Tropical Landscape.*（Re Dai Feng Guang 熱帶風光）. Hong Kong: Xuewen Bookstore.

Literatures in Chineses and Their Centers:Many Kinds of Chineses as Reading Strategy

1. Literature in Each Language Enlarging its Vision

In 1977, Prof Edwin Thumboo wrote: "Gradually as the literature in each language enlarges its vision, its view of things to take in the whole of life in Singapore, then we would have reached a point where we have a Singapore Writing." (Thumboo, 1977) Prof Thumboo's prediction has come true. This is not only the first step of developing the new literatures in Englishes, it is also an important process to give birth many kinds of literatures in Chinese.

The term "many kinds of Chineses" means that there are not only many kinds of Chinese people, there are also many different kinds of Chinese languages and cultures. Therefore, like the literatures in Englishes, there are many kinds of literatures in Chineses. As we become aware of the special character of different kinds of literatures in Chinese, we see the need to develop an adequate critical model to account for them. For example, national or regional models could be used to emphasize or compare the distinctive features of Malaysian-Chinese literature or Thai-Chinese literature. To discuss the Chinese post-colonial literatures of many regions, more comprehensive comparative models are needed to study their features such as hybridity and syncreticity as constitutive elements of all post-colonial literatures.

In this paper I would discuss the works by Singapore and Malaysian Chinese writers who have subverted the dominating ideology and practice of Chinese literature. Today there are few writers who have only reflected and flattered the prejudices of their race. More and more Chinese writers have crossed the boundary of their community and enlarged the view to the lives of other ethnic communities. The development of localization, globalization and multiculturalism would bring stronger social ties among the various races and these new Chinese literatures would have more space to grow.

2. Chineses as Cultural Construction and Attainment

There are many faces of Chinese. A Chinese cannot cease being a Chinese, he is more or less Chinese. This expresses the complexity of what it means to be Chinese. Many Malaysian and Singaporean Chinese have recognized the difference of cultural identity in their first visit to China. It is no surprise that an English-educated Singporean has noted his sense of difference:

> In my visits to China in the 1970s and 1980s, I found myself in a country where the behavior and accent in speech and dress styles were completely different from those of the Chinese

in Southeast Asia.[1]

There are many different kinds of Chinese cultures. According to my long and extensive experiences of living and working among the common people in China Mainland, Taiwan and Hong Kong, as I have observed, actually many of our basic values, world views, social behaviors are also different. I was a Malaysian before the mid 1970s and after living in Singapore as a citizen for about 30 years, I noticed that I am now very different in physical apparent, cultural and social behaviors, thinking and other aspects of culture with my friends and relatives in Malaysia. After working and living long enough in Taiwan, I consider myself culturally a Chinese, but I am still being politically Singaporean. George Yeo, Minister for Foreign Affairs George of Singapore is an English educated Chinese who knows his self well:

> As a Singapore Chinese, I naturally feel a certain tribal affinity with Chinese in China and elsewhere. I feel particularly close to Malaysian Chinese because we were the same people under the British. As a Teochew, I feel a particular warmth when I visit Shantou, as my wife, who is a Cantonese, would when she visits Guangzhou or Hong Kong. When we visit Beijing, the sense of kinship is less. Oftentimes, we feel closer to American Chinese than we do to mainland or Taiwanese Chinese because our English is much better than our Chinese. (Yeo)

---

1 Lee Kuan Yew's address to the China Scientists Forum on Humanities held in Beijing on April 21, quoted from Straits Times report on April 22, 2004.

Second-generation American-born Chinese and local-born Chinese in Malaysia or Singapore are also very different from them, as they are from each other. Yet we are all self-consciously Chinese, sharing many common values and ethics deep in our mind. My brother-in-law's daughter, who is born and brought up in America, came to Singapore recently to spend one semester at the National University of Singapore as an exchange student. Although Singapore's majority of population is Chinese who speak mainly English, she found herself totally a stranger living in a country where the English can hardly understand and the institutional and individual practices are different with America. The cultural environments are as alien and strange as the tropical weather conditions. Before her arrival, she expected to find Westernized institutions and social practices and Westernized Chineseness, as Singapore is always rated as one of the top globalization country, but she was disappointed. The so called " Chineseness" is a cultural construction and that being Chinese is not something one is born into but is an "attainment"（Tu: viii）.

When Chinese immigrants went to South-east Asia in the late 18th, 19th and early 20th centuries, they brought with them more poverty and less culture from China of that time. Living among people of different religions, races and cultures, they adapted their culture to meet local conditions. Both Malaysian and Singaporean Chinese have gone through rapid change in the last few hundred years. The first generation of the Chinese immigrants became so adapted and immersed with local cultures that they became another kind of people whom we called Babas or Straits-born Chinese(Teo). My grandfather migrated to Malaya and my parents and I were born and brought up in Malaysia. I first left my birthplace at the age of twenty-one years old in 1962 and went to Taiwan for further study. I was surprised to discover my Mandarin Chinese was very different from what they spoke. Soon after that I recognized I am not only being a non-native speaker of Mandarin Chinese, I am also a non-Chinese foreigner in Taiwan because my food and social habits and other aspects of cultural heritage are very Malaysian.

3.Chinese Food as Part of Indigenous Cultures

The production of localized Chinese food in Malaysia and Singapore perhaps can explain the evolution of Chinese as a different "race." As there are many different species of Chinese, we have different kinds of Chinese cuisine too. In Malaysia, the Nyonya food which is also known as the Straits Chinese food is an interesting amalgamation of Chinese and Malay dishes thought to have originated from the Peranakan (Straits Chinese) of Malacca (Tan). The Baba culture had developed into 2 in-1 culture. Their language and clothing were Malay. Their custom and ideology were Chinese (Lim) .

The Chinese's biculturalism has grown into multiculturalism today. The evolution of Chinese as a race reminds us of Darwin's theory of evolution. It presumes the development of life from non-life and stresses a purely naturalistic (undirected) "descent with modification". That is, complex creatures evolve from more simplistic ancestors naturally over time （Darwin）.

Today the way of Malaysian and Singaporean Chinese cooks their own indigenous Chinese food such as Yu Sheng or Hainanese chicken rice in much the way the writers produced their literature. They face the problem of establishing their indigeneity and distinguishing it from their traditional Chinese food. They had to create the indigenous, to discover special regional flavor. They are two elements in the new food: the imported and the indigenous.

The cooking of Yu Sheng illustrates this point. The Yu Sheng in a giant size of plat is prepared to eat it with a whole bunch of people who will all dig in their chopsticks and toss the salad as high as possible. While the people 'lau-ing' the Yu Sheng, they keep mumbling all kinds of auspicious phrases, like "Quick Promotion", "Successful in business" , or "Earn big money". [2]

Soon, a beautifully arranged Yu Sheng with all kinds of nachos and spices turned into the messiest mosaic. This authentic Cantonese food Yu Sheng, a dish with a combination of slice of raw fish, vegetables and crisps, is a must-have for the Chinese New Year celebrations. Though it is called authentic Cantonese food, the dish is never existed in China or Hong Kong in the past or today. It is called raw fish, actually fish is small part of the ingredients. It is a little bit of every thing all arranged beautifully. It is a mixture of fruit, vegetable, fish and many other food and spices imported or locally grown. The New Year specialty is originated in Singapore and Malaysia. As the following photo shows, the original dish

---

2 The most popular slogans in Chinese are：步步高升，生意興隆，and 財源廣進。

contains raw fish in thin slice, white red carrot cut into threadlike shape, pomelo fruits, crisps and a number of red package containing spices. The most popular fish used is either imported salmon or local mackerel Salmon The white carrot is local while the red is imported. The fruit is usually pomelo, a local fruit grown in Ipoh. As the dish is locally made, it is multi-cultural and it is accepted by all races, including the Muslim.

4. Hua-yu as Indigenous Language: Transformati onof Mandarin Chinese to Bear the Burden of Local Experience

The development of Malaysian Chinese literature or other Chinese literatures involves two distinct processes which are abrogation and appropriation. (Ashcroft, Griffiths and Tiffin: 77) The abrogation is to reject the Sino-Centric power over the means of communication. The appropriation involves remoulding the language to new usages. Appropriation is also a refusal of the imperial culture.

The pressure to develop such a usage manifests itself early in the development of a Malayan Chinese literature before World War II. It is therefore arguable that even before the development of a conscious de-colonizing stance, the experience of a new place, identifiably different in its physical characteristics, constrains the new settlers to demand a language which will allow them to express their sense of otherness. Landscape, flora and fauna, seasons, climatic conditions are formally distinguished from China. The first task to establish an independent cultural identity through literary texts is implicit in *Anthology of Mahua New Literature.* The works collected are written before 1945 and it is an important collection for recording and initiating shifts in critical taste and cultural stance （Fang）.

The standard version of the Peking language was not accepted gradually by the writers of a new post-colonial Chinese literature. Wu Jin and other Malaysia born Chinese writers who considered a native of the tropic, did not suffer a literal geographical displacement. When they wrote with the imported language, they felt that its vocabulary, categories, and codes were inadequate or inappropriate to describe the fauna, the physical and geographical conditions, or the cultural practices they developed in a new land. Wu Jin is one of the pioneers to subvert and appropriated the use of the standard Mandarin imported from China. The process of decolonization of Chinese language and culture and the efforts to establishing the texts which can be shown to constitute a literature different from that of China are strongly demonstrated in his writings（Wu Jin）. Wu Jin used chongliang （沖涼）to substitute xizao（洗澡）it is simply because the language of xizao itself already carried association with northern China experience. In the cold weather country, people spend more time and more labour to take a bath. In the tropical Malaysia, people in the rural Malaysia, and especially who worked as labourer, usually took a quick shower in the river or by pouring water from the well with a bucket on one's body. The act was to just to cool off the heat from the body. A new experience needed a new language. Wu Jin also insisted in changing some of the Chinese traditional symbols. He replaced the frequently used "Three Good Friends in Cold Winter"（歲寒三友）with "Three Good Friends of the Tropic"（熱帶三友）as there is no cold winter and no such plants in Malaysia. Therefore replaced them with coconut , banana and kapok trees. For the same reason,　the new species of orchid growing in the tropical region as huji hua（胡姬花）not lanhua（蘭花）. If the experience or things couched in the terms of the old, is somehow falsified.

In order to focus on the complex ways in which the Chinese language has been used in different Chinese communities of the world, we distinguish the standard Mandarin Chinese inherited from the empire and the huayu which the language has become in post-colonial countries.[3]

English language has been used very differently in post-colonial societies through out the world. To indicate their own sense of difference, we distinguish between the standard British English and the english which the language has become in post-colonial countries. Across the world, the english of Indians is not the english of Kenyans or Australians（Ashcroft, Griffiths and Tiffin: 8）. Because of a very similar development in Chinese diasporic literatures, there is a need to distinguish between Standard code Mandarin Chinese （zhongwen）used in China　and huayu used by Chinese overseas. The so called huayu has been transformed and subverted into several

---

3　Chen Chung Yu 陳重瑜 has a number of essays dealing with the differences in linguistic features between Singapore Mandarin and standard Mandarin, see *Aspects of Mandarin Chinese* 華語研究論文集 （Singapore: Chinese Language and Research Centre, National University of Singapore,1993）.

distinctive varieties through out the world. The language has been adopted as a tool and utilized in various ways to express widely differing cultural experiences. Because of the complex ways in which the huayu is used in speaking and writing, the huayu of Malaysian Chinese is not the huayu of Singaporean or Thai Chinese. [4] The Malaysian huawen was developed because the Malaysian brought-up or local-born Chinese felt the gaps when zhong wen the language was inadequate to describe a new place. Local born writer like Wu Jin needed to transform the language, to use it in a different way in its new context and so make to bear the burden of their experience.

5．Changing Chinese as Reading Strategy

The new literatures in English(King: 1-21)have helped place in perspective Malaysian Chinese, Thai Chinese or American Chinese writings as belonging to their national traditions, in contrast to Chinese literature in China, Hong Kong or Taiwan. It is now recognized that Malaysian Chinese literature has a tradition of its own. This new Chinese literature expresses a new Chinese identity which has grown up with the Malaysian multi-racial communities. It may be a continuation of indigenous cultural traditions, or may be

---

4 In the past, many scholars including Chen Chung Yu, Lin Wanjing（林萬菁）、陸 Lu Jianming （ 陸儉明） have studied the changes of standard Mandarin Chinese in Southeast Asia. Wang Huidi（汪惠迪）has published a dictionary entitled Special Features of Singapore Chinese（《新加坡特有詞語詞典》（新加坡：聯邦出版社，1999）and he is pushing a plan to publish a dictionary of Chinese used in all parts of the world, see his paper in Chinese〈《全球華語地區詞詞典》：全球華社地區詞的大整合〉，www.huayuqiao.org./member/whd.htm .

some mixture of effects of colonization, including bring together of various races into one nation. As there are many kinds of Chinese overseas, all emerging new Chinese literatures have developed different characteristics from that of China. The Chinese literatures developed in all parts of the world are with distinctive characteristics of their own. There is a need to be freshly examined for their particular qualities （Wong 2004: 279-289）.

I have long advocated that literature by Chinese overseas be studied in the context of their respective national environments, and taken out of a dominant China reference point. By examining the literary product with reference to the changing Chinese identity, the Nanyang lifestyle as reflected by food, the kind of Huayu they used and their individual literary traditions, this method can be called post-colonial or changing Chinese reading strategy.

I have used Lao She's novelette *Little Po's Birthday* and other works as a text to establish a paradigm for post-colonial /many kinds of Chinese reading of early Malayan Chinese literary works. From a post-colonial reading perspective, many unspoken subjects may become the crucial announcements of the text. My rereading of Lao She's *Little Po's Birthday* revealed the hidden images of multi-racial society of Malaya and the theme of anti-colonialism. Lao She used the form of children fantasy to portray the "smallest world of Nanyang. The motive is clear in the story: he wanted to use a children story to express his vision of Malayan society of which Chinese, Indian emigrants and the Malay would be the master of the land （Wong 2002:101-112）. The life of a young Malayan Chinese described by Lao She is very close to a childhood picture of Wang Gungwu who was brought up and educated in Malaya and now a well-known historian of Chinese overseas:

> In study, in play and in the neighbourhood around my home, especially after the end of the war, I spent far more time with my Malay, Indian, Eurasian and non-Chinese speaking Chinese neighbours and schoolmates than with Chinese who thought like I did. The growing sense of being Malayan was something I understood and sympathized with, as it became clear that a new country would someday emerge from the colony-protectorate that the British had put together. The empire was coming t an end. The feeling of a local nationalism was growing among my friends. (Wang: 44)

Lao She attempted to subvert the colonialism of Joseph Conrad in his Malayan fiction that Europeans are always being the key characters. The novel is no longer seen as a work of children literature as previously interpreted by the Chinese scholars.[5] The post-colonial reading strategy is useful in studying the imported and the indigenous, the two important elements in Malaysian Chinese literature.

Once this kind of reading strategy is engaged, it is easier to fully understand Malayan Chinese literature which is a hybridized phenomenon involving dialectical relationship between the imported

---

5 C.T. Hsia mentioned the novel as "a fantasy for children", C.T.Hsia, *A History of Modern Chinese Fiction*（New Haven: Yale University Press）, p.167.

and the indigenous.[6]

6. Many Kinds of Chinese as Comparative/ Critical Models

Chinese living outside China have been variously referred as overseas Chinese（huaqiao）, Chinese overseas, Chinese diaspora, Chinese overseas, huaren（haiwai huaren）,huayi ,and ethnic Chinese. Prof Wang Gungwu even admits that these terms, which he has frequently used, are still valid and useful. His answer to the question why he cannot be consistent in using one term is:

> I no longer believe that there must be a single term for such a complex phenomenon. As an historian, I recognize that conditions change, and more names have to be found to mark the more striking changes. What we need is to be alert and open, ready to ascertain the range of meaning of each of the term we use, and to ramifications of using each one for a particular purpose. If we admit that there are many kinds of Chinese, and there are occasions when "Chinese overseas" may be preferred over the "ethnic Chinese", or when "huayi" and "huaren" may be more accurate than huaqiao, then we should have no difficulty with the idea that there are times when diaspora should supersede other terms in

---

6 I have a number of papers in Chinese providing such studies, see for examples, Wong Yoon Wah, *Post-Colonial Chinese Literatures*（華文後殖民文學）（臺北：文史哲出版社，1942001）; Wong Yoon Wah（王潤華）, "Re-imagination: From Imagination of Nanyang to Nanyang Imagination（重新幻想：從幻想南洋到南洋幻想）, in *Contemporary Literature and Human Ecology*（當代文學與人文生態）, Wu Yeow Chong（吳耀宗）ed.（Taipei: Wanjuanlou ,2003）,pp.13-28.

comparative studies. After all, there are already many kinds
of diasporas…. (57-58)

Prof Tu Wei Ming has pointed out that the meaning of being
Chinese is constantly changing:

Learning to be Chinese, especially for minorities and the
foreign-born, is an attainment rather than a given. Since
identity is culturally constructed and, not infrequently,
imposed or encouraged by political considerations, the
meaning of being Chinese, even in mainland China, is
constantly changing. (Tu: ix)

If we admit that there are many kinds of Chinese living in all
parts of the world, then there are different kinds of Chinese literature.
The diversity of huawen wenxue（literatures by Chinese overseas）
makes the task of the historian a very difficult one. To find the
meaning of being Chinese overseas "in the context of their respective
national environments and taken out of a dominant China reference
point"（Wang: 38）is only the beginning of an adequate analysis.
Therefore Wang Gungwu's theory of "many kinds of Chinese"
（37-70）and Tu Weiming's "changing meaning of Chinese"（1-34）
provide us a useful frame of reference simple enough to be readily
manageable, yet flexible enough so that, without undue violence to
any one of the literatures by Chinese overseas writers.

7.The Settler Models: Embracing the
Experiences of Marginality

The new literatures in English（King: 1-21）have not only helped place in perspective Malaysian Chinese, Thai Chinese or American Chinese authors as belonging to their national traditions, its studies also provide us some critical and comparative models for the study of world Chinese literatures. One of the influential comparative models for examining post-colonial literature has been developed by D.E.S. Maxwell.[7] He identified two groups of post-colonial literature: The settler colonies and the invaded colonies. In the case of settler colonies like New Zealand and Australia, the immigrants established a transplanted civilization and retaining a non-indigenous language. Chinese literature in Malaysia Singapore and many countries in Asia shared the characteristics of the models of this settler group because culturally the local writing received more influence from China than the foreign colonizers. In the British colony of Malaya, for the Chinese educated people, the invisible Chinese cultural hegemony had more power over the control of means of communications than the British. Even today the Chinese writers are still fighting a war of de-Chineseness.[8]

In the case of invaded societies like those in India and Nigeria, the indigenous peoples were colonized on their own territories. English supplanted the writer's mother tongue or simply offered an

---

7 D.E. S. Maxwell, "Landscape and Theme", in John Press（ed）*Commonwealth Literature*（London: Heinemann,1965）,pp.82-89. Maxwell's theory has been discussed in great details in Bill Ashcroft et al（eds）,*The Empire Writes Back: Theory and Practice in Post Colonial Literatures*（London: Loutledge,1989）, pp.24-27,133-135.
8 Zhu Congke 朱崇科 "Desinicization: Awakening, Confusion and Others" 去中國化：驚醒、迷思及其它, *21st Century,*No.17,October 8,2003（Electronic edtion,http://www.cuhk.edu.hk/ics/21c）《二十一世紀》網路版,第十七期　2003年 8 月 30 日。

alternative medium which guaranteed a wider readership. The use of English caused a disjunction between the apprehension of, and communication about the world（Ashcroft, Griffiths and Tiffin: 24-33）. This is also the case of English literature by the Chinese, Indian and Malay writers in Malaysia. In the settler case, as what happened to the Australian writers, the Malaysian Chinese writers in the early period brought their own language to an alien environment and a fresh set of experiences. In other words, the writer brought an alien language to his own social and cultural inheritance. This is the case of Chinese writers in Malayan/Malaysia because both local-born Chinese and Indians claimed to be native of the land.

Settler communities could have the temporary illusion of a filiative relationship with that dominating culture. The common themes of the literatures of settler communities are those of exile, nostalgia, physical and emotional confrontations with the new land are still apparent. The theme of exile is in some sense present in all such writing since it is one manifestation of the ubiquitous concern with place and displacement in these societies（Thumboo 1988 43-56）. As the sense of identity with the country they were living in was yet to be born at that time, many Malaysian Chinese writers from 1919 to 1945 wrote a great number of nostalgic and self-pitying works. The poems with titles such as "Epic of a Wanderer", "The Sorrow at the Corner of the Earth" or "No Sun in Nanyang" describe the wandering feelings of the writers in exile in a foreign land.[9]

---

9 see *The Poetry of Singapore*, pp196-220. As I have mentioned above, writers of this period are classified as Malayan Chinese writers.

The conflict between the backward-looking impotence and the forward looking to indigeneity emerged in Malayan Chinese literature when the writers wanted to reconstruct indigeneity, to create an independent local identity. Re-placing the Chinese language involved in abrogation and appropriation by which the language is fully adapted to the local society. At the time of freeing oneself from the imported language, the writer also fought a hard battle in replacing the text which involved in abrogation of authenticity and to embrace social experiences of marginality. In other words, the dominance of Chinese literary hegemony must be abrogated before the experience of the periphery can be fully validated.

The immigration, British colonization and Chinese cultural hegemony brought a new Malayan Chinese literature emerging. However the standard Mandarin Chinese had been transformed into Huayu which is now becoming a vehicle for the expression of local culture. There are two major traditions in the Malaysia Chinese literature: the imported and the indigenous. The process called appropriation was used to tie up the duality.[10]

8. Post-Colonialism Based Critical/ Comparative Models

Various critical models have emerged in the study of post-colonial literatures in English. In *The Empire Writes Back*

---

10 Above discussion is indebted to the post-colonial cases studied in *The Empire Writes Back.*

（Ashcroft, Griffiths and Tiffin: 15-37）, four major models are discussed: first, national or regional models; second race-based models; third, comparative models of complexity ; and fourth, models of hybridity and syncreticity. None of these terms are completely clear-cut, contiguous to and overlap with each other. Take Chinese literatures of Malaysia and Singapore, of which I am most familiar, as example, these english post-colonial literatures oriented models can widen our perspective and extend our investigation of Chinese diaspora literatures both geographically and generically.

The first national or regional models emphasize the distinctive features of the particular national or regional culture. The first society to develop an overseas Chinese literature was Malaya which includes the present Singapore and Malaysia. The emergence of a distinctive Malaysian or Singaporean Chinese literature can be seen to be the model of all later Chinese Diaspora literatures. With the change of place and culture, they have to write with radical alteration in language, subject matters and forms, and with local experiences. Today each overseas Chinese literature could be considered in relation to the social and political history of each country and could be read as a source of important images of national identity. The larger geographical models which cross the boundaries of language, nationality, or race to generate the concept of a regional literature may provide a useful framework to analyze comparatively the Southeast Asian Chinese and European Chinese literature, or even Southeast Asian Chinese literature and Southeast Asian English literature by Diaspora Chinese. We can also compare the works by writers of Chinese educated and the English educated.

The race-based models are to identify certain shared characteristics across various Chinese diasporic literatures, such as the racial inheritance in the literatures of the American diaspora addressed by American Chinese literature model. There are less Chineseness in present Malaysian and Singapore Chinese literatures than literatures in other countries because the former writers are mostly local born and being second or third generation of immigrants. Quite a number of stories by Shang Wanyun, the major characters are Malays or Indians（Wong: 2005）.[11]

The third comparative models can be applied to study the complexity which seeks to account for particular linguistic, historical, and cultural features across two or more Chinese diasporic literatures. In developing a wider comparative approach to the post-colonial literatures in English, many appropriate terms to describe them have been emerged. Those have wide-spread acceptance terms include Commonwealth literature, Third World Literature, new literatures in English, colonial literatures and post-colonial literatures. Attempts have been made by the scholars of Chinese diasporic literatures to find a politically and theoretically more appropriate name for such literatures. Descriptive terms such as world Chinese literatures,

---

11 See Shang Wanyun 商晚筠 , "shaliha" ,"Bomoh's House"巫屋 and "The Indians in the Wooden Hut"木板屋的印度人 collected in 前章 31 註 A Lian The Idiot 癡女阿蓮（Taipei: Lian Jing Publishing Co,1977）. " Young Uncle and Malay Woman's Affair"小舅與馬來女人的事件, "Shaliha"夏麗赫,collected in The Fleas（Skudai,Malaysia: Southern College,2003）.

Chinese post-colonial literatures, literatures of Chinese overseas and overseas Chinese literature have been used in many studies. However, no specific term has been preferred over the others. It is widely accepted views about the nature of the various Chinese communities overseas and　Chinese living outside China have been variously referred as overseas Chinese, Chinese Southern Diaspora, Chinese overseas, haiwai-huaren, huayi, and ethnic Chinese. Therefore we may name the different Chinese literatures with these terms as appropriate adjectives, such as Chinese overseas literature , huayi literature, Malaysian Chinese literature.

The fourth models are more comprehensive comparative approach than the third models. It is to study the features such as hybridity and syncreticity which are considered constitutive elements of all post-colonial literatures in English. As I have discussed above the formation of Chinese diasporic literature by using Malaysian and Singaporean Chinese literatures as examples, the two distinct processes by which to adapt and to indigenize to the local culture are abrogation and appropriation. Very much similar to the post-colonial literatures in english, Chinese literatures produced by the post-colonial societies such as Singapore, Malaysia, Indonesia, Philippines, Australia or other societies in America and Europe are in no sense continuations or simple adaptation of the models from China（including Taiwan and Hong Kong）. A profound interaction, abrogation and appropriation have taken place. The Chinese diasporic literatures, no matter they are belonging to post-colonial or not, are "inevitable a hybridized phenomenon, involving a dialectical relationship between the grafted China's literature and an indigenous ontology, with its impulse to create or recreate an independent local identity" (Ashcroft, Griffiths and Tiffin: 195) . As the text of diasporic Chinese writers is always a complex and hybridized formation, it is inadequate to read it either as a reconstruction of pure traditional values or as simply foreign and intrusive. Our study must proceed from a consideration of the nature of post-colonial or multiculturalism societies and the type of hybridization their various cultures have produced (Ashcroft, Griffiths and Tiffin:34) .

9.Conclusion: Model as Critical Practice

We have a lot to learn from the theories on Chinese overseas and the studies of post-colonial literatures in english. When most scholars conclude that there is no single Chinese diaspora, but there are many Chinese diasporas, then we need different terms/models to capture the richness and variety of the hundreds of Chinese communities and their literatures that can now be found. As we have realized the complexity of what it means to be Chinese, we must recognize the existence of varieties of Chinese as a language and literature. Today writers and scholars become aware of the special character of the existing of different Chinese diaspora literatures around the world, we see the need to develop adequate theories and models to account for them. The theories and methods suggested above are only some them. As pointed out by *The Empire Writes Back*, these models are to be used as critical practices, rather than schools of thought. In the discussion of post-colonial literatures, one

or more of these models may be operating at the same time
（Ashcroft, Bill Griffiths and Tiffin: 15）.

References

Ashcroft, Bill, Gareth Griffiths and Helen Tiffin
（eds.）, （1989）*The Empire Writes Back: Theory and Practice in Post Colonial Literatures*. London: Routledge. 24-27,133-135.

1.Bruce Bennett, Bruce （ed. ）. （1988） *A Sense of Exile*. Nedlands: The Centre for Studies in Australian Literature, University of Western Australia.

Clutterbuck, R.（1966）. The Long War: The Emergency in Malaya 1948-1960. London: Cassell & Co Ltd.

Darwin, Charles. （1859,reprint 1999） On the Origin of Species by Means of Natural Selection, or the Preservation of Favoured Races in the Struggle for Life. New York: Mentor Books.

Fang Xiu（方修）.（1972）Anthology of Mahua New Literature （Mahua xin wenxue daxi 馬華新文學大系）,10 vols. Singapore: World Bookstore.

Hassan, Riaz, Geoffrey Benjamin.（1976）"Ethnic Out-Marriage and Social-Cultural Organization." Singapore Society in Transition. Kuala Lumpur: Oxford University Press.205-220.

King, Bruce.（1974）Literatures of the World in English. London: Routledge & Kegan Paul.

Lao She. （1932） Little Po's Birthday. Shanghai: Chen Guang Publishing Co.

Li Yongping（李永平）. The Native Wife（La Zi Fu 拉子婦）.

Taipei: Huaxin Publishing co., 1997

Lim, Catherine.（2003）Gateway to Peranakan Culture. Kuala Lumpur: Asia Pacific Library.

Lockard, Craig A.（2003）Chinese Immigration and Society in Sarawak 1868-1917. Singapore: Select Books.

Maxwell, D.E. S.（1965）"Landscape and Theme," in John Press（ed）Commonwealth Literature .London: Heinemann.82-89.

Miller, H. 1972）Jungle War in Malaya: The Campaign against Communism 1948-60. London: Arthur Barker Ltd.

Seng Yan Chuan.（2004）"Keprihatinan Sosial Penulis-Penulis Mahua: Kajian Pilihan Fiksyen Pan Yutong, Xiao Hei dan Liang Fang." Diss. University of Malaya, Kuala Lumpur.

Shang Wanyun（商晚筠）.（1977）The Idiot A Lian（癡女阿蓮 Chi Nu A Lian）.Taipei: Lianjing Publishing Co.

Shang Wanyun.（2003）The Fleas（跳蚤 TiaoZao）.Kuala Lumpur: Mahua Literature Collection Centre Southern College.

Tan Gek Suan.（2003）Gateway to Peranakan Food Culture. Kuala Lumpur: Asia Pacific Library.

Teo Bak Kim.（2000）Hereen Street in Setting Sun: The Babas, Unique Experience in Cultural Assimilation. Trans. Katharine Yip. Kuala Lumpur: Mentor Publishing Sdn Bhd.

Thumboo,Edwin.（1977）"The Role of Writers in a Multi-Racial Society in Singapore Writing," Developing Creative Writing in Singapore, Ed. Chandran Nair. Singapore: Woodrose Publications. pp.35-41.

Thumboo, Edwin, Wong Yoon Wah, Lee Tzu Pheng, et al（eds.）,（1985）Anthology of ASEAN Literature: Poetry of

Singapore Anthology of ASEAN Literature. Vol. 1. Singapore: The ASEAN Committee on Culture and Information.

2.Thumboo, Edwin.（1988）"Exile to Native in Singapore Poetries," *A Sense of Exile*. Ed. Bruce Bennet. Nedlands: The Centre for Studies in Australian Literature, The University of Western Australia. 43-56.

Tu Wei-ming. Ed.（1994）*TheLiniy Tree: The Changing Meaning of Being Chinese Today*. Stanford: Stanford University Press.

3.Wang Gungwu.（2000）"A Single Chinese Diaspora?" *Joining the Modern World: Inside and Outside China.* Singapore: Singapore University Press. 57-58.

4.Wong Yoon Wah（Wang Runhua 王潤華）（2001）*Post-Colonial Chinese Literatures*（Hua Wen Hou Zhi Min Wen Xue 華文後殖民文學）. Taipei: Wen Shi Zhe Publishing Co.

5.Wong Yoon Wah .（2002）Post-Colonial Chinese Literatures in Singapore and Malaysia. Singapore: Global Publishing.

6.Wong Yoon Wah（2002）, " A Chinese Writer's Vision of Modern Singapore: A Study of Lao She's Novel *Little Po's Birthday"*, *Post-Colonial Chinese Literatures in Singapore and Malaysia.* New Jersey: Global Publishing Co. 101-112.

7.Wong Yoon Wah.（2004）"Towards a Centre o f Study of World Chinese Literatures." *Imagining Singapore*. Eds. Anne Pakir and Tong Chee Kiong.Singapore: Eastern Universities Press.279-289.

Wu Jin（吳進）.（1953）*Tropical Landscape.*（Re Dai Feng Guang 熱帶風光）. Hong Kong: Xuewen Bookstore.

Yeo, George.（2005）"What Makes a Chinese, Chinese?" *The Straits Times* 25 July 2005. Review section.